U0043404

宅茲中國

重建有關「中國」的歷史論述

葛兆光　著

自　序

　　這本書討論的是「世界」、「東亞」與「中國」、「學術」與「政治」、「認同」與「拒斥」、「國別史」與「區域史」這樣一些大問題。最初，我並沒有想過要寫這麼小的一本書，來討論這麼大的一些問題。自從進入學術世界以來，我大都是在古文獻、宗教史、思想史或文學史等古代中國的具體研究領域中打轉，儘管也不時關注西洋東洋的新說，偶爾涉足近世日本和朝鮮的歷史和文化，有時也忍不住發一些高屋建瓴的議論，但落筆成文的時候，總是覺得想要「言之成理」還是先要「持之有故」，沒有文獻支持好像理不直氣不壯，憑理論說大問題彷彿空口說白話，總是心裡沒底。

　　可是，在這些年的研究中，越來越覺得繞不過這些大問題。

　　2000年秋天，當我在比利時魯汶大學的公寓中寫完《中國思想史》第二卷最後一章之後，原本下定決心停筆好好喘一口氣。正如我在《後記》中說的，這八年間為了寫這部書，「幾乎是已經精疲力盡」，所以，總想找機會調整一下生活習慣和工作節奏。但沒有想到的是，從思想史研

究中引出的新問題，又帶來一種急迫和焦慮。《中國思想史》的最後一節〈1895年的中國〉彷彿像「讖言」，迫使我不得不進入1895年以後。1895年以後，大清帝國開始從「天下」走出來，進入「萬國」，原來動輒便可以「定之方中」（《詩經》）、自信「允執厥中」（《古文尚書》語）的天朝，漸漸被整編進了「無處非中」（艾儒略語）、「亦中亦西」（朝鮮燕行使語）的世界，便不得不面對諸如「亞洲」、「中國」和「世界」這樣一些觀念的衝擊。為什麼是「亞洲」？究竟什麼是「中國」？中國如何面對「世界」？

看似平常的常識背後，潛伏著一個又一個懸而未決的問題。

2002年，我寫了〈想像的和實際的：誰認同亞洲？──關於晚清至民初日本與中國的「亞洲主義」言說〉（已收入本書，這是本書中完成最早的一章），在這一年台灣大學歷史系舉辦的「東亞文化圈的形成」學術討論會上宣讀。當時主持這一場發言的是林毓生先生，和我同場的是日本的子安宣邦教授。細心的讀者一定會從標題上察覺到，這篇帶有論辯性質的文章是有感而發。所謂「有感」無非兩方面。一方面，就像上面說的，寫完《中國思想史》第二卷之後，對進入世界的現代中國思想產生了太多的想法，原來想寫的第三卷即《1895─1989年中國知識、思想與信仰的變遷》，因為資料浩瀚，更因為問題太多而中輟，不得不一個問題一個問題重新檢討。另一方面，是因為日本、韓國以及台灣的學界，對於「中國」、「亞洲」的論述升溫，並且波及中國大陸學界，這些沒有經過檢討就使用的地理概念，究竟在什麼脈絡和什麼意義中，可以當作「歷史世界」被認同和被論述？這個問題需要有人進行回應。當然，這裡說的不

是從政治意識形態角度的回應，而是從歷史脈絡和文化立場上進行的回應。

　　這些問題如果只是發生在異域學界，我自然可以在神州做袖手人，不過，一百年來「西潮又東風」（這是我另一本書的書名）始終在波動（或撥動？）中國學界，有的話題在國內也常常脫了西裝換馬褂，或把蟹行換了漢字，不只是進入而且還發酵，重新甚至隨意地解釋著歷史，這究竟是「格義」還是「硬譯」？我很難判斷。因此，那幾年我便不得不進入這些問題，同時也因此開始從朝鮮、日本文獻進入所謂「東亞史」領域。特別需要一提的是，2006年底，我從北京的清華大學到上海的復旦大學任教，受命組建復旦大學文史研究院，我把我對於這些問題的關心和思索，變成了新建的文史研究院的課題和方向，開始推動「從周邊看中國」、「交錯的文化史」、「批評的中國學」等等課題的研究，這本書所收錄的各章，多數都是這幾年有關這些問題的一些思考。

　　書名「宅茲中國」用的是1963年在陝西寶雞發現的西周銅器何尊銘文中的一句話。何尊銘文說的是周武王滅商後營建東都之事，「宅茲中國」的「中國」可能指的是常被稱為「天之中」的洛陽。我只是借它來作為象徵，不僅因為「中國」一詞最早在這裡出現，而且也因為「宅」字既有「定居」的意味，也讓人聯想起今天流行語中的「宅」，意思似乎是「墨守」，這新舊兩重意思，讓我們反省，一個身在「中國」的學人，應當如何既恪守中國立場，又超越中國局限，在世界或亞洲的背景中重建有關「中國」的歷史論述。

最後，可以順便說到的是寫這篇序文的時候，我正好在美國普林斯頓大學客座，因爲六十年前胡適也曾在這裡短暫「掛單」(任東亞圖書館館長)的緣故，便常常翻看胡適的書，今天，很偶然地看到他1929年寫的〈擬中國科學社的社歌〉，最後兩句是「不怕他真理無窮，進一寸有一寸的歡喜」，不免特別感慨，便用它作爲這篇序言的結束。

葛兆光

2010年4月

於美國普林斯頓大學

目　次

緒說

重建關於「中國」的歷史論述

——從民族國家中拯救歷史，還是在歷史中理解民族國家？

何尊銘文

引言 「中國」作爲問題與作爲問題的「中國」

也許，「中國」本來並不是一個問題。

在我們的書架上，擺滿了各種各樣冠以「中國」之名的著作，僅僅以歷史論著來說，就有種種中國通史、中國政治史、中國經濟史、中國社會史、中國文化史等，在我們的課堂裡，也有著各式各樣以中國爲單位的課程，像中國社會、中國經濟、中國政治、中國文化等等。通常，這個「中國」從來都不是問題，大家習以爲常地在各種論述裡面，使用著「中國」這一名詞，並把它作爲文明的基礎單位和歷史的論述前提。

可是如今有人竟然質疑說，真的有這樣一個具有同一性的「中國」嗎？這個「中國」是想像的政治共同體，還是一個具有同一性的歷史單位？它能夠有效涵蓋這個曾經包含了各個民族、各朝歷史的空間嗎？各個區域的差異性能夠被簡單地劃在同一的「中國」裡嗎？美籍印度裔學者杜贊奇(Prasenjit Duara)一部很有影響，而且獲得大獎的中國學著作，名稱就叫《從民族國家拯救歷史》(*Rescuing History from the Nation*)，一個美國評論者指出，這部著作的誕生背景，是因爲「中國一直是世界上國族主義情緒高漲和族群關係日趨加劇的地區」，因此不得不正視這一問題及其歷史脈絡，而這一問題直接挑戰的，恰恰就是關於「中國」的歷史論述[1]。這些過去不曾遭遇的質疑，可能使原來天經地義的「中

---

[1] 韋思諦(Stephen Averill)，〈中國與「非西方」世界的歷史研究之若干新趨勢〉，吳喆、孫慧敏譯，《新史學》(台北：新史學雜誌社，2000)，十一卷三期，頁173。

國」，突然處在「天塌地陷」的境地，彷彿「中國」真的變成了宋人張炎批評吳文英詞裡說的，「七寶樓台，拆下來不成片段」。本來沒有問題的歷史論述，如今好像真的出了問題，這個問題就是：「中國」可以成為一個歷史世界嗎？

至少在歐洲，對於民族國家作為論述基本單位的質疑，我相信，是出於一種正當的理由，因為民族國家在歐洲，確實是近代以來才逐漸建構起來的，它與族群、信仰、語言以及歷史並不一定互相重疊，正如傅柯（Michel Foucault）所說，地圖上國界內的「領土」只是政治權力的領屬空間，而作為政治領土的「空間」也不過就是地圖上的國界所標誌的地方[2]，與其用後設的這個政治空間來論述歷史，不如淡化這個論述的基本單位。所以，就有了類似「想像的共同體」這樣流行的理論[3]。至於「中國」這一歷史敘述的基本空間，過去，外國的中國學界一直有爭論，即古代中國究竟是一個不斷變化的「民族－文明－共同體」，一個浩瀚無邊的「帝國」，還是從來就是一個邊界清楚、認同明確、傳統一貫的「民族－國家」？但是，對於我們中國學者特別是大陸學者來說，很長時期內，這似乎並不是問題，因此也不屑於討論。

應當承認，超越簡單的、現代的民族國家，對超越國家區域的歷史與文化進行研究，是一種相當有意義的研究方式，它使得歷史研究更加

2　傅柯（Michel Foucault），〈權力的地理學〉，中譯文見《權力的眼睛》（上海：上海人民出版社，1997）。

3　據說，亞洲的印尼也是如此，參看班納迪克・安德森（Benedict Anderson），《想像的共同體：民族主義的起源與散布》（*Imagined Communities:Reflections on the Origin and Spread of Nationalism*）（吳叡人中譯本，台北：時報文化出版公司，1999）。

切合「移動的歷史」本身。而且，也不能要求歐美、日本的學者，像中國大陸學者那樣，出於自然的感情和簡單的認同，把「中國」當作天經地義的歷史論述同一性空間[4]，更不能要求他們像中國大陸學者那樣，有意識地去建設一個具有政治、文化和傳統同一性的中國歷史。所以，有人在進行古代中國歷史的研究和描述時，就曾經試圖以「民族」（如匈奴和漢帝國、蒙古族和漢族、遼夏金和宋帝國）、「東亞」（朝鮮、日本與中國和越南）、「地方」（江南、中原、閩廣、川陝甚至各個州府縣）、以及「宗教」（佛教、回教）等等不同的觀察立場，來重新審視和重組古代中國歷史。這些研究視角和敘述立場，確實有力地衝擊著用現代領土當歷史疆域，以政治邊界當文化空間來研究中國的傳統做法，也改變了過去只有「一個歷史」，而且是以「漢族中國」為中心的「中國」論述。

但是，需要追問的是，這種似乎是「從民族國家拯救歷史」的方法和立場本身[5]，是否又過度放大了民族、宗教、地方歷史的差異性，或者過度看小了「中國」尤其是「漢族中國」的歷史延續性和文化同一性？因為它們也未必完全是根據歷史資料的判斷，有可能只是來自某種西方時尚理論的後設觀察，成為流行的後殖民理論的中國版，那麼，它背後的政治背景和意識形態如何理解？特別是作為中國學者，如何盡可能地在同情和了解這些理論和立場之後，重建一個關於「中國」的歷史論述？

4　應當承認，有時候，中國大陸學術界以現代中國的政治領屬空間為古代中國來研究歷史的習慣，確實是會引起一些問題的。

5　杜贊奇（Prasenjit Duara），《從民族國家拯救歷史：民族主義話語與中國現代史研究》（*Rescuing History from the Nation, Questioning Narratives of Modern China*）（王憲明中譯本，北京：社會科學文獻出版社，2003）。

這是本書要討論的中心話題。

一、從施堅雅到郝若貝：「區域研究」引出中國同一性質疑

1982年，郝若貝(Robert Hartwell)在《哈佛亞洲研究》上發表了題爲〈750—1550年中國人口、政區與社會的轉化〉(Demographic, Political and Social Transformation of China 750—1550)的論文，他提出，中國在這八百年來的變化，應當重點考慮的是(一)各區域內部的發展，(二)各區域之間的移民，(三)政府的正式組織，(四)精英分子的社會與政治行爲的轉變。他把唐宋到明代中葉的中國歷史研究重心，從原來整體而籠統的中國，轉移到各個不同的區域，把原來同一的文人士大夫階層，分解爲國家精英(Founding elite)、職業精英(professional elite)和地方精英或士紳(local elite or gentry)，他特別強調地方精英這一新階層在宋代的意義[6]。這一重視區域差異的研究思路，適應了流行於現在的區域研究，並刺激和影響了宋代中國研究，比如韓明士(Robert Hymes)、Richard Von Glahn、Richard Davis、Paul Smith、包弼德(Peter Bol)對撫州、四川、明州、婺州等區域的研究。

當然，對於中國的區域研究或者地方史研究，並不是從郝若貝這裡才

6　郝若貝(Robert Hartwell)："Demographic, Political and Social Transformation of China 750-1550"；HJAS，42(1982)，pp. 355-442；關於這一研究取向的形成與變化的討論，參考了陳家秀，「區域研究與社會經濟史之關聯——探討宋代成都府路」第四章〈新視野、新角度——宋代區域研究〉(台北：臺灣大學歷史研究所博士論文，1993)，頁46-73。

開始的，而是早在施堅雅(William Skinner)那裡已經開端。施堅雅在他主編的《中華帝國晚期的城市》一書中非常強調以城市爲中心的區域[7]，不過，在中國史領域裡，這種具有明確方法意識和觀念意識的研究風氣，卻是從八、九十年代以後才開始「蔚爲大觀」的。公平地說，本來，這應當是歷史研究方法的進一步深化，中國研究確實在很長時間裡忽略地方差異性而強調了整體同一性，這種研究的好處，一是明確了區域與區域之間的經濟、政治和文化差異，二是凸顯了不同區域、不同位置的士紳或精英在立場與觀念上的微妙區別，三是充分考慮了家族、宗教、風俗的輻射力與影響力。比如，近來包弼德提出的超越行政區劃，重視宗教信仰、市場流通、家族以及婚姻三種「關係」構成的空間網絡，使這種超區域的區域研究更吻合當時的實際社會情況[8]。

這一區域研究方法，在日本學術界同樣很興盛，不只是宋史，在明清以及近代史中，也同樣得到廣泛使用，領域也在擴大，除了衆所周知的斯波義信在施堅雅書中關於寧波的研究，以及此後關於江南經濟史的研究外，在思想史、文化史以及社會史研究中，也同樣有相當的呼應，這一類

7　參看施堅雅，《十九世紀中國的地區城市化》，他指出，「在帝國時期，地區之間的不同，不僅表現在資源的天賦或潛力方面，而且也表現在發展過程所處的時間和性質方面」，所謂「發展過程所處的時間和性質」有點兒類似通常說的「社會階段」，他把帝制中國分爲九個地區，顯然暗示著不同地區分別處在不同發展階段，不能以一個「中國」來描述。此載施堅雅編，葉光庭等譯，《中華帝國晚期的城市》(北京：中華書局，2000)，第一編，頁242-252。

8　包弼德(Peter K Bol)："The Multiple Layers of the Local: A Geographical Approach to Defining the Local," 第九屆「中華文明的二十一世紀新意義學術研討會論文集」(上海，復旦大學歷史系，2004年4月8日)。

研究成果相當多，正如日本學者岡元司所說的那樣[9]，尤其是1990年以後的日本中國學界，對於「地域」的研究興趣在明顯增長，這種區域的觀察意識在很大程度上，細化了過去籠統的研究。舉一個例子，比如在思想文化史領域，小島毅的《地域からの思想史》就非常敏銳地批評了過去溝口雄三等學者研究明清思想，存在三點根本的問題，第一是以歐洲史的展開過程來構想中國思想史，第二是以陽明學爲中心討論整體思想世界，第三就是以揚子江下游出身的人爲主，把它當成是整體中華帝國的思潮[10]。這最後一點，就是在思想和文化史研究中運用了「區域」的觀察視角，它使得原來朦朧籠統的、以爲是「中國」的思想與文化現象，被清晰地定位在某個區域，使我們了解到這些精英的思潮和文化活動，其實只是一個區域而不是瀰漫整個帝國的潮流或現象[11]。如果在這種區域研究基礎上，對宋代到明代中國的進一步論述，這應當是相當理想的，至今這種研究方法和視角，仍然需要大力提倡。

但是，有時候一種理論的提出者，其初衷與其後果卻並不相同，理

9　岡元司，〈宋代の地域社會と知──學際的視點からみた課題〉，載伊原弘、小島毅編，《知識人の諸相──中中宋代を基點として》(東京：勉誠出版社，2001)。

10　小島毅，〈地域からの思想史〉，載溝口雄三等編，《交錯するアジア》，《アジアから考える》1(東京：東京大學出版會，1993)。

11　2005年1月，我到日本東京大學訪問，小島毅教授給我看一個包括了東京中國學、日本學相當多重要學者在內的跨學科研究計畫案《東亞的海域交流與日本傳統文化的形成》，雖然，正題中又是「東亞」又是「日本」，但其中心卻是以寧波爲焦點展開的，顯然這種區域輻射式的研究已經成爲風氣。參看小島毅等，《東亞的海域交流與日本傳統文化的形成──以寧波爲焦點開創跨學科研究》，日本文部省科學研究費平成十七年度特定領域研究申請書，2004年11月(未刊)。又，順便可以提到的是，這種注意空間範圍的研究視角，也同樣出現在艾爾曼(Benjamin Elman)關於清代考據學是否只是一個「江南學術共同體」的論述之中，見艾爾曼，《從理學到樸學》(趙剛中譯本，南京：江蘇人民出版社，1995)。

論與方法的使用，並不一定是「種瓜得瓜，種豆得豆」，區域研究的方法，在很大程度上，卻意外地引出了對「同一性中國歷史、中國文明與中國思想是否存在」的質疑。

二、從亞洲出發思考：在亞洲中消融的「中國」

如果說，作為區域研究的地方史研究，蘊涵了以地區差異淡化「中國」同一性的可能，是以「小」化解「大」，那麼，近年來區域研究中對於「亞洲」或者「東亞」這一空間單位的熱情，在某種程度上是以「大」涵蓋「小」，也同樣在淡化中國的歷史特殊性[12]。

對於「亞洲」的特殊熱情，在日本，本來與明治時期的亞洲論述有關，那是一段複雜的歷史，我在第五節還將詳細討論，這裡暫且從略[13]。其實，對於「中國」作為一個歷史敘述空間的芥蒂，也不始於今日，而是在明治時代就已經開始，追隨西方民族與國家觀念和西方中國學，逐漸形成日本中國學研究者對於中國「四裔」如朝鮮、蒙古、滿洲、西藏、新疆的格外關注，他們不再把中國各王朝看成是籠罩邊疆和異族的同一體[14]。這一原本只是學術研究的取向，逐漸變成一種理解中國的觀念，

12　濱下武志在其《近代中國的國際契機：朝貢貿易體系與近代亞洲經濟圈》（朱蔭貴等中譯本，中國社會科學出版社，1999）的中文版序言中，也提到過去的研究，常常把「國家以及由他們相互組成的國際來作為分析近代史的前提和框架……但是在『國家』和『國際』之間，可稱之為『地域圈』的領域卻難以被包容進去」，而他所要當作歷史論述單位的，就是這個在國家與國際之間的「地域」即「亞洲」，頁6。

13　參看本書第五章〈想像的還是實際的：誰認同亞洲？〉。

14　參看本書第七章〈邊關何處〉；又，參看桑兵，《國學與漢學》第一章〈四裔偏向與本土

追隨西方民族與國家觀念和西方中國學，逐漸形成日本中國學研究者對於中國「四裔」如朝鮮、蒙古、滿洲、西藏、新疆的格外關注，他們不再把中國各王朝看成是籠罩邊疆和異族的同一體。

並在二戰前後的日本歷史學界形成熱門話題。舉一個例子，二戰之前的1923年，矢野仁一出版了他的《近代支那史》，開頭就有〈支那無國境論〉和〈支那非國論〉兩篇文章，矢野認爲，中國不能稱爲所謂民族國家，滿、蒙、藏等原來就非中國領土，如果要維持大中國的同一性，根本沒有必要推翻滿清王朝，如果要建立民族國家，則應當放棄邊疆地區的控制，包括政治上的領屬和歷史上的敘述[15]。1943年，在第二次世界大戰的關鍵時刻，他更在廣島大學的系列報告中，提出了超越中國，以亞洲爲單位的歷史敘述理論，此年以《大東亞史の構想》爲題出版，這一構想和當時日本官方對於通過歷史促進大東亞共榮圈認同的意圖完全一致[16]。當然這都是陳年舊事，但是，近年來由於一些複雜的原因，日本、韓國與中國學術界出於對「西方」即歐美話語的警惕，接受後殖民主義理論如東方主義的影響，以及懷著擺脫以歐美爲「普遍性歷史」的希望，這種

(續)————————

回應〉(杭州：浙江人民出版社，1999)。

15 矢野仁一，《近代支那史》(京都：弘文堂書房，1923)；參看五井直弘，〈東洋史學與馬克思主義〉，載其《中國古代史論稿》，姜鎮慶、李德龍譯(北京：北京大學出版社，2001)，頁58。五井氏指出，隨著二戰時期日本對中國的占領，激發了日本當時的東洋史熱，矢野的這種論點越來越流行，例如《世界歷史大系》(1933-1936年，平凡社，26冊)和《岩波講座東洋思潮》(1934-1936年，岩波書店，全18卷)就是這一潮流中的產物。此期間，又相繼出版了池內宏，《滿鮮史研究》(東京：岡書院，1933)、岡崎文夫，《支那史概說》上(京都：弘文堂書房，1935)、橘樸，《支那社會研究》(日本評論社，1936)等等，均多少有這些觀點的影子。

16 矢野仁一，《大東亞史の構想》(東京：目黑書店，1944)，頁31以下。又，參看《宮崎市定自跋集》(東京：岩波書店，1996)的記載，據宮崎市定回憶，昭和十七年(1942)，日本文部省曾下令編撰《大東亞史》。先後任命東京大學的鈴木俊、京都大學的山本達郎、安部健夫與宮崎市定，並以池內宏與羽田亨爲監修，這一東亞史的最重要的目的，是「樹立新的皇國史觀爲基礎的新史學，不只是讓日本國民，也讓大東亞共榮圈多民族閱讀，洗淨迄今爲止在日本思想界流毒甚深甚廣，以西洋諸國陰謀爲基礎的史學思想之流弊」(頁295-296)。

從歷史上看，亞洲
何以能夠成為，或者什
麼時候可以成為一個可
以互相認同、有共同歷
史淵源、擁有共同「他
者」（歐美或西方）的文
化、知識和歷史甚至是
政治共同體？

「亞洲」論述卻越來越昌盛，他們提出的「東亞史」、「從亞洲思考」、「亞洲知識共同體」等等話題，使得「亞洲」或者「東亞」成了一個同樣不言而喻的歷史「單位」，從宮崎市定以來日本習慣的「アジア史」，突然好像成了「新翻楊柳枝」[17]。

應當承認，近二十年來，日本、韓國、中國的一些學者重提「亞洲」，在某種意義上說，有超越各自的民族國家的政治邊界，重新建構一個想像的政治空間，對內消解「國家中心」，向外抵抗「西方霸權」的意義。但是，從歷史上看，亞洲何以能夠成為，或者什麼時候可以成為一個可以互相認同、有共同歷史淵源、擁有共同「他者」（歐美或西方）的文化、知識和歷史甚至是政治共同體？這還是一個問題。且不說亞洲的西部和中部現在信仰伊斯蘭教的國家和民族，也不說文化和歷史上與東亞相當有差異的南亞諸國，就是在所謂東亞，即中國、朝鮮和日本，何時、何人曾經認同這樣一個「空間」，承認過一個「歷史」？「亞洲」究竟是一個需要想像

---

17 明治以來日本「亞洲」論述的風氣，可以參看竹內好編，《アジア主義》（東京：筑摩書房，「近代日本思想大系」第9種，1963），特別是書前的竹內好，〈解說：亞洲主義的展望〉和書末所附的〈亞洲主義關係略年表〉。在進入1990年代以來，日本對與亞洲的研究又一次興盛，僅僅根據手邊的資料舉例，像追溯亞洲主義與日本主義之間關係的，有1997年小路田泰直《日本史の思想：アジア主義と日本主義の相克》（東京：柏書房，1997），直接討論這一問題的，像1996年古屋哲夫編的《近代日本のアジア認識》（東京：綠蔭書房，1996），間接用這種視角來思考歷史的，如1992年荒野泰典、石井正敏、村井章介編，《アジアのなかの日本史》（東京：東京大學出版會，1992），特別是第一卷〈アジアと日本〉的卷首〈刊行にぁたつて〉。尤其值得重視的，是在當代中國相當有影響的日本學者溝口雄三、濱下武志、平石直昭和宮島博史所編的叢書《從亞洲出發思考》，更是再一次在90年代的日本和中國都引起了這個話題，見《アジアから考える》（東京：東京大學出版會，共七卷，1993-1994）。參看本書第五章〈想像的和實際的：誰認同「亞洲」？〉。

和建構的共同體，還是一個已經被認同了的共同體？這還是一個大可考究的事情，特別從歷史上看尤其有疑問。

不必說「亞洲」或者「東亞」本身就是來自近代歐洲人世界觀念中的新詞，就說歷史罷，如果說這個「東亞」真的存在過認同，也恐怕只是17世紀中葉以前的事情。在第四章裡我會指出，在明中葉以前，朝鮮、日本、越南和琉球對於中華，確實還有認同甚至仰慕的意思，漢晉唐宋文化，畢竟還真的是「廣被四表」，曾經讓朝鮮、日本、琉球、安南感到心悅誠服，很長時間以來，中國也就在這種「眾星拱月」中，靠著「以夏變夷」的想像而洋洋得意。可是，這種以漢唐中華為歷史記憶的文化認同，從17世紀以後開始瓦解。先是日本，自從豐臣秀吉一方面在1587年發布驅逐天主教教士令，宣布日本為「神國」，一方面在1592年出兵朝鮮，不再顧及明帝國的勢力，其實，日本已經不以中國為尊了。不僅豐臣秀吉試圖建立一個以北京為中心的大帝國，就是在學了很多中國知識的德川時代的學者那裡，對於「華夏」和「夷狄」，似乎也不那麼按照地理學上的空間來劃分了，從中世紀佛教「天竺、震旦、本朝（日本）」衍生出來的三國鼎立觀念，到了這個時候漸漸滋生出一種分庭抗禮的意識，他們開始強化自我認識。1614年德川秀忠發布「驅逐伴天連之文」中，自稱是神國與佛國，「尊神敬佛」，在文化上與中國漸行漸遠[18]，特別是到了清朝取代明朝以後，他們更接過古代中國的「華夷」觀念[19]，使日本形成了神道日本對儒家中國，「真正中

---

18 參看渡邊浩，〈中國與日本人的「日本」觀〉（列印本，中國社會科學院日本研究所主辦國際研討會論文，2002年9月7日）。

19 比如1672年林春勝父子所編的《華夷變態》、1669年山鹿素行所著的《中朝事實》都

華文化」對「蠻夷清國」的觀念[20]。接著是朝鮮，毫無疑問，在明帝國的時代，朝鮮儘管對「天朝」也有疑寶與戒心，但是大體上還是認同中華的[21]，然而，由於本身是「蠻夷」的女真人入主中國，改變了朝鮮人對這個勉強維持的文化共同體的認同與忠誠。所以，他們一方面始終堅持明代的衣冠、明代的正朔、明代的禮儀，一方面對他們眼中已經「蠻夷化」的清帝國痛心疾首，反覆申斥道：「大抵元氏雖入帝中國，天下猶未剃髮，今則四海之內，皆是胡服，百年陸沉，中華文物蕩然無餘，先王法服，今盡為戲子軍玩笑之具，隨意改易，皇明古制日遠而日亡，將不得復見。」[22]

近來，為了破除那種把現在的民族國家政治空間當作歷史上的「中國」的研究方式，也為了破除試圖證明歷史上就是一國的民族主義歷史觀念，「亞洲」被當作歷史研究的一個空間單位，這很有意義。但問題

（續）————————

　　已經開始強調，應當把「本朝」當作「中國」，這是「天地自然之勢，神神相生，聖皇連綿」，到了本居宣長等人提倡「國學」，更是確立了平分秋色的國與國的對峙立場，甚至是凌駕於中國之上的觀念，參看黑住真，〈日本思想とその研究——中國認識をめぐって〉，載《中國—社會と文化》（東京：東京大學，1996），第十一號，頁9。

20　《華夷變態》卷首載林春勝（即鵝峰，著名朱子學者林羅山的第二子）的序文中，就解釋「華夷變態」這個書名，說這是因為「韃虜橫行中原，是華變於夷之態也」，見《華夷變態》（東洋文庫叢刊第十五種，東京：東方書店，1981再版），頁1；又，日本的山鹿素行（1622-1685）在《謫居童問》中，也曾經說到日本的禮用人物自與聖人之道相合，所以應當將日本稱為本朝，把清帝國稱為「異朝」，這種思想被後來學者稱為「日本型華夷思想」，見桂島宣弘，《思想史の十九世紀：他者としての德川日本》（東京：ぺりかん社，1999），第八章，頁198。而著名的近松門左衛門所編，1715年演出的《國姓爺合戰》，則以鄭成功為基礎想像一個出身日本的唐（明）忠臣，驅除韃靼恢復國家的故事，據說，這更顯示了日本對清朝的敵意。

21　今西龍，《朝鮮古史の研究》（東京：國書刊行會，1970），頁146。

22　《燕行紀事·閩見雜記上》，《燕行錄選集》（首爾：成均館大學校，1960），下冊，頁644。

當「亞洲」成為一個「歷史」的時候,它會不會在強化和凸顯東亞這一空間的連帶性和同一性的時候,有意無意間淡化了中國、日本和朝鮮的差異性呢?從中國歷史研究者立場看,如果過於強調「從亞洲出發思考」,會不會在「亞洲」中淡化了「中國」呢?

是,當「亞洲」成為一個「歷史」的時候,它會不會在強化和凸顯東亞這一空間的連帶性和同一性的時候,有意無意間淡化了中國、日本和朝鮮的差異性呢?從中國歷史研究者立場看,如果過於強調「從亞洲出發思考」,會不會在「亞洲」中淡化了「中國」呢?

三、某些台灣學者的立場:同心圓理論

關於台灣歷史學的討論,最麻煩的是政治化問題。我的評論不可能完全擺脫兩岸立場的差異,但是,我試圖盡量從學術角度討論而不作政治價值的判斷。對於「中國」這個議題,台灣方面某些學者當然一直有相當警惕,他們對於大陸用現在的中國政治領土來界定歷史中國,有種種批評,有的批評並非全無道理,如一位叫作呂春盛的學者,對大陸流行的四種關於「中國」的論述,都作了尖銳有力的批評,他說,要界定一個完整意義的「歷史上的中國」,恐怕也幾近是不可能的事[23]。

避免界定一個包括台灣的「中國」,避免一個包含了台灣史的「中國史論述」,試圖超越現代中國政治領土,重新確認台灣的位置,這一思路當然摻入了現時台灣一部分歷史學家太多的政治意圖[24]。不過,在歷史學領域,確實也有人從台灣本土化的願望出發,藉著超越民族國家的

23　呂春盛,〈關於大陸學界「歷史上的中國」概念之討論〉,載《台灣歷史學會通訊》(台北:歷史學會,1990),第二期。

24　杜正勝近年來的很多論著,其前提都是為了在政治上與文化上建立台灣認同,參看其〈到「臺灣」之路〉,載《自由時報》(台北),1999年1月10日。

區域研究之風氣，重新檢討中國史的範圍[25]。其中，一些台灣學者提出了「同心圓」的理論，最具代表性的當然是杜正勝先生。在一篇相當具有概括性的論文中，他說，「到1990年代，此(指台灣代表中國)一歷史幻像徹底破滅覺醒了，新的歷史認識逐漸從中國中心轉為台灣主體，長期被邊緣化的台灣史研究，已經引起年輕學生的更大的興趣。我提倡的同心圓史觀扭轉『中國主體，台灣附屬』的認識方式，也有人深有同感」[26]，他覺得，這是反抗文化霸權，因而試圖瓦解傳統的「中國」論述，代之以一個以台灣為中心，逐級放大的同心圓作為歷史論述的空間單位，即第一圈是本土的鄉土史，第二圈是台灣史，第三圈是中國史，第四圈是亞洲史，第五圈一直到世界史[27]。

在杜氏的理論背景中，除了依賴區域史與世界史論述，分別從「小」與「大」兩面消解「中國論述」之外，把「中國」這個國家的政治整合與文化認同分開，也是一個相當重要的支柱[28]。由於杜氏的論述是建立在把

---

25 比如黃秀政就指出台灣史研究本來就是中國史的一個支流，但近二十年來，由於「區域史研究風氣的興起」，才逐漸蔚為大觀的。黃秀政，《台灣史研究》自序，轉引自王晴佳，《臺灣史學五十年》(台北：麥田出版社，2002)，頁159。

26 杜正勝，〈新史學之路──兼論臺灣五十年來的史學發展〉，《新史學》(台北：新史學雜誌社，2002)，十三卷三期，頁39。

27 關於同心圓理論的最新表達，參看《新新聞》924期(2004年11月18-24日)，頁25，杜氏在回答記者提問時回憶這一理論的提出，說「我開始不以歷史學家的角度，而是以全面性來思考，一個國家的公民對歷史應該有怎樣的態度和知識的思考」，也就是說，他的這種歷史同心圓的理論，不是從歷史研究，更主要的是從對於國民的歷史態度和知識的教育角度提出來的。

28 這個說法當然在張光直論述古代中國的時候就已經提出來，他說，在古代中國，城市與國家的形成過程中，政治程序，而不是技術、貿易等等是主要的動力，國家是「靠政治性的措施造成的」，見張光直，〈從商周青銅器談文明與國家的起源〉，載《中國青銅時

從歷史論述上看，台灣的清晰，帶來的是中國的殘缺，原來似乎沒有問題的中國論述，在這種「離心」的趨向中，也發生了同樣的「混亂」。

「台灣」從「中國」認同中「拯救」出來的基礎上，因此他強調，所謂「中國」是在戰國晚期逐漸形成的，「此『中國』與以前具有華夏意味的『中國』不同，它進一步塑造漢族始出一源的神話，漢文化遂變成一元性的文化，這是呼應統一帝國的新觀念，完全扭曲古代社會多元性的本質」，這種依賴於政治力量的整合，使被強行整編到中國的文化，又隨著政治力量進入「中國」的周邊地區，改造土著，因此，「漢化」這個過程，並不像過去想像的那樣，是一個文明化（華夏化）的過程，而是一個政治統合的歷史，在強勢力量的壓力下，土著只有漢化，因爲「漢化是取得社會地位的惟一途徑，堅持固有文化者遂被主流價值所鄙視」[29]，因此，按照他的說法，台灣是被迫整編進中國論述中的，要增強台灣的族群認同，當然就要破除中國文化同一性神話，這種所謂同一性，不過是在政治權力的霸權下實現的。

　　他們覺得，這是祛除台灣文化認同與歷史敘述的「混亂」的良方。但是，且不說這種論述的歷史依據如何，從歷史論述上看，台灣的清晰，帶來的是中國的殘缺，原來似乎沒有問題的中國論述，在這種「離心」的趨向中，也發生了同樣的「混亂」。2003年底，在慶祝歷史語言研究所成立七十五週年的會上，作爲原所長的杜正勝，又發表了一篇相當重要的講話，其中提到當年在大陸時，傅斯年等人一方面提倡近代性的歷史學，即「不該有國情之別，只有精確不精確，可信不可信」的學術，但是一方面

(續)————

代》(北京：三聯書店，1999)，頁480-483。

29　杜正勝，〈中國古代社會多元性與一統化的激盪——特從政治與文化的交涉論〉，《新史學》(台北：新史學雜誌社，2000)，十一卷二期，頁2-3，38。

又由於內心關懷和外在環境，有很濃烈的「學術民族主義」，這種「學術民族主義精神使史語所扮演另一個愛國者角色」，可是，如今卻不同，他在第六節〈期待新典範〉中提出，「史語所在台灣，客觀情境讓它跳出『中國』這個範圍的拘限，讓它走出與人爭勝的『國』恥悲情」，這個時候，他提倡的是「超越中國的中國史」，是「從台灣看天下的歷史視野」[30]。

　　從台灣看天下，因此台灣是中心，歷史論述中，時間如果被王朝所捆綁，那麼歷史常常就是以政治王朝為經，以皇帝更替為緯的王朝史，空間如果被帝國所限制，那麼歷史描述常常就會有中心與邊緣的層級差異，但是，當這種時間與空間被新的視野和新的分期所替換，那麼確實會形成新的論域。1998年，鄭欽仁在《當前中國史研究的反思》中引述了日本人尾形勇、岸本美緒《中國史》、矢吹晉《巨大國家中國のゆくへ──國家‧社會‧經濟》、《岩波講座世界歷史(3)──中華形成の東方と世界》以及李濟的《中國上古史之重建工作及其問題》、《再論中國上古史的重建問題》等等，重新討論古代中國的範圍，他覺得，還是日本支那史的「中國」範圍比較適合，他說，古代中國的精神線，大約應當在長城以內，並批評所有中國學者都用現在的中國政治疆域來處理古代中國問題，什麼都說成是中國的，這是民族主義[31]。而廖瑞銘的《遠離中國史》，不僅有一個驚世駭俗的題目，而且提出一個「非常政治性的宣告」，覺得過去台灣的中國史有太多的迷思，總是沉湎於四點，一是合久必分，分久必合，二是

30　杜正勝，〈舊傳統與新典範〉，原載《慶祝中研院歷史語言研究所成立七十五週年演講會文集》(台北：中研院歷史語言研究所，2003年12月22日)。

31　台灣歷史學會編，《認識中國史論文集》(台北：稻鄉出版社，2000)，卷首。

在過去習慣的關於「中國」的歷史論述中，最不容易被規整地納入「中國」的，就是元朝和清朝兩個帝國的歷史。

在中國歷史中尋求智慧，三是中國歷史提供太多詞彙來定義現代事物，四是世界二分並立。他說，這裡面有太多的政治考慮，「歷史是一種詮釋的學問，具有理性與感性的雙重性，它可以是一種學術、真理，也可以是族群情感的黏合劑」[32]，但是，當他斬釘截鐵地要遠離中國史的時候，他是否也是落入了以台灣為中心的「太多的迷思」，或者完全變成台灣「族群情感的黏合劑」了呢？

有一個很著名的例子，杜正勝引起極大爭議的一個話題，就是重新繪製地圖。他設想以台灣為中心，改變過去橫向東西縱向南北的地圖畫法，使它轉個九十度，他認為這樣一來，台灣就不是「中國」的東南「邊陲」，而中國沿海就是以「台灣」為圓心的上方的一個邊緣，而琉球以及日本則是台灣右邊的邊緣，菲律賓等就是台灣左邊的邊緣。那麼，在這樣的歷史與空間敘述中，「中國」是否就被消解了呢[33]？

四、大汗之國：蒙元與大清帝國對「中國」歷史的挑戰

在過去習慣的關於「中國」的歷史論述中，最不容易被規整地納入

32　台灣歷史學會編，《認識中國史論文集》(台北：稻鄉出版社，2000)，頁25。

33　台灣的中國史論述，至今仍然是一個很敏感很熱鬧的話題，比如2003-2004年在台灣發生的高中歷史課程爭論，主要就是圍繞著(一)1500年以後的中國史是否應當納入世界史？(二)決定台灣地位的國際文獻中，即開羅宣言、波茨坦宣言、日華和約關於台灣地位的表述何者的國際法位階比較重要？(三)高中兩年歷史課中，是否應當第一年先上台灣史等等問題展開的，而這些問題引申出來的一些話題相當刺激政治神經，就是說，對於台灣來說，中國是否「外國」，中國史是否「外國史」，國父孫中山是否「外國人」？參看許倬雲，〈我對史學爭議的看法〉，《中國時報》(台北)，2004年11月24日A15版。

「中國」的，就是元朝和清朝兩個帝國的歷史。在宋代「中國意識」逐漸清晰也逐漸確立以後[34]，歷史彷彿有意製造了一個曲折，讓蒙古人建立了一個遠遠超過漢族中國的世界性大帝國，而在明代漢族人重新建立了一個漢族中華帝國，彷彿再次確認族群與國家重疊的這一空間後[35]，歷史再一次讓來自長城以北的清人取得勝利，建立了又一個遠遠超過了漢族中心區域的大帝國。

這兩個帝國對於「中國」史學帶來的「麻煩」，就是它必須超越漢族中國這個中心，採集更豐富的、來自不同立場、不同語言、不同敘述的文獻資料，論述更廣大的地域空間、更多的民族和更複雜的國際關係，這使得傳統的「中國史」似乎不能勝任。這一歷史學的困局在晚清學術界已經被敏感地注意到了，晚清西北地理研究和蒙古史的興盛，無論是否有主動回應這一歷史現象的自覺意識，實際上都是這一歷史的刺激。而對於明代所修《元史》的反覆重寫，包括從晚清以來的魏源《元史新編》、屠寄《蒙兀兒史記》、洪鈞《元史譯文訂補》到柯紹忞《新元史》等等，之所以反覆出現，也就是因為以「元朝中國」為歷史空間、以漢文史料為主要文獻來源所敘述的歷史，並不能充分反映那個「北逾陰山，西極流沙，東盡遼左，南越嶺表」的王朝[36]。特別是，這個王朝既是漢地

---

34 參看本書第一章的論述。

35 值得注意的是，宮崎市定，《洪武から永樂へ：初期明朝政權の性格》曾經指出，明王朝的建立，也許人們會認為是民族政權以及文化的大轉換，但是實際上並不完全如此，明初的民族光復與革命，有時只是一種動員、旗幟和標榜，由於元代之風氣長期延續於明廷，所以「太祖的政治從一開始起，主張對蒙古的民族革命的意識就非常低」。載《宮崎市定全集》（東京：岩波書店，1999），第13冊，頁54。

36 《元史》（北京：中華書局，1976），卷五八〈地理一〉，頁1345。

政權，又是大蒙古帝國(Yeke Mongghol Ulus)中的一部分，正如蕭啓慶所說，「元代君主兼具蒙古大汗與中原帝王的雙重性格……忽必烈及其子孫不能僅以中國的『皇帝』自居，立法施政必須自蒙古『大汗』的觀點著眼，否則會引起嚴重的政治問題」，漢族在這個大帝國中始終只是被統治者，而「蒙古至上」也表明這個王朝絕不同於漢唐宋這樣的漢族王朝[37]。因此，近年來，日本學者本田實信和杉山正明就提出世界史中的「蒙古時代」，他們認為，用這一概念工具重寫歷史，是一個讓世界史也是讓中國史改變面貌的歷史現象，他建議學術界要研究「蒙古時代史」(history of Mongol Period)，這個歷史不是「中國史」的，而是「世界史」的[38]。杉山氏本人最近不僅出版了《モンゴル帝國と大元ゥルス》一書，而且也運用超越中國的地圖資料和域外文獻，撰寫了〈東西方地圖顯示的蒙古時代的世界像〉、〈伊朗、伊斯蘭文獻所描繪的蒙古時代的世界像〉等等論文。

　　蒙古時代史並不是中國元朝史，它不同於當年重編《新元史》，只

37　蕭啟慶，〈元朝的統一與統合──以漢地、江南為中心〉，載《中國歷史上的分與合學術研討會論文集》(台北：聯經出版公司，1995)，頁192-194。他覺得，與其說元朝不僅是「中國」的「統一」，而且更重要的是「統合」，即「消彌構成國家的各部門──包括區域、民族、階級──之間的差異而形成一個向心力高、凝聚力強的政治共同體」。

38　本田實信，《モンゴル時代史研究》(東京：東京大學出版會，1991)。其序文中曾經批判，過去的這一時代歷史的研究是「以中國史的立場出發，對所謂元朝的研究，通過對元代的文化與制度的考察，討論元朝史的性質，如何從中國傳統中脫離甚至斷絕，又如何與中國傳統妥協與同化，處於宋明之間的元代如何把握，與遼、金的關聯如何思考等等，成為具體研究的課題，因此，很大程度上無意識地具有中華文化的優越感和中心立場」，頁5。又，可以參看杉山正明，《モンゴル帝國と大元ゥルス》(京都：京都大學出版會，東洋史研究叢刊之六十五，2004)，特別是參看其序章〈世界史の時代と研究の展望〉。

是擴充史料，而是要跳出以元朝史爲中心的中國史，站在更大的世界空間來看歷史，這個歷史雖然包括了中國這個空間在內，但中國卻並不是一個天經地義的空間，更不是唯一的歷史敘述空間。同樣的是清帝國，1998年，美籍日裔學者羅友枝(Evelyn S Rawski)在其著作《最後的皇朝：清代皇家機構的社會史》(*The Last Emperors*: *A Social History of Qing Imperial Institutions*)中再度表達一種超越「中國史」的觀點[39]。這部著作很有趣，她主要論述的是，清朝能夠成功維持三百年的統治，主要原因並非像何炳棣等人所說的「漢化」或者「中國化」[40]，而是滿族作爲一個入主中原的群體，不僅依賴保持本身的特點，實施異於漢族的統治方式，而且有效地得到了蒙古等非漢族民族的支持，從這一點上來說，清朝統治者是以中亞諸族的大汗身分，而不是中國傳統皇帝身分出現的，滿族只是利用了儒家的東西，所以，清帝國和中國並非同義詞，而是一個超越了「中國」的帝國[41]。

39　Evelyn S Rawski(羅友枝)：*The Last Emperors: A Social History of Qing Imperial Institutions*, Berkeley: University of California Press, 1998.

40　何炳棣的說法，見於Ping-ti Ho: "The Significance of The Ch' ing Period in Chinese History,"　*Journal of Asian Studies*, 26, No. 2 (1967),　pp. 189-195.

41　最近，流行於歐美和日本的所謂「新清史」，雖然不能說就是這一研究取向的延續，但同樣延續了對滿洲或滿族文化獨立性的重視。如美國學者 Mark C. Elliot的*The Manchu Way*: *The Eight Banners and Ethnic Identity in Late Imperial China*(Stanford University Press, 2001)認為，在統治中國幾個世紀後，旗人雖然已經忘記了母語，但是他們那種征服者的精英意識和與外分離的自我認同感，仍然一直保存，所以，清並非被漢人文化同化的王朝；而另一位美國學者Pamera Kyle Crossley 在其*Orphan Warriors*: *Three Manchu Generations and the End of the Qing World*(Princeton University Press, 1990)也認為，旗人在19世紀末20世紀初，在其政權漸漸衰落的時候，反而開始有意識地發展他們的民族意識。

羅友枝是在回應兩年前的一次論戰。1996年，當羅友枝針對何炳棣1967年〈清朝在中國歷史上的重要性〉關於清朝「漢化」的論點，在全美亞洲年會上以前任會長身分發表會長演講〈再觀清朝：清朝在中國歷史上的重要性〉後[42]，作爲一個中國出身的歷史學家，何炳棣曾經尖銳地反駁，寫了〈我對漢化的再思考：對羅友枝「再觀清朝」一文的答覆〉。何認爲，對於滿清來說，儒家化就是漢化，儒家化和中國化是一回事，因而隱含的一個結論就是滿清建立的是一個「中國」的王朝[43]。而羅友枝的這一論述無疑是對何炳棣的回應，也是對超越「中國」的清代歷史的再度論述。

在這一爭論表面，毫無疑問有出身美國（羅友枝是日裔美國人）和出身中國（何炳棣是基本教育來自中國的歷史學家）的兩種學者之間，在認知上和感情上的差異，不過，在這些論爭的背後，卻還有關於「世界」和「中國」的不同觀念。從魏特夫（K.A.Wittfogel）的《中國遼代社會史》（*History of Chinese Society, Liao, 907-1125*）以來到現在，在西方學術界仍然很有影響的「征服王朝」理論中，其最重要的精髓，就在於否認所有外來民族都被漢族「同化」，而強調各個民族成分的延續和傳統的影響。換句話說，強調征服王朝的「超中國」意義，一是保持雙重民族性的

42　羅友枝（Evelyn S Rawski）："Presidential Address: Reenvisioning the Qing: The Significance of the Qing Period in Chinese History," *Journal of Asian Studies*, 55, No. 4(Nov. 1996), pp. 829-850.

43　Ping-ti Ho: "In Defense of Sinicization: A Rebuttal of Evelyn Rawski's Reenvisioning the Qing," *Journal of Asian Studies*, 57, No. 1(1998), pp. 123-155.中文本，何炳棣〈捍衛漢化：駁伊芙琳・羅斯基之〈再觀清代〉〉，載《清史研究》（北京），2000年第3期。

強調征服王朝的
「超中國」意義，一是
保持雙重民族性的歷史
描述，二是強調歷史過
程中異族對漢族的反影
響，三是否認以現在的
漢族中國，來追認一切
以往的歷史。

歷史描述，二是強調歷史過程中異族對漢族的反影響，三是否認以現在
的漢族中國，來追認一切以往的歷史。因為在他們看來，從現在漢族中
國的特性來追溯歷史，就會把所有歷史都按照一個後設的目的，百川歸
海似地歸入「中國」[44]。

五、後現代歷史學：從民族國家拯救什麼歷史？

最後，挑戰還來自歐美的後現代歷史學。

後現代歷史學對於現代性的批判中，包括了對近代以來現代民
族國家天然正當性的質疑。自從傅柯關於「權力」與「話語」的理論
被普遍用於歷史，對於任何「天經地義」的論述的質疑，就有了相當
鋒利的武器。而在關於民族國家方面，特別是自從安德森（Benedict
Anderson）「想像的共同體」（Imagined Communities）的理論問世以
後，對於從現代民族國家反觀歷史的質疑，曾經深刻地揭示了歷史研
究中的對於「國家」的誤解，這就是我們習慣於用現代國家來想像、理
解和敘述古代國家[45]。可是，歷史上的國家常常是流動的，彷彿羅布泊
一樣，空間有時大有時小，民族有時合有時分，歷史有時編整在一起，
有時又分開各成一系，因此，為了維護現代國家的「天經地義」，這種

---

44 參看李明仁，〈中國史上的征服王朝理論〉的介紹，收入台灣歷史學會編，《認識中國
史論文集》（台北：稻鄉出版社，2000）。

45 班納迪克‧安德森（Benedict Anderson），《想像的共同體：民族主義的起源與散布》
（*Imagined Communities: Reflections on the Origin and Spread of Nationalism*）（吳睿
人中譯本，台北：時報文化出版公司，1999）。

歷史學家是否要考慮與歐洲歷史不同的中國歷史的特殊性？中國尤其是漢族文明的同一性、漢族生活空間與歷代王朝空間的一致性、漢族傳統的延續與對漢族政權的認同，是「偶然的」和「爭議的」嗎？中國是一個在近代（西方的近代）才逐漸建立的民族國家嗎？

看起來很正當的歷史書寫，常常給我們帶來一些尷尬[46]。

前面我們提到過杜贊奇的《從民族國家拯救歷史》。也許，正因為上述困惑，杜贊奇提出的「複線歷史」理論的確有其意義。不過，我以為，杜贊奇解構了以當然的民族國家為基礎的後設歷史，指出民族國家並不是「一個同一的，在時間中不斷演化的民族主體」，而是本來有「爭議的偶然的民族建構」，所謂民族國家的歷史，其實是「虛假的同一性」，所以要從這種民族國家虛構的同一性中把歷史拯救出來，這當然很敏銳也很重要。但是，我們反過來提問，歷史學家是否要考慮與歐洲歷史不同的中國歷史的特殊性？中國尤其是漢族文明的同一性、漢族生活空間與歷代王朝空間的一致性、漢族傳統的延續與對漢族政權的認同，是「偶然的」和「爭議的」嗎？中國是一個在近代（西方的近代）才逐漸建立的民族國家嗎？

我們知道，後現代歷史學關於現代民族國家的思路與論據，一方面來自被瓦解和被分割的殖民地經驗，如亞洲的印度、巴基斯坦、孟加拉、印度尼西亞等國家，如非洲的大湖區的部族與國家，在這種已經被撕裂的族群和國家的重建中，確實有按照新的民族國家重新建構歷史的現

---

46 比如以現代中國的地理空間來描述古代中國，以現代中國的民族構成當作古代中國的民族構成，因而總覺得那個時代的「異族」也應當算在中國之內，因而不是把當時的異族入侵理解為「內部矛盾」，就是把漢族政權的征服描述成「中央對地方」的「統一」，像現在爭論不休的高句麗問題，就是陷入了這一尷尬。關於高句麗的歷史爭論，我以為中國方面也許會不由自主地以現代中國的疆域來處理古代高句麗的歷史歸屬，而韓國方面則常常會不由自主地從古代高句麗的疆域來期待現代朝鮮民族國家的空間領屬，關於這一爭論的情況，可以參看南黎明，〈韓國對中國的文化抗議〉、錢文忠，〈高句麗是中韓共同文化遺產〉，載《亞洲週刊》（香港，2004年7月25日），頁16-20。

從歷史上看，具有邊界即有著明確領土、具有他者即構成了國際關係的民族國家，在中國自從宋代以後，由於逐漸強大的異族國家的擠壓和存在中已經漸漸形成。

象，但是，始終延續的中國卻並不是在近代才重構的新的民族國家；後現代歷史學關於現代民族國家的思路和依據，另一方面來自歐洲的近代歷史，我們知道，歐洲近代有民族和國家重構的普遍現象[47]，因此霍布斯邦說「民族原本就是人類歷史上相當晚近的新現象，而且還是源於特定地域及時空環境下的歷史產物」[48]。然而這裡所說的「人類歷史」其實只是歐洲歷史，中國古代雖然也有分裂，但因為一是有覆蓋更廣的「漢文化」，二是經歷了秦漢一統，習慣認同早期的「華夏」，三是中心和邊緣、「漢族」和「異族」有大小之差異，所以，政治、文化與傳統卻一直延續，所以既無所謂傳統「文藝的復興」，也無所謂「民族國家」的重建。

對於中國民族國家的形成，我有一個可能是很固執的觀念，即從歷史上看，具有邊界即有著明確領土、具有他者即構成了國際關係的民族國家，在中國自從宋代以後，由於逐漸強大的異族國家的擠壓，已經漸漸形成，這個民族國家的文化認同和歷史傳統基礎相當堅實，生活倫理的同一性又相當深入與普遍，政治管轄空間又十分明確，因此，中國民族國家的空間性和主體性，並不一定與西方所謂的「近代性」有關[49]。在這樣的一個延續性大於斷裂性（與歐洲相比）的古老文明籠罩下，中國的空間雖然邊緣比較模糊和移動，但中心始終相對清晰和穩定，中國的政

47　可以參看彼得・李伯賡(Peter Riebergen)著、趙復三譯，《歐洲文化史》(*Europe A Cultural History*)(香港：明報出版社，2003)，上冊第三部分第八章〈一個新社會──歐洲成為一個更廣闊的世界〉所介紹的歐洲近代民族國家崛起過程，頁289-330。

48　艾瑞克・霍布斯邦(Eric Hobsbawm，一譯霍布斯鮑姆)，《民族與民族主義》(李金梅中譯本，台北：麥田出版社，1997)，頁8。

49　參看本書第一章〈「中國」意識在宋代的凸顯〉。

治王朝雖然變更盛衰起伏，但歷史始終有一個清晰延續的脈絡，中國的文化雖然也經受各種外來文明的挑戰，但是始終有一個相當穩定、層層積累的傳統。而在宋代之後逐漸凸顯出來的以漢族區域為中心的國家領土與國家意識，則使得「民族國家」相對早熟地形成了自己認同的基礎。不僅如此，從唐宋以來一直由國家、中央精英和士紳三方面合力推動的儒家(理學)的制度化、世俗化、常識化，使得來自儒家倫理的文明意識從城市擴展到鄉村、從中心擴展到邊緣、從上層擴展到下層，使中國早早地就具有了文明的同一性[50]。因此，這個幾乎不言而喻的「國家」反過來會成為漢族中國人對歷史回憶、論述空間和對民族、國家的認同基礎，使他們一提起來就說歷史是「三代秦漢唐宋明清」，使他們一想起來就覺得應當遵循「三綱五常」的秩序，使他們習慣地把這些來自漢族文明的風俗當作區分自我和異族的標準。

　　也正是因為如此，中國很「特殊」，或者說，歐洲式的近代民族國家形成途徑很「特殊」，在中國，至少從宋代起(這就是為什麼宋代是中國的「近世」)，這個「中國」既具有安德森說的那種「傳統帝國式國家」的特色，又具有一些很接近「近代民族國家」的意味[51]。作為一個中心地域很清晰的國家，漢族中國很早就開始意識到自己空間的邊界，它甚至比

50　參看葛兆光，《七世紀至十九世紀中國的知識、思想與信仰——中國思想史第二卷》(上海：復旦大學出版社，2000)，第二編第三節〈國家與士紳雙重支持下的文明擴張：宋代中國生活倫理同一性的確立〉。

51　安德森說，「在現代概念當中，國家主權在一個法定的疆域內的每一平方公分的土地上所發生的效力，是完全、平整而且均勻的。但是在比較古老的想像裡面，國家是以中心來界定的，國家與國家之間的邊界是交錯模糊的，而且主權也頗有相互滲透重疊之處」，同上引書，頁25。

那些較爲單一民族國家(如日本、朝鮮)還清楚地認同這個空間作爲民族國家的不言而喻，但是，作爲一個邊緣相對模糊的「中華帝國」，它的身後又拖著漫長的「天下中央」、「無邊大國」的影子，使它總是覺得自己是一個普遍性的大帝國。

因此，對於複雜的中國，後現代歷史學關於民族國家的理論，未必就像在其他國家那樣有合理性。

六、如何在中國歷史中理解歷史中國？

西川長夫曾經歸納道，現代國家作爲國民國家，與傳統帝國的區別有五個方面，一是有明確的國境存在(國民國家以國境線劃分政治的、經濟的、文化的空間，而古代或中世國家雖然也存在中心性的政治權力和政治機構，但是沒有明確的劃定國家主權的國境)，二是國家主權意識(國民國家的政治空間原則上就是國家主權的範圍，擁有國家自主權不容他國干涉的國家主權和民族自決理念)，三是國民概念的形成與整合國民的意識形態支配，即以國家爲空間單位的民族主義(不止是由憲法、民法與國籍法規定的國民，而且由愛國心、文化、歷史、神話等等建構起來的意識形態)，四是控制政治、經濟、文化空間的國家機構和制度(不僅僅是帝王或君主的權力)，五是由各國構成的國際關係(國際關係的存在表明民族國家之主權獨立與空間有限性)[52]。

52　西川長夫，〈國民國家論から見た「戰後」〉，載其《國民國家論の射程》(東京：柏書

這是一個日本學者的說法，但卻是以歐洲爲思考背景的定義。然而，歐洲的定義並非來自亞洲資料而是來自歐洲歷史，尤其是近代歐洲的歷史，並不一定適用於東方諸國特別是中國。我一直很反對把本來是來自歐洲歷史的描述方式作爲普遍歷史的統一尺度，儘管16世紀以後，歐洲的「國際秩序」和「近代性」逐漸取代東方「朝貢秩序」和「傳統性」，並獲得了「普遍性」，但是那種本來只是區域的經驗和規則，在解釋異地歷史時，總有一些圓枘方鑿之處。和歐洲不同，中國的政治疆域和文化空間是從中心向邊緣瀰漫開來的，即使不說三代，從秦漢時代起，「車同軌，書同文，行同倫」，語言文字、倫理風俗和政治制度就開始把民族在這個空間中逐漸固定下來，這與歐洲認爲「民族原本就是人類歷史上晚近的新現象」不同[53]，因此，把傳統帝國與現代國家區分爲兩個時代的理論，並不符合中國歷史，也不符合中國的國家意識觀念和國家生成歷史。在中國，並非從帝國到民族國家，而是在無邊「帝國」的意識中有有限「國家」的觀念，在有限的「國家」認知中保存了無邊「帝國」的想像，近代民族國家恰恰從傳統中央帝國中蛻變出來，近代民族國家依然殘存著傳統中央帝國意識，從而是一個糾纏共生的歷史。

也許，很多人會想到古代中國的「天下觀念」與「朝貢體制」，覺得古代中國以朝貢體制想像世界，並不曾清楚地意識到「國家」的邊界。但

(續)————————————

房，1998），頁256-286。

53 霍布斯邦（Eric J.Hobsbawm），《民族與民族主義》，頁8。又，他已經注意到這「是源於特定地域及時空環境下的歷史產物」，所以，在討論到民族國家的語言問題時，他也說到「不過中國的情況是一大例外」，頁75。

是，仔細考察可以知道，這種「天下」常常只是一種觀念或想像，並不一定是實際處理「中國」的國家與國際問題的制度或準則[54]。這當然是一個相當複雜的歷史過程，如果簡單地說，大體上可以注意三點：首先，中國以漢族爲中心的民族與國家，由於在空間上的重疊，使得這一民族和國家的「邊界」很容易清晰地固定下來。從宋代起，在遼夏金元壓迫下的勘界行爲、海外貿易確立的市舶司制度和清晰的知識與財富的自我與他者界限的警惕，加上和戰之間的外交談判，已經使宋代中國很早就有了國境存在和國家主權的意識[55]；其次，由於漢族同一性倫理的逐漸確立，宋代以來建立的歷史傳統、觀念形態和文化認同，已經很清楚地形成了漢族中國自我確認的民族主義意識形態，所謂「華夷」之辨、所謂「正統」之爭、所謂「遺民」意識，在宋代以後的形成，本身就是這種國家意識的產物；再次，從宋到清，中國在東方世界的國際關係已經形成[56]，尤其是自明清以後，明清王朝、朝鮮、日本等國家之間的互相交

54　不要一聽說「天下」一詞就以爲古代中國就沒有「中國」意識，漢代也自稱是「天下」，但是漢代銅鏡銘文中卻常常出現「中國」一詞，它是與「匈奴」對舉的。日本也把自己的國家叫作「天下」，西島定生曾經根據熊本縣船山古墳出土的鐵刀銘上也有「天下」的銘文指出，這一「天下」只是大和政權的支配領土，即只是倭國的領域，對中國來說，似乎「天下」是中國爲中心的世界，但是對於倭國來說，倭國也是「天下」，見西島定生，《日本の國際環境》（東京：東京大學出版會，1985），頁77-78。

55　詳細的論證，請參看本書第一章。

56　這一點，其實西島定生已經指出，西島定生，《中國古代國家と東アジア世界》（東京：東京大學出版會，1983），第六章〈東アジア世界と日本史〉中說到，原本包含了日本在內的東亞文化圈，有四個指標，漢字、儒教、佛教、律令制，但是，在各個區域，這四者是不等同的，比如日本，假名文字以及以此寫作的和歌、女流文學、能、茶湯等等，以及更後面的俳句、歌舞伎等等，就是日本特有的（頁611），到10世紀，律令制弛緩和莊園的擴大、貴族如藤原氏的全盛與武士階層的勃興（頁612），更開始了日本主體的形成。這與唐

涉,已經形成了這樣一個「國際」,只是這個「國際」原本是有一套秩序的,但是,後來卻在另一套新的世界秩序衝擊下逐漸崩潰,終於被取代和遺忘而已。

很多人相信理論彷彿時裝,是越新越好,也有很多人總是把是否認同新理論與「政治正確」聯繫起來,當來自西方的超越民族國家的歷史研究新理論與新方法一經提出,曾經引起研究視野的變化,人們不僅對這種時尚的理論和方法相當贊許,而且常常不由自主地對堅持「國家」這一研究空間的歷史學有一種不恰當的鄙夷,覺得在今天仍然進行這種近乎「前近代」的研究方法,好像不僅「落後」,而且有「國家主義」或者「民族主義」的嫌疑。可是,這種新理論總是來自歐美等西方世界,它的歷史依據和思想背景常常和我們不一樣,人們反過來可以追問的是,歐洲歷史可以這樣理解,非洲歷史可以這樣理解,亞洲和中國的歷史可以這樣理解嗎?特別是,當這個「國家」一旦形成「歷史」,當這個民族和國家不僅有一個共同的空間,而且有一個共同的生活倫理,有一個共同的政治體制,有一個共同的文化習俗,這種倫理、體制和習俗又有了一個漫長的歷史傳統,那麼,這個傳統是否會使歷史敘述本身,很自然地環繞在一個社會、經濟、政治和觀念的共同體展開呢?漢族中國文明在很長歷史時期中的延續,是否使圍繞這個「民族」和「國家」的歷史敘述,比

（續）————

代9至10紀的衰落有關。他指出,「宋代雖然出現了統一國家,但是燕雲十六州被契丹所占有,西北方的西夏建國與宋對抗,契丹與西夏都對等地與宋同稱皇帝,而且宋王朝對遼每歲納幣,與西夏保持戰爭狀態,這時候,東亞的國際關係,已經與唐代只有唐稱君主、冊封周邊諸國成為藩國的時代大不一樣了,從這一狀況來看,開始了不承認中國王朝為中心的東亞的國際秩序」(頁616)。

起另外選擇和組合的空間的歷史敘述，更加有明顯的內在脈絡呢？

結語　歷史、文化與政治：中國研究的三個向度

當然，我們應當承認，無論是「地方」或者「區域」的論述、「亞洲」或者「東亞」的論述，「台灣中心」或者「大汗之國」的論述，還是所謂「複線歷史」的論述，都給我們研究中國歷史提供了「多點透視」的新視角，使我們意識到，有關「中國」的歷史的複雜性和敘述的現實性，彷彿「橫看成嶺側成峰，遠近高低各不同」一樣，讓我們這些中國大陸的歷史學家意識到「不識廬山真面目，只緣身在此山中」的局限，因此，接受這些挑戰和超越這些理論，重建關於「中國」的歷史論述，就是可以心平氣和地討論的理論話題。在這樣一個既涉及理論又涉及歷史的領域中，我以為，有三點特別值得重視：

首先，在歷史意義上說，談論某某「國家」往往等於是在說某某「王朝」，因此可以承認，歷史上的「中國」是一個移動的「中國」，因為不僅各個王朝分分合合是常有的事情，歷代王朝中央政府所控制的空間邊界，更是常常變化。關於這一點，我們可以看譚其驤編《中國歷史地圖集》中反映的各個時代的中國。因此，一方面，不必以現代中國的政治邊界來反觀歷史中國，高句麗不必是「唐王朝管轄下的地方政權」，吐蕃也不在當時「中國（大唐帝國）版圖」，現在的東北、西藏雖然在中華人民共和國政府控制範圍內，但是，歷史上它們卻並不一定全是古代中國的領土；另一方面，也不必簡單地以歷史中國來看待現代中國，不必覺得歷史

上安南曾經內附、蒙古曾經由清帝國管轄、琉球曾經進貢，就覺得無法容忍和理解現代越南的獨立、外蒙古與內蒙古的分離，和琉球最後歸於日本，同樣，也不必因為原來曾經是高句麗的東北地區，現在歸入中國版圖，而覺得傷害了朝鮮的民族感情。

其次，在文化意義上說，中國是一個相當穩定的「文化共同體」，它作為「中國」這個「國家」的基礎，尤其在漢族中國的中心區域，是相對清晰和穩定的，經過「車同軌，書同文，行同倫」的文明推進之後的中國，具有文化上的認同，也具有相對清晰的同一性，過分強調「解構中國（這個民族國家）」是不合理的，歷史上的文明推進和政治管理，使得這一以漢族為中心的文明空間和觀念世界，經由常識化、制度化和風俗化，逐漸從中心到邊緣，從城市到鄉村，從上層到下層擴展，至少在宋代起，已經漸漸形成了一個「共同體」，這個共同體是實際的，而不是「想像的」，所謂「想像的共同體」這種新理論的有效性，似乎在這裡至少要打折扣。

必須再次明確說明的是，從政治意義上說，「中國」常常不只是被等同於「王朝」，而且常常只是在指某一家某一姓的「政府」。政府即政權是否可以等於「國家」，國家是否可以直接等同於「祖國」？這是一些仍然需要明確的概念，一些政治認同常常會影響到人們的文化認同，甚至消泯人們的歷史認同，這是很麻煩的事情。過去，「朕即國家」的觀念曾經受到嚴屬的批判，人們也不再認為皇帝可以代表國家了，可是至今人們還不自覺地把政府當成了國家，把歷史形成的國家當成了天經地義需要忠誠的祖國，於是，現在很多誤會、敵意、偏見，就恰恰都來自這些並不明確的概念混淆。

附記一

　　以上作為「緒說」的〈重建關於「中國」的歷史論述〉，曾經有一個刪節過的版本發表在2005年《二十一世紀》（香港中文大學）總九十期上，這篇論文雖然針對的是歷史學界關於「中國」的種種論述，實際上，是想討論一些涉及歷史研究，又涉及理論表述，而且還和當下民族國家認同有關的問題。

　　這些問題包括，第一，近來流行的「從民族國家中拯救歷史」理論，以及近來流行的地方史研究、亞洲研究、台灣同心圓歷史研究、以蒙古時代和滿清時代為主的征服王朝史研究和後現代歷史研究等方法，雖然有超越簡單的、現代的民族國家，對超越國家區域的歷史與文化進行研究的意義，但是，在歷史研究中對於「中國」這一論述單位的簡單超越或消解是否合適，它是否過度放大了民族、宗教、地方歷史的差異性，或者過度小看了「中國」尤其是「漢族中國」的文化同一性？第二，「中國」這個民族國家和歐洲民族國家之間的歷史差異，我總覺得「中國」尤其是漢族中國的形成，其實在宋代以後就開始了，這一歷史似不宜用歐洲近代民族國家的形成歷史為基準或尺度簡單理解，所以，當務之急不是「從民族國家中拯救歷史」，而是在「歷史中理解民族國家」，即在中國歷史脈絡中理解歷史中國。第三，理解「中國」這個民族國家，可以有三個向度，即歷史、文化和政治。從歷史角度說，「中國」在空間上是一個邊界移動的「中國」；從文化認同上說，中國是一個邊緣雖然有些模糊，

但核心區域相當清晰和穩定的文化共同體；從政治體制上說，很多人筆下口中的「中國」，常常指的是一個王朝或一個政府，而這個政治意義上的王朝和政府並不等於國家，更不是歷史論述中的中國。

2006年，哈佛燕京學社的林同奇先生在《二十一世紀》總九十四期上發表〈民族、民族國家、民族主義的雙重含義——從葛兆光的〈重建「中國」的歷史論述〉談起〉，對我提出的一些看法作出回應，林先生的論文態度誠懇、充分理性而且相當有見地，他一方面肯定我「堅持從中國歷史自身的演變出發，作出自己的結論」，「把一個公衆迫切要求解答的、極易引起政治衝動的問題從學術上加以冷處理」，而且認爲，我所提出的三個認同即歷史認同、文化認同和政治認同，「已將如何理解與對待中國民族主義的課題和盤托出」（頁116）。但是，另一方面他也對我的論述進行商榷，他指出，我對於「民族國家」的認識，其實和通行的，包括我所引用的日本學者西川長夫的觀點不同，通行的包括西川心目中的「民族國家」，看重的是和歐洲近代一樣的因素，即「主權」和「國民」，這個民族國家的模式是側重政治含意的，而我的論述中「側重的是（民族國家）其中的文化共同體含意」（頁119）。他也善意而詳細地介紹了以撒亞‧伯林所代表的「比較激進的文化型民族主義的界說」和史華茲闡發的「比較平衡的政治型民族主義的界說」。在文章中，他特別以他所熟悉的史華茲爲例指出，如果按照史華茲對於民族主義的觀念，史華茲必不能贊同我關於宋代已經出現了民族主義的說法，但是，由於史華茲並不認爲近代民族國家和前近代各個民族之間有一條截然分明的界線，所以，他又可能會支持我關於宋代以後已經產生了早期的或原型

的民族主義的觀點。

我和林同奇先生之間的看法，有很多可以溝通和協調的地方。林先生的文章發表後，我們在電子郵件和長途電話中，曾經有過幾次交談，林先生採取了相當從容而理解的商榷方式，更給接下來的討論提供了很好的平台。因此，我原本打算在林同奇先生提供的問題基礎上，繼續對這個敏感而重要的問題深入討論。可惜的是，因為一直忙碌，這一預想中的討論沒有進行下去，甚至在2009年我訪問哈佛大學時，也因為時間緊迫而錯過了和林同奇先生見面的機會。

其實，我一直想告訴他，我最想討論的，其實是以下三個問題：第一，為什麼對於「中國」這個民族國家的歷史論述，中國學者要特別偏重於文化含意，而不像西方學者討論歐洲近代民族國家那樣，偏重於政治含意？第二，為什麼以國別史為基礎的關於「中國」的歷史論述，仍然有它的價值和意義？而不必特別誇張地強調「區域史」的意義；第三，重建關於「中國」的歷史論述，需要對過往來自歐洲和美國的各種理論和方法作什麼樣的調整和修訂，使它成為中國歷史研究的新典範？

可惜這幾年一直很忙，這些問題要等我有空的時候才能細細寫出，向林先生請教了。

附記二

前幾年，我曾受邀參加一個小型論壇，討論什麼是「中國境域」。主辦方給我發的電子郵件中，用「國境在那裡，中國在這裡」這樣兩句很有意思的話，來暗示這個論壇討論的主題是「國境」和「中國」，我很快理解為，這暗示了「國境（政治領土的範圍）」和「中國（文化認同的空間）」之間有著差異，這讓我很感興趣。因為，當我看到郵件的時候，一方面想起了杜甫的那句詩「國破山河在」，和明末士大夫說的「非亡國，乃亡天下」，覺得「山河」、「國」和「天下」，似乎在傳統中國的觀念世界裡，有些不一樣。另一方面，又想起了近代以來一直到現在，中國和周邊世界關於國界、疆域、歷史的爭論，在這些爭論中間，也涉及到了「國境」、「國家」和「中國」，也就是歷史疆域、政治版圖和文化空間的種種問題。

關於國境和國家，當然是一個絕大的話題，它涉及到的，絕不僅僅是現在存在領土爭端的那些地方。比如中國和日本之間有爭議的釣魚島，中國和越南、菲律賓、印尼之間有爭議的南海諸島，以及中國和印度之間有爭議的麥克馬洪線等等。不妨看看近年來的韓國歷史教科書。這些年來，歷史教科書常常成為關注的話題，是因為培養和鑄造年輕國民的歷史觀念和文化認同的歷史教材，由於不可避免地要涉及文化和民族起源、宗教信仰和文化主流、歷史疆域和民族空間等等問題，在各種教材中最容易引起激動和衝突。而韓國的中學歷史教科書中，出現了一些讓人瞠目結舌的說法，一方面表明在思想領域中，韓國國內有激烈的民

族主義情緒，一方面說明在知識世界中，韓國歷史認知和中國歷史認知之間的衝突。比如，朝鮮比中國歷史悠久，檀君的故事和傳說的確認，高句麗在唐宋時代的版圖的誇張說法等等。其實，人們早已經注意到，自從東北工程和高句麗申遺以來的種種爭論，表明國境、國家的問題，在看上去疆域已經劃定的現代，仍然有很多歷史陰影在糾纏，使得現代存在於歷史中，歷史存在於現代中。

關於國家疆域的現實問題，不僅會以「歷史」的形式反覆出現，而且會在「當下」的不同時段反覆浮現。這些問題不僅在東北亞出現，而且弄不好還會出現在四面八方，比如東突問題、西藏問題、蒙古問題，當然還有台灣的問題，顯然，原本在現實政治上具有合法性的「國境」在面臨種種質疑，而在歷史上和文化上本來天經地義的「中國」也在面臨種種挑戰，這挑戰還不僅僅來自現實國與國之間的領土爭端，甚至還來自種種歷史的理論和方法的，比如來自東亞史或區域史、征服王朝史、同心圓理論、後現代歷史學等等。

我想，這個問題值得鄭重討論。

第一編

在歷史中理解中國

香港科技大學藏Cornepis de Jode(1568—1600)繪製《中華帝國》(1593)

第一章
「中國」意識在宋代的凸顯
——關於近世民族主義思想的一個遠源

一、「中國論」與「正統論」:中國意識的真正凸顯

　　在思想史上,北宋時期有兩篇文獻相當引人矚目。一篇是石介的〈中國論〉,這是迄今為止可以看到的古代中國第一篇專以「中國」為題的著名政治論文,不僅因為作者是北宋學術史上一個相當重要的人物,而且這篇論文中民族情緒非常激烈,甚至可以說非常極端,顯示了思想史上前所未有的關於「中國」的焦慮[1]。一篇是歐陽修的〈正統論〉[2],這篇論

1　在這一篇和另一篇〈怪說〉中,他異常嚴屬地區分著「中國」和「四夷」的空間差異,「居天地之中者曰中國,居天地之偏者曰四夷」,也異常嚴屬地區分著「中國」與「四夷」的文明差異,君臣、禮樂、冠婚、祭禮等等體現的是文明的中國,而被髮紋身、雕題交趾、被髮皮衣、衣毛穴居的,當然是野蠻的夷狄。如果不僅在空間上雜處,文化上也發生混亂,那麼「國不為中國矣」。因此除了在空間上「四夷處四夷,中國處中國,各不相亂」,重新清理是相當重要的,他說:「中國,中國也,四夷,四夷也」,而其中最迫切的,就是抵禦最接近瓦解「中國之常道」的佛教,因為它「滅君臣之道,絕父子之情,棄道德,悖禮樂,裂五常,遷四民之常居,毀中國之衣冠,去祖宗而祀夷狄」。〈中國論〉,分別見於《徂徠石先生文集》(北京:中華書局,1984),卷十,頁116。又參看〈怪說〉上中下篇,《徂徠石先生文集》,卷五,頁60-62。
2　歐陽修,〈正統論〉(康定元年)三首,載《歐陽修全集》(北京:中華書局,2001)十六,

在自我中心的天下主義遭遇挫折的時候，自我中心的民族主義開始興起。這顯示了一個很有趣的現實世界與觀念世界的反差，即在民族和國家的地位日益降低的時代，民族和國家的自我意識卻在日益升高，這種情況在中國思想史上可以說一直延續至今。

文在當時反應頗熱烈，不僅因為作者是思想史、文學史和政治史上的一個樞軸式的人物，而且他的意見與他自己對前代歷史的深刻認識和書寫實踐有關，歷史的認識和書寫又關係到當時知識階層對於傳統經驗與教訓的梳理和對現實政治合法性的確認。現代研究者從這些文獻中普遍看出，古代中國相當長時期內關於民族、國家和天下的朝貢體制和華夷觀念，正是在這一時代，發生了重要的變化，在自我中心的天下主義遭遇挫折的時候，自我中心的民族主義開始興起。這顯示了一個很有趣的現實世界與觀念世界的反差，即在民族和國家的地位日益降低的時代，民族和國家的自我意識卻在日益升高，這種情況在中國思想史上可以說一直延續至今。

發生在唐宋之際的這一變化，很多學者都討論過，比如傅樂成〈唐代夷夏觀念之演變〉指出，從安史之亂開始，「夷夏之防亦因而轉嚴，然一種具有悠久傳統之觀念，往往不易於短時間完全改變，故有唐後期國人之夷夏觀念，猶不若宋人之嚴」[3]，他看出宋代華夷觀念越來越嚴厲的歷史事實。在〈唐型文化與宋型文化〉中他又具體指出，這種觀念變化的原因，「一是由於外族叛亂及侵凌的刺激」，「二是科舉制度的發達。……社會上逐漸形成重文輕武的風氣，進而產生中國文化至上的觀

（續）─────────────

《居士集》卷十六，頁265-273。〈正統辯〉上下兩篇，見《歐陽修全集》卷六十，《居士外集》卷十，頁863-865。歷史學上的正統論爭論的興盛，在於重構和確認歷史，也在於為這個處在「尊王攘夷」關鍵時刻的王朝，建立文化上的民族上的認同基礎，關於這方面的資料，可以參看饒宗頤，《中國史學上之正統論》(上海：上海遠東出版社，1996)，尤其是頁35-42。

3 原載《大陸雜誌》，二十五卷八期，1962年10月，收入其《漢唐史論集》(台北：聯經出版公司，1977，1995)，頁209-226。

念」，「基於上述兩點原因，國人仇視外族及其文化的態度，日益堅決，相反的對中國傳統文化產生熱愛，逐漸建立了以中國爲本位的文化」[4]。陳芳明在討論宋代正統論的時候，也指出宋以前「只有實際的正統之爭，沒有正統理論的出現」[5]，因此唐宋兩代，關於「正統」的觀念在表面上似乎相同，但在本質上卻差別很大。而論旨相近的陳學霖在〈歐陽修〈正統論〉新釋〉也指出，歐陽修〈正統論〉的寫作，有四個背景值得注意，一是「大宋與前朝的統屬問題」，二是「《春秋》學復興的影響」，三是「纂修前史所遭遇的問題」，四是「北宋外交挫折的反應」[6]。其實總結起來，就是一個國家如何定位的問題，作爲一個國家，宋王朝究竟有沒有政治合法性，這個政權如何得到傳統與經典的支持，如何書寫他人與自我的歷史，其實，這都是由於「敵國外患」逼出來的問題，如果不存在這些「對手」，或者「對手」不足以使自己國家的存在意義有任何疑問，這些問題是不必要那麼嚴重地提出來，那麼鄭重地來討論的。

　　以上這些研究都相當有價值，結論也毋庸置疑。這裡，我們要進一步討論的是，「中國」這個觀念來歷久遠，傳統的「華夷」之辨裡面，這

4　原載台北《編譯館刊》，一卷四期，1972年12月，後收入《漢唐史論集》，頁362。傅樂成討論宋代文化時，指出「民族意識、儒家思想和科舉制度，是構成中國本位文化的三大要素，這些要素都在宋代發展至極致」，同上，頁372。

5　〈宋代正統論的形成背景及其內容——從史學史的觀點試探宋代史學之一〉，原載《食貨月刊》，第一卷第八期，1971年11月，後收入《宋史研究集》（台北：中華叢書編審委員會，1976），第八輯，頁29。此文認爲，宋代出現此論，是因爲以下原因，一，鑒於五代的紛亂，二，治《春秋》學的盛況，三，修史所遭遇的問題。並引蔣復聰《宋遼澶淵之盟的研究》語稱，真宗時代的天書事件和封禪祀汾陰，「表面上說是對遼雪恥，表示宋有天命，實際上是對內，因爲天有二日，民有二主，不能不做些解嘲工作」，頁38。

6　載其《宋史論集》（台北：東大圖書公司，1993），頁141-145。

個華夏共同體的族群、區域與文化也一直被普遍認同，異國異族的存在這一現實也從來沒有被否認過，「華夷」、「中國」、「正統」等等觀念更不是這個時代才有的，那麼，北宋出現的這種關於中國和正統的重新確認，如果不是一種歷史言說的延續或者重複，那麼，在政治史和思想史上，這種關於民族和國家的想像和定位，與前代究竟有什麼根本的不同，爲什麼我們要說，到了這個時候，關於「中國」的意識才真正地凸顯起來呢？

二、實際政治與觀念想像的差異：天下、四夷、朝貢、敵國

古代中國的「華夷」觀念，至少在戰國時代已經形成，那個時代，也許更早些時候，中國人就在自己的經驗與想像中建構了一個「天下」，他們想像，自己所在的地方是世界的中心，也是文明的中心。大地彷彿一個棋盤一樣，或者像一個回字形，四邊由中心向外不斷延伸，中心是王所在的京城，中心之外是華夏或者諸夏，諸夏之外是夷狄，大約在春秋戰國時代，就已經形成了與南夷北狄相對應的「中國」概念。在古代中國的想像中，地理空間越靠外緣，就越荒蕪，住在那裡的民族也就越野蠻，文明的等級也越低。這種觀念和想像並不奇怪，西諺說「既無背景亦無中心」，大凡人都是從自己的眼裡看外界的，自己站的那一點，就是觀察的出發點，也是確定東南西北前後左右的中心，離自己遠的，在自己聚焦關注的那一點後面的就是背景，我是你的視點，你也可能是我的焦點，但是可能你也是另一個東西的背景，我也可能是他的背景。古代中國歷史的記

錄和書寫者處在中原江河之間，他們當然要以這一點爲中心，把天下想像成一個以我爲中心的大空間，更何況很長一個時期，中國文明確實優越於他們周圍的各族。

古代中國人一直對這一點很固執，固執的原因是，除了佛教以外，古代中國從來沒有受到過真正強大的文明挑戰，古代中國人始終相信自己是天下的中心，漢文明是世界文明的頂峰，周邊的民族是野蠻的、不開化的民族，不遵循漢族倫理的人是需要拯救的，拯救不了就只能把他們隔離開來，中國人不大用戰爭方式來一統天下，也不覺得需要有清楚的邊界，常常覺得文化上可以「威服異邦」，而此邦與異邦的地理界限也會隨著文明的遠播和退守在不斷變動。在西晉的時候，曾經有個叫江統的人寫過一篇〈徙戎論〉，想把漢族和其他民族在居住地理空間上分開，可是後來影響並不大。古代中國人的「中國」常常是一個關於文明的觀念，而不是一個有著明確國界的政治地理觀念。所以，凡是周圍的國家，中國人就相信他們文明等級比我們低，應當向我們學習、進貢、朝拜。像古代的《職貢圖》，畫的是各邊緣民族的代表向中央王朝進貢，總是把中國人的皇帝畫得特別大，而外族人的使節很矮小。不過，正如有的研究者指出的，儘管古代文獻中這樣的自我中心主義很明顯，但是這種中心與邊緣的劃分並不完全是空間的，往往中心清晰而邊緣模糊，而且，這種關於世界的想像，空間意味與文明意味常常互相衝突和混融，有時候文明高下的判斷代替了空間遠近的認知。所以，錢穆《中國文化史導論》（修訂本）第三章〈古代觀念與古代生活〉說，「在古代觀念上，四夷與諸夏實在有一個分別的標準，這個標準，不是『血統』而是『文化』。所謂

『諸侯用夷禮則夷之,夷狄進於中國則中國之』,此即是以文化爲華夷分別之明證,這裡所謂文化,具體言之,則只是一種『生活習慣與政治方式』」[7]。

應當說,這種觀念多少給中國古代人的世界想像,帶來一些彈性空間,使他們不至於爲了異族的崛起或異文明的進入而感到心理震撼,可以從容地用「禮失求諸野」、「乘桴浮於海」、「子欲居九夷」等等說法[8],寬慰自己的緊張,所以,在充滿自信的古代中國,很多儒家學者一直傾向於夷夏之間的分別在於文明,不在於地域、種族,比如漢代揚雄《法言‧問道》在談到「中國」時就說,這是以有沒有「禮樂」也就是「文明」來分別的,「無則禽,異則貉」;《三國志‧烏丸鮮卑東夷傳》在說到夷夏之分的時候也說,「雖夷狄之邦,而俎豆之象存。中國失禮,求之四夷,猶信」,而唐代皇甫湜在《東晉元魏正閏論》中也說「所以爲中國者,禮義也,所謂夷狄者,無禮義也」[9]。顯然,在中國古人的心目中,由於相信天下並沒有另一個足以與漢族文明相頡頏的文明,因此相當自信地願意承認,凡是吻合這種文明的就是「夏」,而不符合這種文明的則是「夷」,這個時候,國族的民族因素、空間和邊界因素,都相當地薄弱。

這種情況一直延續到唐代,到唐代中葉,情況才發生了根本性的變

7　錢穆,《中國文化史導論》(修訂本)(北京:商務印書館,1994),第三章〈古代觀念與古代生活〉,頁41。

8　見《論語‧公冶長》、《論語‧子罕》,《十三經注疏》(北京:中華書局,1980)影印本,頁2473、2491。

9　見汪榮寶,《法言義疏》(北京:中華書局,1996),卷六,頁122;《三國志》卷三十《烏丸鮮卑東夷傳》,頁840-841。《全唐文》(上海:上海古籍出版社影印本,1990),卷六八六,頁3115。

化，而到了宋代，這種變化更是劇烈。日本學者西島定生指出，經過唐代9至10世紀的衰落，「宋代雖然出現了統一國家，但是，燕雲十六州被契丹所占有，西北方的西夏建國與宋對抗，契丹與西夏都對等地與宋同稱皇帝，而且宋王朝對遼每歲納幣，與西夏保持戰爭狀態，這時候，東亞的國際關係，已經與唐代只有唐稱君主、冊封周邊諸國成為藩國的時代大不一樣了，從這一狀況來看，東亞從此開始了不承認中國王朝為中心的國際秩序」[10]。

這一轉變相當重要，這使得傳統中國的華夷觀念和朝貢體制，在觀念史上，由實際的策略轉為想像的秩序，從真正制度上的居高臨下，變成想像世界中的自我安慰；在政治史上，過去那種傲慢的天朝大國態度，變成了實際的對等外交方略；在思想史上，士大夫知識階層關於天下、中國與四夷的觀念主流，也從溥天之下莫非王土的天下主義，轉化為自我想像的民族主義。對於國際政治的實際策略，與對於世界秩序的傳統想像之間，出現了很大的差異。這一差異，當然有其觀念上的內在來源，陶晉生曾一再強調，「以中國為中心的世界秩序及朝貢制度，雖然是傳統中國對外關係的主要模式，但是朝貢制度不足以涵蓋整個傳統中國歷史上的對外關係」，「傳統中國固然有一個很強的傳統來維持以中國為中心的世界秩序，要求鄰國稱臣進貢，但是另一個傳統也不可以忽視，那就是與鄰國實際維持的對等關係」[11]，但是，這種現實主義的策略

10　西島定生，《中國古代國家と東アジア世界》（東京：東京大學出版會，1983），第六章〈東アジア世界と日本史〉，頁616。
11　陶晉生，《宋遼關係史研究》（台北：聯經出版公司，1983），第一章〈宋遼關係的歷史背

是在實際的政治運作策略上，而在想像天下的思想史上，漢唐以來，似乎從來沒有多少平等的意識，「天下之中」和「天朝大國」的觀念仍然支配著所有人對世界的想像。

可是，正如Morris Rossabi所編的一部討論宋代國際關係論文集的書名*China among Equals*所顯示的那樣，從那個時代開始，「中國棋逢對手」（也有人翻譯爲「勢均力敵國家中的中國」），也正如它的副題 *The Middle Kingdom and Its Neighbors*，*10th-14th Centuries*顯示的那樣，10世紀到14世紀，中國和他的鄰居的關係發生了重大變化[12]。什麼變化呢？這就是宋帝國不像以前的唐帝國，唐帝國曾經有過的「天可汗」氣象不再出現，北方的遼和西北的夏，後來的女真與更後來的蒙古，始終像是籠罩著它的陰影，使它不得不一想起這一現實，就有些英雄氣短。宋太祖傳說中的「臥榻之側，豈容他人酣睡」，只是一句自我安慰式的大話。陶晉生曾經提到，景德誓書以後，宋、遼間常用「南北朝」的稱呼，雖然李《長編》卷五八（景德元年十二月辛丑）說景德誓書只是「大宋皇帝謹致書於大契丹皇帝闕下」，但是，陶晉生指出，當時事實上已經習慣並且承認了這一稱呼。因此他說，宋人有關「多元國際系統」的兩個重要觀念是，「一、認知中原是一個『國』，遼也是一『國』。二、認知國界的存在」。前者，表現在文件中常常有「鄰國」、「兄弟之國」等名詞。後者，陶氏指出，「宋人對於國界的重視，足以推翻若干近人認爲傳統中國與外

（續）─────
　　景〉，頁5、10。
12　Morris Rossabi 編 *China among Equals: The Middle Kingdom and Its Neighbors, 10th –14th Centuries*, Berkeley: University of California Press, 1983.

夷之間不存在『清楚的法律和權力的界限』的看法」[13]。

三、中國：「邊界」的浮現

　　有沒有明確的邊界和邊界意識，是民族和國家觀念中一個相當重要的方面[14]，歐洲近代民族國家建構的歷史觀念其實套不到中國歷史上面，中國關於民族國家的歷史應當自己書寫。在「溥天之下，莫非王土，率土之濱，莫非王臣」的古代中國，「自我」和「他者」的差異並不很清楚。《漢書》卷九四下《匈奴傳》曾經有一段很有意思的話，很表現古代中國對於四夷的觀念和態度，「來則懲而禦之，去則備而守之。其慕義而貢獻，則接之以禮讓，羈縻不絕，使曲在彼，蓋聖王制禦蠻夷之常道也」。這種「懷柔遠人」的方式背後，是一種自足與自滿，覺得在道德上和在經濟上，自己都高人一等。但是，在北宋一切都變化了，民族和國家有了明確的邊界，天下縮小成中國，而四夷卻成了敵手[15]。宋遼間的「南北朝」稱

13　以上均見陶晉生，《宋遼關係史研究》第五章〈北宋朝野人士對於契丹的看法〉，頁31、99、101。

14　從宋遼和約之後，不斷有頻繁的「勘界」即劃分「國界」之舉，這是過去中國歷史上不曾有過的，值得特別注意。日本學者佐伯富曾經在很早就指出，宋遼之間劃定邊界，「似為中國歷史上空前所未有……實含蓄歷史上的時代轉移之傾向，外民族的自覺，乃為中國近世史上的一大轉變，而劃定國境問題之發生，又為此轉變中之一現象也」。見佐伯富（李景鎔譯），《宋代雄州之兩輸地》，載存萃學社編，周康燮主編，《宋遼金元史論集》（台北：崇文書局，1971），頁44。但佐伯主要從兩國間的國際政治秩序著眼，又將其放在唐宋變革論的框架下，我在這裡主要討論的是這一系列政治上的變化何以引起宋代出現自覺的民族和國家意識。

15　比如歐陽修就寫有《乞令邊臣辨明地界》、《奏北界爭地界》、《論契丹侵地界狀》等等，劃清地界，確定你我，說明當時已經有了的邊界意識。載《歐陽修全集》卷一一八，

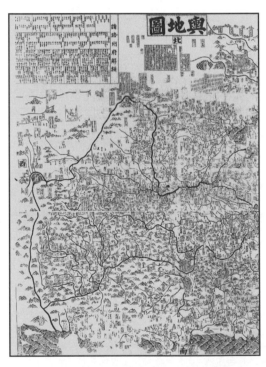

日本京都東福寺所藏宋代《輿地圖》

呼，使得中國第一次有了對等外交的意識，漫無邊界的天下幻影散去後，邊界的劃分、貢品的數量、貿易的等價、使節的禮儀等等，都開始告訴人們「它者」(the others)的存在。「積弱」的現實和「自大」的意識，事實上對等的外交和仍然使用的天朝辭令，如此反差巨大，使得這些懷抱華夏文明的自豪感的士人頗爲尷尬，這在唐以前的中國是幾乎沒有的[16]。

在思想史與文化史方面最值得注意的變化之一，就是對於知識的專有權力意識開始萌芽。在唐代，唐人覺得中國就是整個「天下」，多少有些不把四夷放在心上，因此把自己的家門大敞開著，覺得這是「海納百川」的「天下共主」的氣度。唐代那些日本使臣和僧侶到中國來，臨行時總是攜帶一堆書，儒經也有，佛典也有，連那些不那麼能登大雅之堂的《遊仙窟》甚至《素女經》、《玉房秘訣》，也隨便他們鈔回去，並不覺得這就洩露了國家機密，也不覺得這就丟了上國斯文，反而覺得這是「以夏變夷」。只有一回例外，就是在吐蕃日益強大，弄得唐帝國寢不安席的時候，於休烈上過一份奏折，叫《請不賜吐蕃書籍疏》[17]，但是，好像也沒有下文，該送的照樣送，看看日本人自己編的各種《將來書目》，就知道

(續)────────

　　頁1816、1821、1822-1824。又，據蘇頌，《華戎魯衛信錄總序》記載，元豐四年奉詔類編北界國信文字，其目爲《敍事》、《書詔》、誓書、歲幣、國信、國書、奉使、驛程地圖、名銜年表、儀式、賜予……共二百卷。《宋文鑒》(北京：中華書局，1993)，卷八九，頁1268-1270。又，趙汝愚編，《宋朝諸臣奏議》(北大中古史中心點校本，上海：上海古籍出版社，1999)中專門設了「邊防門」，其中十六卷中，遼夏占了十二卷、青唐、高麗一卷、女真一卷、交趾蠻徭一卷。

16　關於這一方面，還可以看王賡武，《小帝國的辭令：宋代與其鄰國的早期關係》，英文本原載上引 *China among Equals: The Middle Kingdom and Its Neighbors, 10th -14th Centuries*，姚楠中譯文，載《王賡武自選集》(上海：上海教育出版社，2002)，頁6182。

17　《全唐文》卷三六五，於休烈《請不賜吐蕃書籍疏》，頁1644。

這種「文化饋贈」在唐代是多麼大方。

但是從宋代起，這種「饋贈」就有了限制。據不完全的資料，從宋真宗景德三年(1006)起，朝廷就下詔，令邊民除了《九經》書疏，不得將書籍帶入権場[18]。仁宗天聖五年(1027)，又因爲臣僚著撰文集，經由雄州権場流向北方的遼國，於是下令重申禁例，並且命令「沿邊州軍嚴切禁止，不得更令將帶上件文字出界」[19]，康定元年(1040)再次下令禁止，而且許人告發，並委托開封府來全權管理[20]。又過了十幾年(至和二年，1055)，對於民族國家的地位相當敏感的歐陽修，在《論雕印文字劄子》中相當嚴厲地請求朝廷，下令禁止雕印有關時事的文字，「臣竊見京城近有雕印文集二十卷，名爲《宋文》者，多是當今論議時政之言，……其間陳北虜事宜甚多，詳其語言，不可流布，而雕印之人不識事體，竊恐流布漸廣，傳入虜中，大於朝廷不便。及更有其余文字，非後學所須，或不足爲人師法者，並在編集，有誤學徒」[21]，而元豐元年(1078)四月，皇帝再次下詔，「諸権場除九經疏外，若賣余書與北客，及諸人私賣與化外人書者，並徒三年，引致者減一等，皆配鄰州本城。情重者配千里，許人告捕給賞，著爲令」。兩年以後又下詔杭州，「禁民毋以言涉邊機文字鬻高麗人」[22]。接著，在元祐四年(1089)，剛剛出使到過北方的蘇轍也提出建

18　李燾，《續資治通鑑長編》(北京：中華書局，2006)，卷六四，頁553。

19　《宋會要輯稿·刑法二》之一六，165冊(北京：中華書局影印本)，頁6489。又《續資治通鑑長編》卷一〇五，頁1000。

20　《宋會要輯稿·刑法二》之二四，頁6493。

21　《歐陽修全集》一〇八，《奏議卷》十二，頁1637。

22　《續資治通鑑長編》，卷二八九，頁2725，卷二九四，頁2762。

議，「本朝民間開版印行文字，臣等竊料北界無所不有」，其中「臣僚章疏及士子策論，言朝廷得失、軍國利害，蓋不爲少，兼小民愚陋，惟利是圖，印行戲褻之語，無所不至，若使盡得流傳北界，上則泄漏機密，下則取笑夷狄，皆極不便」[23]。於是，第二年(1090)，禮部就下了禁令，「凡議時政得失、邊事軍機文字，不得寫錄傳布」，「諸戲褻之文，不得雕印」[24]。

這不是一種臨時的策略或者偶然的警惕，而是現實情勢的轉移和普遍觀念的改變，不僅是對於有可能來犯的遼夏，就是對於高麗和交趾，也一樣小心，北宋的張方平和沈括，均對高麗入貢者「所經州縣，悉要地圖」，抱有很高的警惕[25]。而大觀元年(1107)閏十月十日對交趾貢使乞市書籍的回應，雖然許諾可以出售書籍，但明確限制許可的範圍，其中「禁書、卜筮、陰陽、曆算、術數、兵書、敕令、時務、邊機、地理」，這些涉及

23　《欒城集》(北京：中華書局，1990)，卷四二《北使還論北邊事劄子五道》，頁747。

24　《宋會要輯稿・刑法二》之四七，165冊，頁6514。為了國家的命運和尊嚴，這種禁止當然有合法性和合理性，不過，這種對於印刷出版的控制一旦越界，事情馬上就變了味道。要知道以「國家」的名義照樣可以暗渡陳倉夾帶私貨，特別是懷有某種意圖的政治權力把這種正當性延伸到了另一個領域的時候。就在這份元祐五年(1090)的禮部令中，借著對敵國的擔心，順便地就把對本國的知識和思想也一同控制起來，禁令中說，不僅「本朝會要實錄，不得雕印」，就連「其他書籍欲雕印者，選官評定有益於學者，方許鏤板」，而且「候印訖，送秘書省」。而且這種控制越來越嚴厲，在宋徽宗時代，大觀二年(1108)三月三日的詔令規定，凡將違禁文字「販賣、藏匿、出界者，並依銅錢法出界罪賞施行」，見《宋會要輯稿・刑法二》之四七，165冊，頁6519。宣和四年(1122)十二月，權知密州趙子晝上疏，指出因為神宗朝正史多依王安石日錄，「其中兵謀政衡往往具存，然則其書固亦應密」，所以建議禁止流通，「願賜禁止，無使國之機事，傳播閭閻，或流入四夷，於體實大」，見《宋會要輯稿・刑法二》之八六，冊165，頁6538。宣和五年(1123頁)七月十三日，中書省上言，禁止福建等地印造和出售蘇軾、司馬光文集，見同上《刑法二》之八八，冊165，頁6539。

25　張方平，《樂全集》卷二七《請防禁高麗三節人事條》，沈括，《夢溪筆談》卷三。

國家機密的資料書，和能夠引起強弱變化的技術書是不可以賣給「外人」的[26]。

陳學霖曾經研究過這一變化，並指出，「自宋代以下，執政者輒以國防機密，或以政治安危爲由，干預侵犯作者的權利，動以刑法處置民事，正是王權膨脹之結果……此一趨勢，就是從宋代開始。何以一崇儒厚道，以文德治國爲典範的王朝，在這方面實質上是背道而馳，史家宜發深思」[27]。這當然不錯，但是接著再進一步追問的話，那麼就要追問，爲什麼那個時代對於書籍出口如此警惕[28]？

四、民族、國家與文化的觀念：反夷教的意識以及確立道統

慶曆二年(1042)，歐陽修寫了一篇著名的〈本論〉，提出全面而且是根本的變革方案，包括了「均財而節兵、立法以制之、任賢以守法、尊名

26　參看《宋會要輯稿‧蕃夷四》的記載。

27　陳學霖，《宋史論集》(台北：東大圖書公司，1993)，頁206。很早就有學者研究過宋代禁止圖書外流的歷史，如杜光簡，〈鹽禁與邊患、書禁──讀宋史劄記之二〉，原載國立齊魯大學國學研究所，《責善半月刊》，第二卷第七期(1940)；劉銘恕，〈宋代出版法及對遼金之書禁〉，載《中國文化研究匯刊》(成都：華西、金陵大學，1945年9月)，第五卷(上)，頁95-114；李孟晉，〈宋代書禁與槧本之外流〉，原載《香港圖書館協會學報》第四期，1977年11月，後收入《宋史研究集》(台北：國立編譯館中華叢書委員會，1981)，第十三輯，頁319-328。

28　到南宋，繼續北宋的這一政策，尤其是慶元年間，據《慶元條法事類纂》(燕京大學圖書館影印本，1948)記載，禁止雕印的有御書、本朝會要、言時政邊機文字、律令格式、刑統、曆日、諸舉人程文、事及敵情者、國史、實錄等等。葉德輝，《書林清話》(北京：中華書局，1959)，卷二「翻板有例禁始於宋人」，已經指出此點，頁36-43。

以屬賢」，即兵(軍事)、財(財政)、法(制度)、賢(人才)、名(秩序)五個方面，這種要求國家從根本上改弦更張的政治背景，如果仔細推敲，其實是在異域強大對照下的自我憂患[29]。他向當時的人們提出一個不得不回答的尖銳問題，現在一切表面看來都很好，但是，「南夷敢殺天子之命吏，西夷敢有崛強之王，北夷敢有抗禮之帝者，何也？生齒之數日益眾，土地之產日益廣，公家之用日益急，四夷不服，中國不尊，天下不實者何也？」[30]雖然，他一方面說現在「天下爲一，海內晏然」，但另一方面話裡話外又充滿了危機感。

　　這種危機感在當時很普遍，正是因爲外敵的存在和強大、漢族的焦慮和緊張，使得北宋《春秋》之學與攘夷尊王之學很興盛，也使得慶曆以後的那幾十年裡倡言改革成爲風氣[31]。歐陽修在《新五代史》卷七二《四夷附錄序》裡說的「自古夷狄之於中國，有道未必服，無道未必不來」，後兩句就很有些感歎無奈的意思。西夏和契丹，使得從來以爲中國即天下的士人，真正開始意識到國家的局限，也深深地感到周邊的壓力。歐陽修在說到西夏時，雖然他很憤怒西夏「欲自比契丹，抗衡中國，以爲鼎峙之勢」，但是，他也察覺到中國對於西夏，「茫然不知所措，中外震駭，舉動倉惶」[32]。曾經負責邊防事務的韓琦也覺得，契丹

29　更早的範仲淹也看到「守在四夷，不可不慮，古來和好，鮮克始終」，正是在這種民族和國家的焦慮中，他在天聖三年(1019)提出了他的改革建議，參見張蔭麟，〈北宋的外患和變法〉，載《思想與時代》月刊第五期(1941)，此引自存萃學社編，周康燮主編，《宋遼金元史論集》(台北：崇文書局，1971)，頁16。

30　《本論》，《歐陽修全集》卷六〇，《居士外集》卷一〇，頁861。

31　參看《宋文鑑》卷四六，歐陽修，《論杜韓範富》，頁700。卷四九司馬光，《論北邊事宜》，頁746。卷九六，劉敞，《治戎上》、《治戎下》，頁1346。卷九九，蘇轍，《北狄論》，頁1383。

32　歐陽修，《言西邊事宜第一狀》(治平二年)，載《歐陽修全集》卷一一四，頁1721。

已經「非如漢之匈奴、唐之突厥，本以夷狄自處，與中國好尚之異也」，
這時的契丹給宋帝國的感覺，已經不是夷狄，而是敵國了，所以說，「契
丹稱強北方，與中國抗者，蓋一百七十餘年矣，自石晉割地，並有漢疆，
外兼諸戎，益自驕大」[33]。但是，他們覺得更可怕的是，一些中國人採取
的是鴕鳥政策，掩耳盜鈴，張耒《送李端叔赴定州序》痛心疾首地說，
「為今中國之患者，西北二虜也，……自北方罷兵，中國直信而不問，君
臣不以掛於口而慮於心者，數十年矣」[34]，這和蘇轍的看法一樣，蘇轍
也說，「今夫夷狄之患，是中國之一病也」，而這個病，已經不僅僅是肘
腋之患，而且已經是病入膏肓[35]。

　　病入膏肓需要痛下針砭，但是好像痼疾又很難痊癒。邵雍《思患
吟》裡就長聲歎息，「奴僕淩主人，夷狄犯中國。自古知不平，無由能絕
得」[36]，而李覯《上范待制書》則憂心忡忡，一方面是「仕籍未甚清，俗化
未甚修，賦役未甚等，兵守未甚完」，一方面又「異方之法亂中國，夷狄之
君抗天子」[37]。現實生活中，王朝的範圍縮小，凸顯了帝國的邊界，過去
漢唐那種睥睨四方君臨萬國的心理，在周邊的壓迫下開始發生變化，由
於知道「中國」不等於「天下」，面對異邦的存在，趙宋王朝就得在想方
設法抵抗異族的侵略之外，凸顯自身國家的合法性輪廓，張揚自身文化

33　《宋文鑑》卷四四，韓琦，《論時事》，頁672。又，韓琦，《答詔問北虜地界》（中華書
　　局，1992），頁676。
34　《宋文鑑》卷九一，頁1293。
35　蘇轍，《欒城集》卷一九《新論中》，見《蘇轍集》（北京：中華書局，1990），頁351。
36　邵雍，《伊川擊壤集》（四部叢刊縮印本），卷一六，頁117。
37　李覯，《李覯集》（北京：中華書局，1981），卷二七《上范待制書》，頁294。

不過，這一民族和
國家邊界意識的形成，
直接後果是使得中國
主要是漢族士人不得不
嚴肅地面對「他國」與
「異文明」。

的合理性意義。但是自己的文化合理性意義究竟在哪裡？有人相信或者
堅信這種文化的血脈嗎？這使得很多士人開始擔憂道統的失墜，尤其經
過唐代中期的變亂，經過五代的紛爭，歷史記憶一直困擾著士人，使他
們開始認真考慮如何確認「正統」，以抵禦「外患」，重建「道統」，以對
抗包括蠻夷戎夷狄之文化侵蝕的問題，這是「中國論」和「正統論」撰寫
的大背景，也是宋代道學或者理學產生的大背景，這當然要另文詳細討
論[38]。

　　不過，這一民族和國家邊界意識的形成，直接後果是使得中國主要
是漢族士人不得不嚴肅地面對「他國」與「異文明」。嚴肅面對的結果是
兩個，第一個結果是，他們開始對「出入境」加以限制，除了勘定邊界之
外，他們還要限制「外國人」的居住區域，要限制「中國人」的外出範圍，
即使在北宋較安定的時代，他們也對異域人的活動有相當的警惕，天禧
二年(1018)，官方曾經根據朱正臣的建議，對於來中國進行貿易的「蕃
商」進行限制，景祐二年(1035)，又曾經根據鄭載的建議，禁止番客帶妻
兒在廣州居住並購買物業[39]，番商們不能在各地官衙附近購買房屋，這
是為了在空間上對族別加以區分。同時，涉及技術性的書籍和通曉這類
知識的士人，不能出境到異族區域，以免知識和技術的外傳，前面曾經
仔細介紹過對於書的出口限制，其實對於人也一樣，元祐年間，官方曾經

38　梁啟超，《論正統》認為，正統論起，有二原因，一是當時君臣自私其本國，二是由於陋
　　儒誤解經義，煽揚奴性。這恐怕是以現代思想解釋古代思想，至少在宋代並不能這樣
　　理解。參看葛兆光，〈理學誕生前夜的中國〉，載《中國史研究》(北京)，2001年第1期。
39　見《宋會要輯稿・刑法二》165冊，頁6502-6506。

下令「舉人及曾聚學人並陰陽卜筮、州縣停廢吏人、諸造兵器工匠……並不得入溪洞與歸明蠻人相見」[40]。從現有的資料來看,這一嚴厲的措施在兩宋一直被嚴格執行,知識與國土和現代民族國家一樣有了嚴格的邊界。

　　第二個結果是,對於外來的宗教、習俗和其他文明,士人有了一種基於民族主義立場的反感,也有了一種深深的警惕,他們不再像唐代那樣歡天喜地地擁抱這些新鮮的東西,而是懷著戒懼的心情對它們進行批判,他們對外來的宗教信仰採取了相當嚴厲的態度,對於祆教、摩尼教及其他教團的抵制和鎮壓,把幾乎所有的異端宗教包括可能來自異域文明的宗教都牽連進去。像北宋元祐六年(1091)布衣薛鴻漸和林明發「以妖妄文字」被根治,就是因為他們「教本自海上異域人,於中國已數十年,而近者益熾,故其桀黠至敢上書,以幸張大」[41]。而私刻異教經卷、怪異信仰行為,都在被禁絕之列,像崇寧三年(1104)令各州收繳並焚燒私刻《佛說末劫經》,宣和二年(1120)令拆毀齋堂並焚燒私撰的《訖思經》、《證明經》、《太子下生經》、《父母經》,以及屢次下令禁止煉臂灼頂、剜肉燃指或者捨身投崖等等,理由就是「毀傷人體,有害民教,況夷人之教,中華豈可效之」[42];甚至連現代認為是「文明」的火葬,也因為它來自異域文化而不合漢族文明,在士紳階層和理學家如程頤、司馬

---

40 《宋會要輯稿・刑法二》165冊載元祐五年(1090)五月事,頁6514。

41 《宋會要輯稿・刑法二》165冊,頁6515。

42 《宋會要輯稿・刑法二》165冊引政和元年十一月二十四日詔,頁6523。

光、朱熹等人的不懈抵制下，被漸漸禁絕[43]。顯然，宋代國家對於異族文明及其影響有相當深的警惕。也許，這與宋代始終處在異族的威脅下有關，對於異族文明的抵制最普遍地表現在對固有文明的闡揚和誇張，北宋歷史學上的「正統論」、儒學中的「攘夷論」、理學中特別凸顯的「天理」與「道統」說，其實，都在從各種角度凸顯著，或者說是重新建構著漢族中心的文明邊界，拒斥著異族或者說異端文明的入侵和滲透。

一次，朱熹在與弟子的談話中相當嚴肅地指出，應當「辨得華夷」即確立漢族傳統。他痛心疾首地說，現在就連穿的衣服也還沒有「復古」，他甚至不惜以當時皇帝為例進行批評，說「今世之服，大抵皆胡服」，甚至「今上領衫與靴皆胡服」，而在他的歷史記憶中，這個染上胡風的歷史，可以從宋上溯到唐，從唐上溯到隋，從隋上溯到元魏。按照他的理解，中國文明已經被胡人瓦解了，或者說異域文明已經取代了漢族固有文明，所以橫亘在他心中的一件大事就是確立「道統」，劃清華夷之界，所以說，「而今衣服未得復古，且要辨得華夷」。[44]

43　關於官方與士紳對火葬的抵制，參看劉永翔，《清波雜誌校注》(北京：中華書局，1994)，卷十二，注釋中已經彙集了一些北宋到南宋的文獻，可以參看，頁508-510。又，孫應時修、鮑廉增補、盧鎮續修，《琴川志》卷一也曾經引程頤、司馬光語批評火葬違背孝親之義，又遵胡羌之俗，所以是「不孝不仁，莫大於此」，《宋元方志叢刊》(北京：中華書局影印本，1990)，頁1164。又，可參見柳詒徵，〈火葬考〉，《史學雜誌》，一卷三期，1929；朱瑞熙等，《遼宋西夏金社會生活史》(北京：中國社會科學出版社，1998)，第十一章〈喪葬(上)：宋轄漢族居住區〉，頁189-194。伊佩霞(Pataricia Buckley Ebrey)的《帝制中國的儒家與家禮：一個關於儀禮的社會史著作》(*Confucianism and Family Rituals in Imperial China*, New Jersey: Princeton University Press, 1991)第四章〈在婚禮和喪禮中抵抗異端和粗俗 "Combating Heterodoxy and Vulgarity in Weddings and Funerals"〉也討論到這個問題。

44　《朱子語類》(北京：中華書局，1988)，卷九一，頁2328。

五、漢族的和中國的，什麼是漢族的和中國的？

西方關於「民族國家」形成與「近代歷史進程」的理論，曾經被我們不加分別地接受，其實這一理論有西歐特別的背景，而中國歷史有中國歷史的解讀方式，宋代「中國」意識的形成就是一個例子。同時，我們的視野不必局限在歷史學家通常使用的資料範圍中，宋代的一些特別的文化現象也可以幫助我們理解宋代「中國」意識的形成。

第一個現象來自詩歌史。本來，在唐代詩歌中也有大量關於中外戰爭的作品，這些作品往往被稱作「邊塞詩」。但是，應當注意的是，在這些唐人的邊塞作品中，即使是百口相傳的名篇，也既有「黃沙百戰穿金甲，不破樓蘭誓不還」（王昌齡）、「匈奴破盡人看歸，金印酬功如斗大」（韓翃）這樣主張作戰立場相當清楚的，也有「年年戰骨埋荒外，空見葡桃入漢家」（李頎）、「少婦城南欲斷腸，征人薊北空回首」（高適）這樣不那麼贊成戰爭立場的。可見，無論傾向戰還是傾向和，政治立場並沒有絕對的正義與非正義差異。可是在宋代，堅持主戰成了士大夫中唯一「政治正確」的立場，這也可以用宋代的詞彙稱作「國是」。宋代對異族和異國的警惕，使得「愛國」主題真正占據了文學主流，詩裡是「獸奔鳥散何勞逐，直斬單於釁寶刀」（陸游），詞裡是「不念英雄江左老，用之可以尊中國」（辛棄疾）。需要思考的是，為什麼這種本來常常是樽前、花間的詞，卻要來反覆討論「中國」和悲憤「番胡」的事？而這種立足「中國」和討伐「番胡」的立場，為什麼在宋代詩歌中也似乎成了唯一的正義？

第二個現象來自小說史。研究小說史的人注意到，唐宋傳奇雖然常常被算在一起，但是唐宋小說卻大不一樣，如三國故事大量產生於宋代，這並不一定僅僅因爲宋代有城市、有瓦子，有《東京夢華錄》說的「霍四究說三分」。其實，自從歐陽修以及章望之、蘇軾、司馬光討論正統問題以來，這個「正閏」的話題下面，就隱藏了宋代文人對於國家的焦慮，爲什麼是蜀漢？爲什麼不是曹魏？這背後其實是爲什麼是大宋，而不是遼夏的問題。當然，這個話題是從東晉習鑿齒、唐代皇甫湜以來一直在士人中討論的，但到了宋代特別是南宋，那麼多人討論，而且都幾乎一致地帝蜀寇魏，這就是一個可以思考的問題了[45]。當宋代人再度強力肯定了蜀漢的歷史正統位置，確立了劉備、諸葛亮、關羽的正面形象，強調七出祁山進攻中原的合法性以後，即使在金到元外族當政，一般思想世界仍是這種觀念占了上風，而且左右了後來所有關於三國的小說、戲曲和講書的感情向背，這表明了思想史上已經確立了關於「中國」與「正統」的觀念。

45　像張九成批評鄭如幾《魏春秋》的「魏紹漢統」（《吳興掌故集》卷三《遊寓類》鄭如幾條、陳霆，《兩山墨談》卷一八）、張栻作《經世紀年》「直以先主上繼獻帝爲漢」（《直齋書錄解題》卷四）、黃度，《通史編年》四卷改變《通鑒》「於三國進魏黜蜀」的寫法（《絜齋集》卷一三《龍圖學士通奉大夫尚書黃公行狀》）、朱黻作《紀統論》「述呂武、王莽、曹丕、朱溫，皆削其紀年以從正統」（《文獻通考》卷一九三引葉水心語）、蕭常撰《續後漢書》四十二卷，開禧中李杞改修《三國志》「尊昭烈後主爲漢紀，魏吳次之」（《玉海》卷四七，參看歐陽守道，《巽齋文集》卷二《代人上李守書》）。特別是大學者朱熹，在著名的《通鑒綱目》中鄭重寫下了「漢中王即皇帝位」（《朱子語類》卷一〇五「問《綱目》之意，曰：主在正統。問何以主在正統？曰：三國當以蜀漢爲正，而溫公乃雲：某年某月諸葛亮入寇，是冠履倒置，何以示訓，緣此欲起意成書。」），都是人們很熟悉的例子。以上關於三國故事這一小節的內容，我曾經在〈什麼可以成爲思想史的資料〉一文中作爲例子討論過，載《開放時代》（廣州），2003年第四期，頁64。

第三個現象來自宋元之際的知識分子歷史。儘管古代已經有「不食周粟」的伯夷叔齊，有據說因爲東晉而不書劉宋年號，改以天干地支紀年的陶淵明，但是，無論是秦漢之間、漢魏之間、隋唐之間還是唐宋之間，都不大有成爲文化群體的「遺民」，也不太會有堅持民族傳統本位的理念，更不曾成爲一個知識分子的普遍現象和成爲關於「道統」的普遍思想[46]。但是在宋元易代之際，知識分子中「遺民」群體的出現和「道統」意識的形成[47]，在某種意義上說反映了「民族國家」的認同意識，儘管在他們心目中，「王朝」與「國家」始終沒有分得很清楚，而「道統」與「政統」也始終糾纏在一起。但是，畢竟「中國」在「外國」的環繞下凸顯出自己的空間也劃定了有限的邊界，從而在觀念上開始成爲一個「國家」，「漢文明」在「異文明」的壓迫下確立了自己獨特的傳統與清晰的歷史，從而在意識上形成了「道統」。

　　「何必桑乾方是遠，中流以北即天涯」（楊萬里《初入淮河》），到了南宋，「中國」已經從八尺大床變成了三尺行軍床了[48]。乾道六年(1170)，

46　劉子健在《宋末所謂道統的成立》中曾經說到，「道學或理學在南宋垂亡之際成為道統，倒確有重大的後果，這與理宗惡於政事無關，而是在南宋亡國之後，忠於宋代不肯做蒙古官的儒者，致力於教學，深入民間。『國無異論，士無異習』……因政治風波而頌揚的道統，在異族的壓迫下，竟擴大滲透而成為漢族全社會的道統」。載劉子健，《兩宋史研究彙編》(台北：聯經出版公司，1987)，頁281。

47　參看黃現璠，《宋代太學生救國運動》(上海：商務印書館，1936)「對外篇」之七〈南宋覆亡後太學生之節操〉，頁62-68。姚大力，〈中國歷史上的民族關係與國家認同〉中仔細地區分了宋元之際遺民的心態與元明、明清之際遺民的差別，指出他們「可以承認新王朝的合法性，只要採取消極的不合作態度就可以了」，不如後來那麼嚴屬。不過，他也指出「(遺民)道德約束實際上是從宋朝起就得到大力提倡和強調的」。載《中國學術》(北京：商務印書館，2002)，總十二輯，頁187。

48　這裡借用錢鍾書，《宋詩選注・前言》(北京：人民文學出版社，1982)中的比喻，頁2。

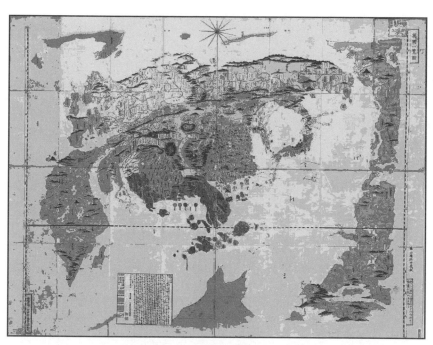

古屋野意春《萬國一覽圖》(1809)

在關於「中國」的各種觀念和話題裡面，我們很可以看到當時人的感受、焦慮、緊張、情緒，而這些感受、焦慮、緊張、情緒所呈現的一般思想世界，就成了精英觀念和經典思想的一個背景與平台，使他們總是在試圖證明「中國（宋王國）」的正統性和「文明（漢族文化）」的合理性，而這種觀念恰恰就成了近世中國民族主義思想的一個遙遠源。

范成大記載，原來北宋的汴京現在金國的南京，「四望時見樓閣崢嶸，皆舊宮觀，寺宇無不頹毀。民亦久習胡俗，態度嗜好與之俱化。最甚者，衣裝之類，其制盡爲胡矣」。差不多同時，樓鑰記載安肅軍（今河北）「人物衣裝，又非河北比，男子多露頭，婦女多『耆婆把』，車人曰：只過白溝，都是北人，人便別也」。露頭指髡髮，耆婆把指插戴雙鳥釵，都已經是異族服裝，就是朱熹說的「大抵皆胡服」。在不同政權的控制區域內，不只是服裝，文化、語言、習俗都開始出現了差異，本來是同一王朝下的同一民族，在異族控制下卻成了異國異俗，那裡的人們或許還有一些歷史記憶，所以樓鑰在雍丘時，駕車人對他說，「向來不許人看南使，近年方得縱觀」，又在真定府時，有老婦三四人，指宋使，「此我大宋人也，我輩只見得這一次，在死也甘心，因相與泣下」。但是，歷史記憶會隨著時間漸漸消失，連原同屬宋朝的相州人看見使者，也「指使人曰：『此中華佛國人也。』」[49]雖有欽慕之色，但言下之意，自己卻已經是另一國人了。殘酷的現實畢竟比傳統的觀念更能移人心神，這讓到北方出使的人感到相當震驚。從後來的歷史來看，那個時候，也許人們的觀念世界裡面，中國還不是後來那個多民族共同體的「中國」，但是，漸漸也已經不再是原來那個以我爲中心藐視四夷的「天下」了。這個漢族中國，在越來越變得龐大的四夷的壓迫下，顯出中國有限的邊界和存在的緊張來。在關於「中國」的各種觀念和話題裡面，我們很可以看到當時人的感受、焦慮、緊張、情

49　范成大，《攬轡錄》，樓鑰，《攻媿集》卷一一——《北行日錄》等。參看陳學霖，《宋史論集》（台北：東大圖書公司，1992），第六篇〈范成大〈攬轡錄〉傳本探索〉（頁241-284）與第七篇〈樓鑰使金所見之華北城鎮〉（頁285-338）。

緒，而這些感受、焦慮、緊張、情緒所呈現的一般思想世界，就成了精英觀念和經典思想的一個背景與平台，使他們總是在試圖證明「中國（宋王國）」的正統性和「文明（漢族文化）」的合理性，而這種觀念恰恰就成了近世中國民族主義思想的一個遠源。

第二章

山海經、職貢圖和旅行記中的異域記憶
—— 利瑪竇來華前後中國人關於異域的知識資源及其變化

一、想像和知識的差距：異域的想像

　　17世紀的最後一年(1699)，傳教士李明(Le Comte, Louis, 1655-1728)在他的《現時中國》(*Das Heutige Sina*，Frankfurt A M.and Leipzig, 1699)中曾經批評16世紀那些西方的旅行家和商人說，「在他們(關於中國)的記述中充滿了道聽途說和庸俗的無聊之談」[1]，儘管這種批評不無道理，但畢竟充滿了後人對前人的無端自負，在李明寫下這句話的時代，隨著東西方之間傳教、通商和外交往來，關於異域的知識越來越多了，但是，在這之前的一二百年，東西兩個世界的交往畢竟還不是那麼順暢，很多關於異域的知識，是那麼艱難地一點一點積累起來的，

---

[1] 轉引自利奇溫，《十八世紀中國與歐洲文化的接觸》(北京：商務印書館，1991)，朱傑勤中譯本，頁18。艾田蒲(Rene Etiemble)，《中國之歐洲》(鄭州：河南人民出版社，1992)也指出1670年阿姆斯特丹出版的《耶穌會的阿塔納斯・基歇爾的中國》(又譯為《帶插圖的中國》，*La Chine Illustree*)雖然是「出自於當時最有影響力的耶穌會士之一手筆的著作，長期以來具有重要作用」，但是它卻「與真實性相距甚遠，良莠相混」。許鈞、錢林森中譯本，上冊，頁209。

利瑪竇還沒有來到中國之前，中國人對於異域尤其是舟車難至的遠方，也充滿了各種匪夷所思的想像。平心而論，這些想像還並不全是毫無根據的憑空杜撰，因為古代漢族人對於遠方異族的了解，可能比我們知道得要早。

古代中國的漢族人很早就應當有不少關於異族的準確知識，但是，在觀念世界中卻始終對於異域有一些來自歷史記憶的想像。

因此，在記憶中難免還有想像和揣測，在寫作時不免加上一些杜撰和誇張。

異域人看中國如此，中國人看外國也如此。在十五、六世紀，也就是利瑪竇還沒有來到中國之前，中國人對於異域尤其是舟車難至的遠方，也充滿了各種匪夷所思的想像。平心而論，這些想像還並不全是毫無根據的憑空杜撰，因為古代漢族人對於遠方異族的了解，可能比我們知道得要早，不必說唐代長安占了極大比例的異域人如波斯、大食商人，就是現存各種資料，也應當證明古人對於周邊異族的了解，比現代歷史著作中總會提到的張騫通西域還要早。邢義田教授曾經在〈古代中國及歐亞文獻、圖像與考古資料中的「胡人」外貌〉一文中，對於這一點作過相當詳細和精彩的研究[2]，而1980年在周原發現的兩個大約公元前8世紀的蚌雕人像[3]，更有人認為有高加索人特徵。梅維恒（Victor H. Mair）甚至在一篇論文中，從這一猜測開始，進行了一系列大膽的推論，甚至聯繫到古代的「巫」字的讀音，應當與古波斯文Magus（即Magianism一詞的來源）有直接關係[4]。如果這種說法成立，那麼古代中國人對於異族形象的知識，應當出現得相當早。

但是，觀念史上的關於異族的想像（imagine），卻與生活史中關於異族的知識（knowledge）有差距，儘管如前所說，古代中國的漢族人很早

2　邢義田，〈古代中國及歐亞文獻、圖像與考古資料中的「胡人」外貌〉，《臺大美術史研究集刊》，第九卷（2000），頁15-99。

3　圖見《文物》，1986年第1期，頁46-47。

4　V. H. Mair，〈古漢語、古波斯語和現代英語中的「巫」〉（Old Sinitic Myag，Old Persian Magus and English 「Magian」），載 *Early China*, Vol: 15, 1990。

就應當有不少關於異族人的準確知識，但是，在觀念世界中卻始終對於異域有一些來自歷史記憶的想像，一直到十五、六世紀也就是明代中葉，人們還是習慣於這些想像。這些想像的資源主要來自古典文獻，這些文獻中，除了一般的歷史書的文字記載之外，還有《步輦圖》、《職貢圖》、《王會圖》以及各種佛教壁畫中有關異族的種種圖像，除了各種海外生活記錄如《佛國記》、《經行記》等等旅行記之外，相當重要的還有比如《山海經》、《神異經》及《穆天子傳》一類半是神話半是博物的傳說，在很長的時間裡，這些想像的和記實的資料羼雜在一道，並糅成真假難辨的異域印象，在利瑪竇來華之前的中國知識世界中，共同建構了「想像的異國」(imagine of foreign countries)。

二、建構異域想像的三類資源：旅行記、職貢圖和神話傳說寓言

古代中國對於異域的記載不少。在唐代以前，通西域至遠方者已經極多，在張騫、班超以後，儘管大多數遠行記錄與赴異域取經求法者有關，如《釋迦方志》所提到的十六次中外交往中，除了張騫以外，從漢代蔡、秦到唐代的玄奘，大多是佛教徒的取經行為，其記載也多與其取經求法的經歷有關[5]，但是，實際上當時對異域與異族的知識已經相當豐富。不僅為逐利無遠弗屆的商賈必然帶來各種異聞，就是官方與好奇者

5　道宣，《釋迦方志》(北京：中華書局，1983)，范祥雍校點本，頁96-98。

也會相當注意。僅以現存圖像爲例，除了傳爲梁元帝的《職貢圖》外，在各種圖像如唐代周昉《蠻夷執貢圖》、北宋趙光輔《蕃王禮佛圖》等繪畫中，都可以看到古代中國人對異國異族的形象知識已經不少[6]。即使是在宋代，雖然國土先後被遼、夏與金壓迫，西通之道漸次遮斷，但海上交通卻因此漸漸興起，通商貿易和使者往來也使得世俗世界對於異域的世俗知識也逐漸增多，其中一些還都是親聞的記錄，內容也從宗教見聞擴大到生活世界的各個方面，如現存的《嶺外代答》、《諸蕃志》等等。寶慶元年(1225)趙汝適《諸蕃志序》中說到，他在擔任福建路提舉市舶司時，曾經「暇日閱《諸蕃圖》」，又「詢諸賈胡，俾列其國名，道其風土與夫道里之聯屬，山澤之蓄產，譯以華言，刪其穢渫，存其事實」[7]。至於元代，國土開拓到無遠弗屆，水陸兩路更是交通頻繁，一些中國漢族士人也已經明確地意識到，中國只是世界的很小一部分，「十二州之內，東西南北不過綿亙一二萬里，外國動是數萬里之外，不知幾中國之大」，並認爲若以二十八宿來分配天下，「中國僅可配斗牛二星而已」[8]。

　　從元到明，有不少出使者和航海者的親身記載，更使這種關於異域的知識更加豐富，如《真臘風土志》、《島夷志略》等等，再加上各朝各代異國使者幾乎不間斷的朝貢，人們對於異域人物與風俗的知識，其實

6　唐周昉，《蠻夷執貢圖》中畫有一西域胡人，雙手以繩牽一羊，胡髯長袍，腰懸短刀，見《故宮人物畫選萃》(台北：國立故宮博物院，1976)，頁3。北宋趙光輔《蕃王禮佛圖》中畫蕃王之側，有十五形狀各異的異族人，原畫藏美國The Cleveland Museum of Arts，《海外遺珍(繪畫)》(台北：國立故宮博物院，1985)，頁21。

7　《諸蕃志校釋》卷首，楊博文，〈諸蕃志校釋〉(北京：中華書局，1996)，頁1。

8　周密，《癸辛雜識》後集《十二分野》(北京：中華書局，1988)，頁81-82。

儘管對於異域的實測知識越來越多，可是在素來習慣於從古典文獻中接受各種知識的中國士人那裡，關於異域與異族的想像，卻仍然常常來自對古典的揣摩和理解。提供異域知識的所謂「古典」主要是古代的歷史著作，如《史記》、《漢書》等等對於異域的記載，常常是後來想像的基礎。

已經相當多了。以明成祖一朝爲例，就有古里貢方物(1403)、別失八里貢玉璞(1404)、渤泥貢片腦(1405)、小葛蘭貢珍珠傘(1407)、忽魯謨斯貢馬(1412)、哈烈貢獅子(1413)、榜葛剌貢麒麟(1414)、麻林進神鹿(1415)、不剌哇貢象(1416)、法祖兒貢駝雞(1421)等等，大小遠近達百次以上[9]，正如《四庫全書總目》所說，如果說南宋時的《諸蕃志》還「多得於市舶之口傳」，但是到了《島夷志略》，則開始「親歷而手記之，究非空談無征者比」。此後的明代，有了鄭和下西洋之壯舉，早在利瑪竇來華之前，如《瀛涯勝覽》、《星槎勝覽》、《西洋番國志》等等，大都已經是「親歷而手記」之書了[10]。

可是，有一點總是很奇怪。儘管對於異域的實測知識越來越多，可是在素來習慣於從古典文獻中接受各種知識的中國士人那裡，關於異域與異族的想像，卻仍然常常來自對古典的揣摩和理解。提供異域知識的所謂「古典」主要是古代的歷史著作，如《史記》、《漢書》等等對於異域的記載，常常是後來想像的基礎，而且這種記載以「歷史」的名義享有「真實」，以至於後人常常把這些本來記載於文史不分時代的文字，統統當作嚴謹的歷史事實。在此之外，對於一般人來說，主要來自三類資料，一是旅行記，這些本來應當是實錄的東西，由於作者自身的知識和經驗，常常把原來習得的記憶和資源帶進自己的記錄中，所謂「耳聽爲

9　參看龔予等編，《中國歷代貢品大觀》(上海：上海社會科學出版社，1992)的統計。

10　像鞏珍，《西洋番國志》中關於「祖法兒國」、「阿丹國」的宗教信仰、服飾、語言、曆法的記載，就已經很準確了。《續修四庫全書》(上海：上海古籍出版社)，第742冊影印知聖道齋抄本，頁386。

虛」常常會遮蔽「眼見爲實」，特別是他們對異域之「異」的格外興趣，總是使他們的旅行記不由自主地把「實錄」變成「傳奇」。二是類似《職貢圖》一類關於異域人物的圖像，這些圖像並不只是收藏在宮廷，民間也常常有種種流傳，並被一些小說、類書的插圖所轉錄，這是一種來自古代的博物傳統，儘管主流知識思想與信仰世界把記載各種異怪奇珍知識不當回事，即「遐陬珍怪，則百家九流稗官野史之所自出」，但是他們也不排除這些知識，把它當作博聞多識之途徑，所以是「聖不語怪，而九牧之金，百物而爲之備」，說起來是爲了「使民知神奸，山澤川林，不逢不若，於傳載之」[11]。像《博物志》和後來很多的類書，都在盡可能地搜羅各種文獻的記載，在它們良莠不分有聞必錄的彙編中，有各種或真或假的異域記載，也在後來充當著真實的或想像的資源，而很多涉及異域的插圖，也會成爲這種資源的一部分。三是古代以來的各種神話傳說、寓言想像，從《穆天子傳》、《莊子》、《十洲記》到《搜神記》等等，因爲這些文字中所記載的神話傳說中有想像空間。其中，《山海經》一類的文獻似乎特別重要，正如馮客（Frank Dikotter）在《近代中國之種族觀念》（*The Discourse of Race in Modern China*）中提到的那樣[12]，《山海經》關於四周地域的各種「人」的想像，充當了對任何異域事物進行解釋和描述的資源，特別是關於那些似乎具有「非人」特徵的異域人形象。

---

11 [明]羅曰褧，《咸賓錄》（北京：中華書局，2000），卷首〈劉序〉，頁10，原標點有誤，今改。

12 馮客（Frank Dikotter），《近代中國之種族觀念》（*The Discourse of Race in Modern China*）（南京：江蘇人民出版社，1999），楊立華中譯本，頁8。

三、想像加上想像，故事加上故事：女國、狗國與屍頭蠻

前面我們說過，在利瑪竇之前的古代中國人，對於異域的記載已經有不少相當準確和清楚的內容，特別是一些有使外經歷的人的文字記述。這裡再舉一些例子，比如南宋淳熙五年(1178)周去非撰《嶺外代答》，在卷二《海外諸蕃國》中提到，「西南諸國……遠則大秦為西天竺諸國之都會，又其遠，則麻離拔國為大食諸國之都會，又其外，則木蘭皮國為極西諸國之都會」，又卷三《大秦國》條記載那裡的國王很少出來，「惟誦經禮佛，遇七日即由地道往禮拜堂拜佛」，「國有聖水，能止風濤，若海揚波，以琉璃瓶盛水灑之即止」，同卷《大食國》條則記載其人「各以金線挑花帛纏頭搭項，以白越諾金字布為衣，或衣諸色錦，以紅皮為履，居五層樓，食麵餅肉酪，貧者乃食魚蔬」，又記載吉慈尼國，「其國有禮拜堂百餘所，內一所方十里，國人七日一赴堂禮拜，謂之除(或作廚)嬹」[13]。

這大體是實錄，本來，這樣的知識應該由於旅行的範圍漸寬而愈加增多，但是，觀念世界的「異域想像」卻並不如此。從明代初年到利瑪竇到中國之前，不少關於異域和異族的書被編撰和刻印出來，除了像馬歡《瀛涯勝覽》、費信《星槎勝覽》之類的旅行記之外，還有一些像鞏珍的

---

[13] 分別見於周去非，《嶺外代答》(上海：上海古籍出版社影印《四庫全書》本)，卷二，頁10A-B；卷三，頁1B-頁2A、頁3B。

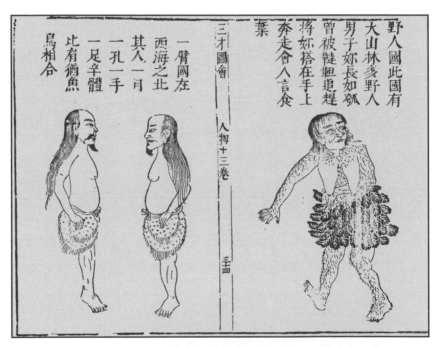

《三才圖會》想像異域人物

《西洋番國志》（宣德九年）、黃衷的《海語》（嘉靖初年）、嚴從簡《殊域周咨錄》（萬曆二年）、遊朴《諸夷考》（萬曆二十年）這類書仍然常常習慣性地鈔撮「古典」，因此，對於那些遙遠的國度與民族，總是在真實的記載之外又加上來自傳說的想像，像對於大秦國西面，上引《諸蕃志》卷上就在種種真實的記載之後加上了「或云」，說「其國西有弱水、流沙，近西王母，幾於日所入也」，而這種想像之辭最早來自《史記》，這幾句話就直接採自《後漢書》[14]。當時的傳聞經過了歷史的記載和時間的積澱，便在古代這種尊重歷史文字的習慣中，彷彿成了真實的故事[15]，一直到明代萬曆年間游朴的《諸夷考》卷一，在說到大秦時還說「有弱水流沙，幾於日入之處」[16]。同樣，1228年，相當於南宋紹定元年，耶律楚材寫成《西遊錄》，其中提到黑色印度城，本來這部《西遊錄》是他的旅行記錄，但是當他把傳聞也納入這種實錄時，就羼進了想像，「盛夏置錫器於沙中，尋即熔鑠，馬糞墜地為之沸溢，月光射人如中原之夏日，遇夜，人輒避暑於月之陰。此國之南有大河，闊如黃河，冷於冰雪」，據研究者說，黑色印度城大約是今印度和巴基斯坦北部一帶，但這種夜寒的描述卻是

14　《史記》（北京：中華書局），卷一二三《大宛列傳》中記載張騫的話，只是傳聞，說「安息長老傳聞條支有弱水、西王母，而未嘗見」，頁3163-3164。《漢書》（北京：中華書局），卷九六上《西域傳》同，頁3888；但是，魚豢《魏略》已經發現了這種傳聞的問題，因為對安息和大秦已經有所了解，因此批評這是謬傳。《三國志》（北京：中華書局），卷三〇注引《魏略‧西戎傳》，頁860-861。於是到了《後漢書》（北京：中華書局），卷八八《西域傳》，雖然用了「或云」二字說明仍是傳聞，但是把「弱水」從已知的條支、安息、大秦推向更遠的「（大秦）國西」，又在「弱水」後加了「流沙」，再加上「幾於日所入也」，這樣，就避開了增長的知識，使那個想像的國度更加渺遠和神奇，頁2920。

15　《諸蕃志校釋》，頁81-82。

16　《諸夷考》（上海：上海古籍出版社，影印《續修四庫全書》742冊），卷一，頁445。

想像[17]。可這樣的記載仍然被寫在了後來的四裔書中，古代的想像加上後來的想像，故事上面疊加故事，便使得越來越多的傳聞進入了歷史。

這裡舉一些很典型的例子。比如關於「女人國」[18]，這個由於《西遊記》而普遍被記住的傳說其實來源很早。在《山海經》中，《海外西經》和《大荒西經》分別都有「女子國」的記載[19]，在《三國志·魏志·東夷傳》所謂其國「在海中，純女無男」和《後漢書·東夷傳》所謂「其國有神井，窺之輒生子」的記載之後[20]，這個出自想像的異邦，一方面作為歷史傳聞被《梁書·諸夷傳》、《南史·夷貊傳》等史書所記錄[21]，一方面也作為一種博物知識被《博物志》、《杜陽雜編》、《太平御覽》、《冊府元龜》、《事林廣記》所抄錄。到了北宋劉斧撰《青瑣高議》，便在前集卷三《高言》一則中記載「東南有女子國，皆女子，每春月開自然花，有胎乳石、生池、望孕井，群女皆往焉，咽其石，飲其水，望其井，即有孕，生必女子」，可見傳聞日廣，而且已經添油加醋[22]。而到南宋以後的很多著作，如《嶺外代答》卷三、《諸蕃志》卷上，則進一步接受了《大唐西域記》卷

17　《西遊錄》(北京：中華書局，1981)上，向達校注，《西遊錄·異域志》合刊本，頁3。

18　關於女國或女人國，可以參看希格勒(Gustave Schlegel)，〈中國史乘中未詳諸國考證〉，此文備引中外著述，考證頗詳，只是在引用漢文文獻時略有遺漏和疏略，載馮承鈞譯，《西域南海史地考證譯叢》第三輯(北京：商務印書館，1999)。

19　袁珂，《山海經校注》(上海：上海古籍出版社，1980)，頁220、400。

20　《三國志》，(北京：中華書局)卷三○，頁847；《後漢書》(北京：中華書局)，卷八五《東夷列傳》，頁2817。

21　《梁書》(北京：中華書局)，卷五四《諸夷傳》和《南史》(北京：中華書局)，卷七九《夷貊傳下》都是引述慧深的話：「扶桑東千餘里有女國，容貌端正，色甚潔白，身體有毛，髮長委地，至二三月競入水則妊娠，六七月產子……」，見《梁書》，頁808，《南史》，頁1976-1977。

22　劉斧，《青瑣高議》(上海：上海古籍出版社，1983)，前集卷三，頁31-32。

四婆羅吸摩補羅國北大雪山中有「東女國」和卷十一拂懍國西南海島有「西女國」的想像，以及《新唐書》卷二二一上《西域傳》關於東西各有「女國」，東女國是羌人別種，「東與吐蕃、黨項、茂州接，西屬三波珂，北踞於闐」的似乎實錄的歷史記載，在這些旅行實錄和歷史著作之外，更添加想像，說有東、西兩個女人國[23]。而且，據趙汝適《諸蕃志》說，關於女人國的事情，是由於有「一智者夜盜船亡命得去，遂傳其事」，這樣本來「查無實據」的傳聞由於經過了「遠行者」的證實、「正宗歷史」的記載，還附益了「眼見為實」的經驗，因此這裡的記載便借著實錄的表象夾雜在真實地理記錄之中，後來的元人周致中的《異域志》便接受了這一說法[24]，使這種本來只是傳聞的故事，轉成了真實的知識。

關於異域蠻族「非人」和「野蠻」的故事，常常並不來自異域的觀察卻來自本土的想像。古代中國人相信自己的「文明」，而想當然地認定四夷的「野蠻」，當他們仍處在這一歷史傳統中，挾著本土的想像去看異域的生活時，總是把一些恐怖怪異、不可理喻的事情附益在自己並不熟悉的空間裡。例如關於「佛郎機國」好食小兒的傳說，在《殊域周諮錄》卷

23　季羨林等，《大唐西域記校注》（北京：中華書局，1985），頁408、943。《新唐書》（北京：中華書局），卷二二一，頁6218-6219。據南宋趙汝適著，楊博文校釋，《諸蕃志校釋》（北京：中華書局，1996），卷上，東南有一個女人國，「其國女人遇南風盛發，裸而感風，即生女也」。西海還有一個女人國，與上一個不同的是，這裡只是「以女為國王，婦人為吏職，男子為軍士，女子貴，則多有侍男，男子不得有侍女，生子從母姓」，已經和《大唐西域記》、《新唐書》不同了，頁130-131。

24　周致中，《異域志》（北京：中華書局，陸峻嶺校注本，1981），卷下，頁54。到了明代游朴，《諸夷考》（上海：上海古籍出版社影印《續修四庫全書》本742冊），卷一，在記錄蘇吉丹的時候，則又提到一個說法，說「蘇吉丹乃闍婆之支國，於泉州為丙巳方，東至海，水勢漸低，女人國在焉，逾東則尾閭之所泄，非人世矣」，頁446。

「狗國」。

九《佛郎機》中，就不知道從什麼地方聽說此國與爪哇相對，因而也一樣好食人肉，尤其「好食小兒」，而且它還仔細想像和記載了小兒的食法，是「以巨鑊蒸水成沸湯，以鐵籠盛小兒置之鑊上，蒸之出汗，汗盡乃取出，用鐵刷刷去苦皮，其兒猶活，乃殺而剖其腹，去腸胃蒸食之」[25]。特別是關於「狗國」的記載，這是一個把異族想像成非人類的例子，自從《梁書》與《南史》記載天監六年(507)晉安人渡海飄至一島，看到「女則如中國，而言語不可曉，男則人身而狗頭，其聲如吠」，因而把傳聞變成歷史、把想像當作地理，以後有不少書都輾轉鈔撮，到元明兩代更附會增添，如《異域志》卷下說它在「女真之北，乃陽消陰長之地，得天地之氣，駁雜不純」，所以男子長得像狗，不能說人話，聲音像狗叫，還傳說遼代有商人到過那裡，而明代的《殊域周咨錄》則說它在中國的「正西，昆侖狗國，塌耳貫胸」[26]，而在《三才圖會》中，不僅繪製其形，而且說狗國離應天府「行二年二個月」，還繼承《異域志》的說法，添油加醋地把那裡的女性從「言語不能曉」改寫成了「能漢語」，而且深明大義，教流落到那裡的中國男人用「肉筋誘狗」的方法，使他逃回中國，於是又把傳聞演繹成了小說，並在小說中寄寓了中國文明與中國男性的自我中心觀念，隱含了對異域和異族的嘲諷和拒斥[27]。

25　嚴從簡，《殊域周諮錄》(上海：上海古籍出版社影印《續修四庫全書》本第735冊)，卷九，下面還記載了佛郎機人在東莞常常潛出買小兒的故事，頁711。

26　嚴從簡，《殊域周咨錄》，卷首萬曆甲戌題辭，頁469-470。

27　《梁書》(北京：中華書局)，卷五四《諸夷傳》，頁809，《南史》(北京：中華書局)，卷七九《夷貊傳下》，頁1977，王圻編，《三才圖會》(上海：上海古籍出版社影印本，1988)，頁829。又，這種傳聞在清末還有，俞樾，《茶香室續鈔》(北京：中華書局，1995)，卷一九「狗頭人」便引陳鼎《滇黔紀遊》說狗頭國在金沙江上游，要走一百二十

　　再比如關於屍頭蠻，《島夷志略》「賓童龍」條記載說，這些叫作「屍頭蠻」的女子「亦父母所生，與女子不異，特眼中無瞳人，遇則飛頭食人糞尖，頭飛去，若人以紙或布掩其頸，則頭歸不接而死。凡人居其地大便後，必用水淨浣，否則蠻食其糞，即逐臭與人同睡，倘有所犯，則腸肚皆爲所食，精神盡爲所奪而死矣」[28]。據校釋者猜測，這大約是從《搜神記》、《酉陽雜俎》一類博物志怪小說，以及《新唐書・南平僚傳》等等歷史記載中的飛頭故事中衍生而來的[29]，可是由於它曾經在號稱「真實」的「歷史」中出現過，因此在習慣於「有書爲證」的古代中國士人那裡，它似乎也擁有了真實性。這樣的記載從元代到明代陳陳相因，在擁有歷史傳統的記載中被反覆抄錄，像曾經親自隨船到過異域的鞏珍、馬歡、費信，在他們寫成的《西洋番國志》、《瀛涯勝覽》和《星槎勝覽》中也同樣像傳奇似地記載著占城國的「屍只于」、「屍致魚」或「屍頭蠻」[30]，而明代的黃衷在《海語》卷下引述關於「屍頭蠻」的這些說法的時候，還要引他的僚友、鄉伯、鹽商以及《雙槐集》的說法來作佐證，證明「六合之

（續）——————

　　多天才能到達，「上下衣服同中國，口耳眉目皆狗也」，載《茶香室叢鈔》，第二冊，頁838。

28　元汪大淵著，蘇繼廎校釋，《島夷志略校釋》（北京：中華書局，1981），頁63-64。

29　《新唐書》（北京：中華書局），卷二二二下《南蠻南平僚傳》中記載的「飛頭」故事是「有飛頭僚者，頭欲飛，周項有痕如縷，妻子共守之，及夜如病頭忽亡，比旦還」，似乎與上述「屍頭蠻」不同，頁6326。

30　鞏珍，《西洋番國志》（上海：上海古籍出版社《續修四庫全書》第742冊影印知聖道齋鈔本），頁375；馬歡，《瀛涯勝覽》（上海：上海古籍出版社，《續修四庫全書》第742冊影印陳眉公家藏密笈本），頁392，費信，《星槎勝覽》（上海：上海古籍出版社，《續修四庫全書》742冊影印古今說海本），頁410。

想像的背後，除了天朝大國對於蠻夷的不屑和輕蔑外，就來源於一些人們常常閱讀的古典。

中，無所不有，而海外神怪為多，故曰視聽之表，聖賢有不言者也」[31]。同樣奇異的是，元成宗元貞元年(1295)奉命出使真臘的周達觀，更是特別記載了那裡的一個傳說，說國王要夜臥金塔之下，與當地的九頭蛇精「同寢交媾，雖其妻亦不敢入，二鼓乃出，方可與其妻妾同睡。若此因一夜不見，則番王死期至矣。若番王一夜不往，則必獲災禍」。他又注意到了那裡「多二形人，每日以十數成群，行於墟場間，常有招徠唐人之意，反有厚饋，可醜可惡」[32]。這大概也是一種傳聞和想像，而想像的背後，除了天朝大國對於蠻夷的不屑和輕蔑外，就來源於一些人們常常閱讀的古典，而這些新典過了若干年代又成為古典，再被人們鈔進新書，因此到了明代，仍然有人接著複述這些奇怪的故事，像嚴從簡的《殊域周咨錄》卷八記載「真臘」，就再次敘述了這一故事，並且引了《吾學編》、《宋史》等等，說明「有史為證」[33]。

四、利瑪竇之前的異域想像：來自古典知識和歷史記憶

陶淵明的兩句詩「泛覽周王傳，流觀山海圖」是人們相當熟悉的[34]，「周王傳」是指《穆天子傳》，「山海圖」指的是《山海經》以及圖像，古

31　黃衷，《海語》(台北：臺灣商務印書館，影印《四庫全書》本594冊)，卷下，頁134。

32　周達觀著，夏鼐校注，《真臘風土記校注》(北京：中華書局，1981)，頁64，102。

33　嚴從簡，《殊域周咨錄》(上海：上海古籍出版社，《續修四庫全書》第735冊影印明萬曆本)，卷八，頁676。

34　陶淵明，《讀山海經十三首》，龔斌，《陶淵明集校箋》(上海，上海古籍出版社，1996)，卷四，頁335。

代很多士人大約都有這樣的讀書經歷,也大約從這些「開拓心胸」的書中獲取了相當多超越經典和現實的知識。除了記載想像中極西崑崙的《穆天子傳》和四海大荒的《山海經》外,這種知識還應當包括被戲稱為「談天」的鄒衍「大九洲」學說,這一類書應當還包括像道教想像三島十洲的《玄中記》、《十洲記》以及佛教想像四大部洲的各種經典。儒者「一物不知則以為恥」的博物傳統恰恰是他們超越儒家知識邊界的動力,而陶淵明的詩句常常是他們用來申明這種知識合理性的一個依據。正如關心域外的許有壬《安南志略・序》中所說,「士之為學,當籠絡宇宙,天之所覆,宜皆知之,而或窒於通,或蔽於遐,則見聞有弗深考。窮壤之外,淪混之墟,尚可知乎?淵明覽《周王傳》、《山海圖》以自適,其胸中高世之致,可念見已」[35]。

古代關於天下的地圖有所謂《輿地》之名,所謂「輿地」指的是「舟車所至」的範圍,不過古代的舟車大約所到有限,在舟車和旅行的足迹所能到達空間之外,人們就不免要屬入推測和想像,而它的知識資源便常常是這些今天看來匪夷所思的怪異之譚[36],因為那些被確立已久的儒家經典和正統歷史,似乎並不足以支持對那些未知地域和未知文明的好奇。所以很早以前人們就只好挪用這些「非正統」的和「非中心」的知識,在唐宋的一些通用類書如《北堂書鈔》、《藝文類聚》、《初學記》、《太平御覽》中都可以看到,凡是涉及怪誕、神奇和異域異

35　載(越)黎崱,《安南志略》(北京:中華書局,武尚清點校本,1995),卷首,頁5。
36　(日)真人元開著,汪向榮校注,《唐大和上東征傳校注》(北京:中華書局,1979)記載天寶年間鑒真東渡時,經過蛇海、飛魚海、飛鳥海,海上有四金魚、四白魚等等。

俗的地方總是會出現《山海經》、《玄中記》、《十洲記》[37]。即使是在異域知識更充分的後代，這一習慣也沒有多大改變，至正十年(1350)，張翥在給汪大淵《島夷志略》寫的序文中儘管批評人們「多襲舊書，未有身遊目識」，但也不得不引用鄒衍的說法支持關於天下的新知識，「九州環大瀛海，而中國曰赤縣神州。其外為州者復九，有裨海環之。人民禽獸，莫能相通。如一區中者乃為一州，此鄒氏之言也。人多言其荒唐誕誇，況當時外徼未通於中國，將何以徵驗其言哉？」[38]直到明代，黃衷《海語》卷下記載「人魚」，要引《山海經》「姑射國在海中屬列姑射，西南有陵魚人」為證，而差不多同時的黃省曾，在《西洋朝貢典錄》卷上《蘇祿國第七》提到《星槎勝覽》中記載巨珠重幾八兩，也不由想起《列仙傳》的記載，卷中《溜山國》第十四中提到弱水，就不由想起「《山海經》諸古書及酈道元所引」，並且歎息「見覽雖益廣遠，而天地之大，終不能窮焉」[39]。

古代的想像和真實的知識常常需要有相當長的時間才能互相剝離開來，元代的周致中《異域志》就沒有區別傳說和真實的界限，把當時古典文獻中的想像和實地旅行的見聞混在了一起，所以他的書裡有很多諸如「狗國」、「女人國」、「無腹國」、「奇肱國」、「後眼國」、「穿胸國」、「羽民國」「小人國」、「交頸國」等等，大半來自《山海經》。而汪大淵的《島

37　例如《北堂書鈔》記載「獻吉光毛裘」、「胡王靈膠」、「大秦出金環」、「風獸似豹」，《藝文類聚》記載「大月氏牛名日及」、「周穆王時夜光杯」、「南方有炎山」、「車渠出天竺」、「瑪瑙出月氏」，《初學記》記載「千呂」、「風入律」、「月氏之羊」，《太平御覽》記載「炎火山」和「炎洲」、「驚精香」等等。

38　汪大淵著，蘇繼廎校釋，《島夷志略校釋》(北京：中華書局，1981)，頁1。

39　分見黃省曾著，謝方校注，《西洋朝貢典錄校注》(北京：中華書局，2000)，卷上、卷中，頁47、79。

夷志略》則注意到了這些知識的來源，他在書後有一段特意安排的「異聞類聚」，分別從《博物志》、《窮神秘苑》、《神異錄》、《酉陽雜俎》、《神異記》、《廣州記》、《南楚新聞》、《玉堂閑話》採錄了一些怪異的傳聞，其中奇肱國飛車、頓遜國鳥葬、骨利國夜短、大食國山樹花、婆登國谷月一熟、繳濮國人有尾、南方產翁、女人國視井生子、茶弼沙國日入聲如雷等等，據沈曾植和藤田豐八的考證，大體出自《太平廣記》、《事林廣記》等類書[40]，汪大淵把它們放入「異聞類聚」，其實心裡可能已經明白這些知識只是傳聞。到了明代，就在利瑪竇來華之前，其實人們關於世界的知識已經開始豐富，湯開建在一篇論文中曾經指出，大約在利瑪竇來華的同時，當過廣州布政司參政、左布政司的蔡汝賢，在《東夷圖說》中已經正確地描繪了佛郎機人的形象，說明人們已經獲得關於西方世界的一些知識和印象[41]，但是儘管如此，古代的《山海經》和《十洲記》之類的東西，仍然參與建構了利瑪竇來華以前古代中國人對於「異域」的想像。順便說一下，最近相當流行的愛德華・薩義德(Edward W. Said)《東方學》一書，曾經深刻地指出了在西方的漢學和伊斯蘭學(Sinology and Islamic Studies)的知識背景，並相當嚴厲地追問這些知識是如何獲得的，這些知識背後的依據與前提是什麼，話語與知識如何參與了有關所謂「東方」的歷史真實的創造？他指出「作為一個地理的和文化的── 更不用說是歷史的── 實體，『方』和『西方』這樣的地方和地理區域都是人為建構

40　汪大淵著，蘇繼廎校釋，《島夷志略校釋》(北京，中華書局，1981)，頁379-380。
41　湯開建，〈中國現存最早的歐洲人形象資料──東夷圖像〉，載《故宮博物院院刊》(北京：故宮博物院)，2001年第1期。

古代中國關於「異域」的這些描述，並不是關於當時人對於實際世界的知識，而是對於「中國」以及朝貢體制中的「天下」與「四夷」的一種想像。

起來的」[42]，所謂「東方」常常不過是為與「西方」相對應而存在的一種想像和建構。但是，如果我們回頭來看沉湎於天下想像中的古代中國，看這些被半真半假的見聞和異聞編織起來的異域知識，就可以知道，古代中國對於異域也同樣存在著一種想像，在這個意義上說，古代中國關於「異域」的這些描述，並不是關於當時人對於實際世界的知識，而是對於「中國」以及朝貢體制中的「天下」與「四夷」的一種想像。

最能夠說明當時一般知識與思想世界中關於「異域」的普遍知識和觀念的，是大體成書於利瑪竇來華前夕，由王圻和他的兒子王思義合編的類書《三才圖會》，特別是其中那幾卷關於外國的圖文。一般來說，類書是當時人普遍常識的歸納，而這部繪圖的類書則更形象地表現了人們的想像[43]。這部流傳極廣的類書，從《人物》第十二卷起，一一列舉了高麗、女真以下的四裔各國，看上去應當是四裔的實際知識，不過，它卻在真實的四邊各國，如高麗、暹羅、真臘等等之中，卻常常羼有如女人國（頁827）、狗國（頁829）之類的想像和傳說，而在第十三卷的琉球國、日本

42　薩義德(Edward W. Said)，《東方學》(*Orientalism*)（王宇根譯本，北京：三聯書店，1999），頁7。

43　明代周孔教《三才圖會‧序》：「君子貴多識，一物不知，漆園以為視肉攝囊。且儒者不云乎，致知在格物，按圖而索，而上天下地、往古來今，靡不若列眉指掌，是亦格物之一端，為益一也。萬物鼓鑄於洪鈞，形形色色，不可以文字揣摩。留侯狀貌如婦人好女，匪圖是披，將以為魁梧奇偉一大男子。食蟹者儻盡信書，直為勸學死耳。得是圖而存之，無俟讀書半豹，而眼中具大見識，鴻乙無誤，為益二也。然鐘鼓不以饗爰居，而冠冕不以適裸國，方今圖不以課士，士又安用圖為？是亦爰居之鐘鼓，裸國之冠冕也，為圖一竄。筆精墨妙，為吾輩千古生涯，子云且薄為小技，刻圖涉丹青之事，即童稚且嬉戲視之，孰肯尊信如古人所謂左圖右史者乎，是為圖二竄。」見王圻編，《三才圖會》（上海：上海古籍出版社，影印本，1988），卷首，頁2-3。

國、西洋國之中，也加上了諸如君子國（頁836）、猴猻國（頁848）、氐人國（頁848）、一臂國（頁851）、一目國（頁852）之類同樣出自《山海經》的奇聞，而在最後的第十四卷裡，更是記錄了很多怪誕的國度，如三首國（頁856）、三身國（頁856）、長人國（頁856）、羽民國（頁857）、小人國（頁858）、聶耳國（頁858）、無腹國（頁859）、穿胸國（頁860）、長毛國（頁861）、繳濮國（頁862）、柔利國（頁863）、奇肱國（頁864）、婆羅遮國（頁867）等，當然，也有大秦這樣渺遠而陌生，要借助想像才能了解的遠方國度[44]。

即使對於一些已經有親歷記錄的國度，記錄中往往並沒有依照親歷的記錄而是依舊沿襲著傳說，在字裡行間充滿了匪夷所思的想像，如「暹羅國」條說那裡的風俗，「男子自幼割陽物，嵌入八寶，以衒富貴，不然則女家不妻也」，「匈奴」條說匈奴有五種，其一為「黃毛首，乃山鬼與黃牸牛所生」，其二為「獲猳與野豬所生」[45]。前面說過，通常類書所記錄的是日用常識，古代中國人的很多知識，除了來自正統的經典之外，就來自這些充當了知識淵藪的類書。可是，就在利瑪竇來華之前，人們儘管已經有了很多確鑿的異域知識，在觀念世界中，尤其是在一般思想世界中卻還是被這種想像的異邦所籠罩，和其他民族的想像一樣，古代中國對於異域的想像，也是從自身已有的古典，以及所負載的歷史和經驗開

44　其中如「穿胸國」、「交頸國」、「奇肱國」、「三首國」、「三身國」、「一臂國」、「聶耳國」、「君子國」等等，大都出自《山海經》。而它最直接的來源，可能是根據元代周致中的《異域志》編成的《異域圖志》，參看《異域志》（北京：中華書局，1981），卷首陸峻嶺《前言》，頁3。

45　王圻編，《三才圖會》（上海：上海古籍出版社，影印本，1988），頁818-820。又，參見下列記載，如交趾國（頁820）對當地人的形容、大食弼琶羅國（頁825）對那裡婚俗的介紹、沙弼茶國（頁826）對日落時吹角鳴鑼風俗的描述，以及狗國（頁829）、西洋國（頁844）、丁零國（頁847）等等。

始的，正如保羅‧康納頓(P.Connerton)說的，「我們對現在的體驗在很大程度上取決於我們有關過去的知識。我們在一個與過去的時間和事物有因果聯繫的脈絡中體驗現在的世界，從而，當我們體驗現在的時候，會參照我們曾體驗的事件和事物」[46]。在無從建立被普遍認同的標準和真理時，來自歷史和傳統的經驗決定著評價的尺度，支持著想像的產生，就像人總是根據自己的大小來描述事物的大小，總是根據自己的交通能力理解地理的遠近一樣，在一個尚不能靠舟車所至來親自了解世界的時代，人們也只能借助類似《山海經》這樣的神話、《職貢圖》這樣的圖像和旅行記一類的見聞來建構世界，只是在這些羼雜了幻想、傳聞和實際觀察的知識中，總是滲透了觀察者自己的固執、偏見和想像[47]。

五、利瑪竇來華之後：從「天下」到「萬國」

萬曆年間，也就是利瑪竇來到中國的時候，不僅是《三才圖會》還在沿用過去的想像，於慎行(1545-1608)所撰《穀山筆塵》卷十八中，也還在沿用舊時的說法，把中國放在中央，他對四裔有這樣的描述：「東方曰夷者，東方人好生，萬物抵觸地而生，夷者，抵也。其類有九。南方曰

46　康納頓(Paul Connerton)，《社會如何記憶》(*How Societies Remember?*)(納日碧力戈中譯本，上海：上海人民出版社，2000)，〈導論〉，頁2。

47　馮客曾經指出，中國古代人把皮膚過白的歐洲人和過黑的非洲人通通看成是不正常的，其實是因為不自覺地把自身預設為「正常」的膚色，何況它還恰好牽合了「黃」為中央之色的古代學說。馮客(Frank Dikotter)，《近代中國之種族觀念》(*The Discourse of Race in Modern China*)(楊立華中譯本，南京：江蘇人民出版社，1999)。

蠻者,君臣同川而浴,極為簡嫚,蠻者,嫚也。其類有八。西方曰戎者,斬伐殺生,不得其中。戎者,凶也。其類有六。北方曰狄者,叔嫂同穴無別。狄者,僻也,其行邪僻。其類有五。此《風俗通》所著四夷名也。」[48]不過,自從利瑪竇來華之後,特別是關於世界的地圖被繪製出來之後,這種關於天下的想像開始發生根本的變化,看到利瑪竇世界地圖後,李之藻承認這種關於新的世界的知識對於他的震撼,「地如此其大也,而在天中一粟耳,吾州吾鄉,又一粟中之毫末,吾更藐焉中處,而爭名競利於蠻觸之角也歟哉……」,於是,他批評固守舊說的人是自錮其耳目思想,「孰知耳目思想之外,有如此殊方異俗,地靈物產,真實不虛者,此見人識有限而造物者之無盡藏也」[49]。而稍後的瞿式穀在《職方外紀小言》也說,「嘗試按圖而論,中國居亞細亞十之一,亞細亞又居天下五之一,則自赤縣神州而外,如赤縣神州者且十其九,而戔戔持此一方,胥天下而盡斥為蠻貊,得無紛井底蛙之誚乎」。

關於利瑪竇的新世界圖像的意義,已經不必多說了[50],在他之後,傳教士始終在堅持傳播這種新世界圖像,像清初利類思、安文思、南懷

---

48 于慎行,《穀山筆塵》(北京:中華書局,1984),卷一八,頁217-218。比他略早些的田汝蘅在《留青日劄》(上海:上海古籍出版社,1992),卷三《八夷》中也在說到四夷館時稱,四夷館是「舉東西南北而言之也」,「九夷,八狄,七戎,六蠻,是曰四海」,在卷十說到四荒、四極時又說,「觚竹、北戶、西王母、日下,謂之四荒,東泰遠、西齮國、南濮鉛、北祝栗,謂之四極」,似乎都是想像的天下,至於卷十的《毛人》記載日本東三千里有「身面俱生毛約半寸許」的國度,「蓋皆天地戾氣所鍾」,更是想像中的異域,頁57、188、192。

49 艾儒略著,謝方校釋,《職方外紀校釋》(北京,中華書局,1996),卷首,頁7。

50 參看葛兆光,〈天下、中國與四夷——古代中國世界地圖中的思想史〉,載王元化主編,《學術集林》(上海:上海遠東出版社,1998),第十六卷。

謝遂，《職貢圖》

仁的《西方要紀》、艾儒略的《職方外紀》等等，漸漸把這種知識推向更多的士大夫。因此，不僅是在接受西學的士大夫中，就是在官方與民間，傳統中國關於天下的圖像也開始瓦解和崩潰，人們逐漸接受了新的世界，因此，那些來自《山海經》、《十洲記》之類關於異域的奇怪想像和傳聞，逐漸被西洋人傳來的真實知識所代替。前面我們用《三才圖會》為例說明利瑪竇之前中國的世界想像，而這裡可以提供的一個特別明顯的對照是，一百多年以後，當清代乾隆年間謝遂奉敕畫《職貢圖》的時候，那些來自《山海經》的國度和形象便消失了。在《職貢圖》裡，已經沒有那些奇肱、三首、一目、穿胸之類的國度，而那些想像出來的異域人物形象，也已經被逼真的寫生圖所取代，那些在《三才圖會》時代還只是想像中的籠統的「遠西之國」，被大西洋國、英吉利國、法蘭西國、瑞國所取代，過去只是照著中國面目和服飾來推想的西方人，這時被更細地區分為各國人，其面目與服飾就不再像過去的想像一樣了[51]。

在北京的故宮博物院中，至今收藏著幾幅佚名的《萬國來朝圖》，在這幾幅大體繪製於乾隆時代的圖畫中，荷蘭人、英吉利人、法蘭西人雖然仍被放在主動向天朝大國朝貢的位置上，但他們的面貌已經和謝遂《職貢圖》中的異族形象很接近，也就是說，他們已經不再是《山海經》一類傳說中的「非人」了，這說明很長的歷史時間裡，對於異國和異族的想像已經讓位於真實的見聞，儘管乾隆在畫上的題詩「累洽重熙四海春，皇清職貢萬方均。書文車軌誰能外？方趾圓顱莫不親」，還有些妄自

51　參看莊吉發，《謝遂〈職貢圖〉滿文圖說校注》(台北：國立故宮博物院，1989)。

乾隆年間奉敕修撰《四庫全書總目》。這部權威的官方叢書目錄在對《山海經》、《十洲記》和《神異經》究竟應當算地理還是小說的歸類上，表明了關於天下地理觀念的整體變化。

尊大，但畢竟承認了「萬國」的存在[52]。謝遂的這部《職貢圖》後來成為收錄在《四庫全書》中的《皇清職貢圖》的藍本，被收錄在這部官方修撰的大叢書中，說明這些關於「萬國」的認知已經擁有了合法性，可以成為一種官方認可的，民眾普遍認同的觀念和知識。

同時，特別值得提及的還有一個可以作為象徵性文件的東西，即乾隆年間奉敕修撰的《四庫全書總目》。這部權威的官方叢書目錄在對《山海經》、《十洲記》和《神異經》究竟應當算地理還是小說的歸類上，表明了關於天下地理觀念的整體變化。《四庫全書總目》卷一四二中，對於《山海經》說，「書中序述山水，多參以神怪……道里山川，率難考據，案以耳目所及，百不一真，諸家並以為地理書之冠，亦為未允，核實定名，實則小說之最古者爾」；對於《神異經》則說「隋志列之史部地理類，唐志又列入子部神仙類，今核所言，多世外恍惚之事，既有異於圖譜，亦無關於修煉，其分隸均屬未安，今從《文獻通考》列小說類中，庶得其實」；對於《海內十洲記》則說「諸家著錄，或入地理，循名責實，未見其然，今與山海經同退置小說家焉」[53]。在目錄具有「辨章學術，考鏡源流」的功能的時代，這些關於異域的想像資源，在官方權威的目錄中從史部的地理類「退置（子部）小說家」，說明在觀念世界中，它也開始從「地理」變為「小說」，從想像中的「真實」變成「百不一真」、「恍惚之事」，這時，人們開始接受「考索」、「責實」的結果。也就是說，從利瑪竇

52　佚名，《萬國來朝圖》，載於聶崇正主編，《清代宮廷繪畫》(故宮博物院藏文物珍品全集)(香港：商務印書館，1996)。

53　《四庫全書總目》(北京：中華書局，影印本，1981)，卷一四二，頁1206。

時代到乾隆時代，經歷了一百多年的時間，古代中國對於異域（同樣也是對於自我）的知識，已經從「想像的天下」進入「實際的萬國」。

第三章
作為思想史的古輿圖

　　用「地圖」作為思想史的證據，研究思想觀念和意識形態的問題，現在在漢語學術界，包括海峽兩邊，都開始流行。這種取徑的出現，應該說和外國新理論新觀念的傳進來有關係，尤其是和傅柯(Michel Foucault)的影響有關。傅柯是一個很有想像力和洞察力的人，也是一個很有顛覆性的思想史理論家，他在一個本來很單純很學術的，屬於「地理學」的問題上，也推廣了他關於「話語」和「權力」的理論，用他的話說，一切話語背後都有權力，而話語本身也會成為權力，所以，在「領土」、「地平線」、「等高線」等等本來屬於地理學的術語裡面，他看出了背後有「權力」(power)關係。他把它放在政治、法律和文化領域進行推敲，例如說「領土無疑是地理學的概念，但是它首先是一個法律——政治概念：某一權力所控制的地域」，這一分析相當有洞察力，領土確實就是政治的控制範圍，而地圖上以國界所劃分的「領土」，確實標誌了一種並非僅僅屬於地理學的政治學範圍。這方面的論述，是1976年在法國一家地理學雜誌 *Herodote* 對傅柯的採訪裡面表達出來的，後來發表成了一篇專訪稿，就

叫作《地理學問題》[1]。

確實，地理空間劃分與描述是政治、歷史和文化的結果，但是，地理空間反過來又是身分認同與文化認同的標誌，然而在很長時間裡面，並沒有太多的人真的用地圖去討論中國思想史問題，因爲地圖過去一直屬於地理學、測繪學的領域。過去也有很多關於地圖的研究著作，像商務印書館1938年出版的王庸《中國地理學史》第二章〈地圖史〉，司馬富(Richard J.Smith)的 *Chinese Maps*，芝加哥大學出版社出版的《地圖繪製學史》第二卷第二冊《傳統東亞東南亞社會中的繪圖學》[2]。此外，日本有織田武雄《地圖的歷史》、海野一隆的《地圖的文化史》，都有有關的內容[3]。最近幾年，古地圖領域也出版了不少資料，比如，曹婉如等編的三大冊《中國古代地圖集》，北京圖書館善本特藏部編的《輿圖要錄》，菲利普·艾倫(Phillip Allen)的《古地圖集精選》，還有最近香港科技大學圖書館編的《地圖中國》等等[4]，研究起來就很方便了。

1　〈權力的地理學〉，中譯本見《權力的眼睛》(上海：上海人民出版社，1997)。

2　王庸，《中國地理學史》(上海：商務印書館，1938)，第二章〈地圖史〉；司馬富(Richard J.Smith)：*Chinese Maps*,Oxford University Press, Hongkong, 2000;又，*The History of Cartography*, Vol. 2, Book, 2: *Cartography in the Traditional East and Southeast Asian Societies* (Edited by J.B.Harley and David Woodward), The University of Chicago Press, 1994。

3　織田武雄，《地圖の歷史——世界篇》(東京：講談社，1974，1994)。海野一隆，《地圖的文化史》(中譯本，香港：中華書局，2002)。順便可以提到，前些年，文學家董啟章一本以香港地圖來討論觀念和思想的著作影響很大，在香港地圖裡面，充滿了殖民與後殖民、民族與民族、國家與國家之間的緊張。當然，地圖只是他的「話題的引子」，所以，後來他的書列在「聯合文學」裡面。

4　曹婉如等編，《中國古代地圖集》(北京，文物出版社，1990-1998)，分戰國至元、明代、清代三卷；北京圖書館善本特藏部編，《輿圖要錄：北京圖書館6827種中外文古舊地圖

但是，這些資料是不說話的，更不直接表達思想與觀念。有些話，地圖背後的思想與觀念，是要研究者自己「看」出來的。因此這裡要討論的就是，怎樣才能從地圖中看出思想史，或者說，古輿圖如何作為思想史的資料？

一、邊緣與中央：歐洲古代世界地圖中的東方想像

　　首先，我想從歐洲繪製的古地圖的邊緣和空白處，來看一下其中流露的有關東方的想像、意識和觀念。

　　我們知道，古代中國地圖多是紙本或絹本，像馬王堆帛書《地形圖》；當然也有石刻的，像蘇州的《平江圖》，在形式上往往和古代中國繪畫差不多，有的地圖乾脆就是美術作品，如名山勝迹圖、城市地圖等等。一般來說，很少有設邊框，再加上中國的地理特點，地圖很少有大片的海洋，所以很少有空白，沒有空白就不能有太多的點綴，特別是古代中國地圖常常有大幅的文字標識，更沒有空間留下來繪製奇物異類[5]。而現代的各種地圖，又常常受到現代西方製圖法的影響，在周圍的邊框上用黑白兩色標誌經緯比例，這是「科學」和「標準」的做法，而大片的海面上也不再有傳聞時代的想像，而只有更多的島嶼和航道，所以，大多也沒

（續）————————————

　　目錄》（北京：北京圖書館出版社，1997）；菲利普‧艾倫（Phillip Allen）編，《古地圖集精選：透視地圖藝術與世界觀的發展》（薛詩綺等中譯本，台北：貓頭鷹出版社，2001）；周敏民編，《地圖中國》（香港：香港科技大學圖書館，2003）。

5　即使東南部留有海洋的空間，古代中國的地圖也常常把本來分散在更大區域的各種島嶼和陸地其他國度擠在這一空間裡。

這些安插在地圖四周的裝飾性圖像、繪製在空白處的物怪，卻有意無意之中，可能會和地圖中間的內容發生關係，透露或暗示一些觀念。

有邊框的裝飾和點綴。但是，在古代歐洲出版的各種地圖上，尤其是世界地圖上，好像有一個習慣，在周圍常常點綴圖像，而在地圖空白處，尤其是大洋中又要畫上各種見聞和奇物。他們常常畫一些東西在地圖的邊緣和空白上。可是，這些安插在地圖四周的裝飾性圖像、繪製在空白處的怪物，卻有意無意之中，可能會和地圖中間的內容發生關係，透露或暗示一些觀念[6]。

在香港科技大學圖書館裡，收藏了很多歐洲出版的古地圖，其中有一幅Hartmann Schedel(1440-1514)畫的早期古世界地圖，在這幅圖的邊緣，我們可以看到，有十二個鼓著嘴吹風的頭像，這大概是象徵著十二個月的不同風力，不同的風力影響著天下氣候的變化[7]。這是很常見的，歐洲古地圖經常畫上這種形象，表示著地理空間和天上氣候之間，有某種關聯。像托勒密《宇宙志》1482年版和《地理學》1511年版所附的地圖也一樣有這種形象，在那個吹著風的頭像下面，還畫上了雲彩[8]。另外，像利瑪竇(Matteo Ricci)的世界地圖，也繼承了奧代理(Abraham Ortelius, 1527-1598)的世界地圖的傳統，同樣在南極空白處畫上了世界各地的八種動物，如大象、犀牛、駝鳥、獅子、有翼怪獸、鱷魚，在大海處畫上了九艘帆船和十五種噴水巨魚、蛇形大魚。直到南懷仁繪製《坤輿全圖》，

6　其實，這不只是地圖，也不只是歐洲，像古代中國的長沙子彈庫楚帛書的四周，就畫上了十二個神像，大概和十二個月之類的意思有關，因為楚帛書內容講的就是這十二個月的事情，圖文之間總有些關聯，這就好像古代中國繪畫上有題畫詩、上下款識、印章，以及裝裱留出的題跋空間一樣。

7　圖見周敏民編，《地圖中國》，頁31。

8　圖見菲利普・艾倫(Phillip Allen)編，《古地圖集精選：透視地圖藝術與世界觀的發展》，頁16-17。

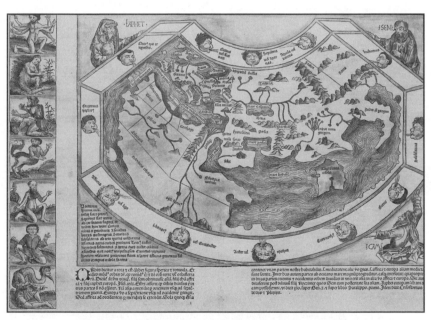

香港科技大學圖書館藏早期歐洲所繪世界地圖

仍然繼承這種博物的傳統，畫了這些圖像，而且比利瑪竇更多出了長頸鹿、吐綬鳥等等，這些圖像，大概一方面象徵著對大海的跨越和對世界的認知，一方面象徵著對大海中種種怪物的想像和畏懼。

並不是只有歐洲有這種習慣。其實，古代中國也有這種對未知領域的想像，也有把這些想像繪製成圖的傳統，例如《左傳》宣公三年有一個關於九鼎的著名傳說，九鼎是什麼？就是夏代把各種奇怪的事物形象鑄在鼎上，讓民衆知道，據說人們如果知道了怪物的形象以後，就不會遇到這些怪物，就是遇到了，也能避開，因爲怪物被人識破。這就叫「鑄鼎象物，百物而爲之備，使民知神、奸。故民入川澤、山林，不逢不若，螭魅罔兩，莫能逢之」[9]，這就是古代傳說中九鼎爲什麼這麼重要的原因。這種「博物」的傳統，一方面支持了孔子關於「多識於鳥獸草木之名」的教育方法，後來張華的《博物志》一類書就是繼承這個知識主義傳統，一方面支持著巫覡技術的神奇想像，這就是後來從《山海經》到《白澤精怪圖》的巫術觀念[10]。

我想，十五、六世紀以來歐洲人的世界地圖上的圖像，大約也是同樣的意思，我在歐洲的一些博物館參觀，開始覺得他們的植物圖、人體圖、地圖真有些裝飾繁瑣，可是漸漸發覺，裝飾不僅僅是裝飾，還有一些很微妙的象徵意味。西方地圖傳到東方以後，這種製圖的傳統也影響到

9 　杜預的解釋是，第一，這是關於四方奇異物產的知識，「圖畫山川奇異之物而獻之」；第二，這是一種趨吉避害的知識，「圖鬼神百物之形，使民逆備之」。《十三經注疏》（北京：中華書局，影印本，1980），頁1868。

10 　關於這一方面的話題過於複雜，需要專文討論。

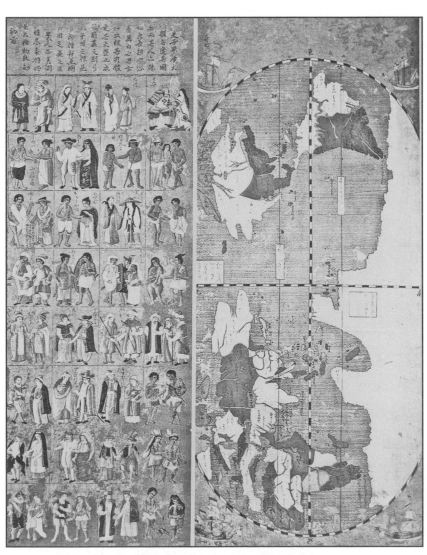

神戶市立博物館藏1645年日本繪《萬國總圖人物圖》
（選自中央公論社《日本の近世》1）

中國，也影響到日本。比如，日本根據利瑪竇《山海輿地全圖》所繪製的世界地圖上，就有種種關於航海的知識。又比如，收藏在神戶市立南蠻美術館的正保年間(1644-1647)刊刻的《萬國總圖》的四周，就畫上了大明船、日本船，而貞享五年(1688)的《萬國總界圖》又同樣在上兩角處畫上了大清船、日本船。另外，同樣收藏在神戶市立南蠻美術館的《四都市圖》與《世界地圖》屏風，則完全是歐洲的方式，在左右兩側畫上了當時所知的各地民族的形象。到了寶永五年(1708)，稻垣光朗繪製《世界萬國地球圖》，則不僅在兩半球的中間空白處畫上了唐船和阿蘭陀船的樣式，而且還在上方闢出空間，專門繪製了表現世界各種人形象的十六幅圖，把兩方面的傳統彙在了一起，表示著航海技術對於環遊地球的信心，也表現了這一邊兒的人對於另一邊兒的世界與人類的知識，逐漸從幻想走向實際[11]。

　　但是，應當注意的是，在地圖繪製中除了知識的傳統之外，還有想像的傳統，在這些歐洲古地圖上，我們應當注意看的，是地圖周圍和空處的一些異域風情畫中的想像，這些彷彿《山海經》的關於異族的圖像，似乎透露了西方人對於東方的判斷。十六、七世紀的歐洲人對於東方這個陌生世界，一方面漸漸有了很多新知，另一方面也留存了很多舊聞，新知的實測和舊聞的想像常常摻雜在一起。香港科技大學圖書館收藏的《亞洲地圖》的封面，就畫著剛剛打開的亞洲大門口，有一群象徵了

11　以上參看海野一隆，《地圖に見る日本：倭國、ジパング、大日本》（東京：大修館書店，1999）；又，參看《江戶時代古地圖總覽》（東京：新人物往來社，1997）。

16世紀歐洲地球儀

歐洲人的天使，有的在丈量地球儀上歐洲和亞洲的距離，有的在打開一幅亞洲地圖（只是東亞）仔細端詳，這種在門口茫然徜徉的狀況，就很能反映歐洲人對這塊土地的好奇、茫然和幻想[12]。相當多早期歐洲所繪的世界地圖、亞洲地圖和中國地圖中，都有一些關於異域的風情畫[13]。

從思想史角度看，這些地圖的邊緣和空白處附帶的各種圖像中，最值得注意的，恰恰是裡面夾雜的一些異域想像。儘管我們說，那個時代的歐洲人也有對東方和中國的無端崇拜，但也同樣有很多充滿傲慢的想像，這些沒有根據的想像，有時候比起實際知識更能透露心底深處的偏見。在15世紀的《自然之書》(*Buch der Natur*，Augsburg, 1478)中遺留的關於異域的想像，仍然出現在後世，甚至包括地理大發現以後的地圖中。「非我族類，其心必異」的觀念，並不只在中國人這裡有，在歐洲人那裡也有。像宮崎市定收藏的一幅1545年繪製的《亞洲圖》(*Map of Asia Ⅷ：Scythia beyond the Imaus*)裡面，左邊畫了上翹一條巨腿的裸形人，右面則畫了臉

12　感謝香港城市大學跨文化研究中心，這部收藏在香港科技大學圖書館的亞洲地圖是在2001年一次會議上作為禮物印製出來送給與會者的。

13　例如，1593年安特衛普出版的《地球科學》(*Speculum orbis terrarum*)中，中國和日本地圖的四周，就畫了中國人利用水鳥捕魚、日本人崇拜十一頭菩薩（只畫了並排的三個頭，但這種畫法顯然是記憶有誤，古代中國、日本崇拜的是十一面觀音，並不是並排的三個頭）、用風帆的車子、以浮動的圍筏養殖等等，表達了當時歐洲人對東方的朦朧知識。而1634-1662年，布萊奧(Joan Blaeu)的《大地圖集》(*Atlas Maior or Grand Atlas*)，不僅在非洲地圖左右兩邊畫上了十幅當地土著人的圖像，也在那幅關於中國北方的地圖的右下空白處，畫了中國皇帝圖像，看上去已經相當準確，這不僅表明歐洲殖民欲望的擴張，也證明這些年間歐洲人對世界各地包括中國有了多少實際的知識。又如，1772年的《亞洲地圖》中，不僅有皇帝或王族的形象，而且有各種東方的婦女形象、行刑場面、秋千百戲、攻戰交易等等，更表明到了18世紀，經過二、三百年，歐洲人關於東方的知識在迅速增長。

在腹部而無頭的兩個怪人和一個長了狗頭的人，這是在暗示遙遠東亞的異類人種麼[14]？在香港科技大學圖書館藏的那幅1493年的早期世界圖上，更是畫了六臂的、背上長鬃的、有尾巴的、鳥頭尖喙的種種怪人，這是不是西洋人對歐洲之外的異域人的想像[15]？過去，我們都知道，在《山海經》以後，古代中國的漢族人是有「天下老子為大」的想法，曾經是這麼想像周邊世界的，一直到元代周致中的《異域志》、明代的《三才圖會》，都曾或寫或畫了很多這樣的怪物，像「狗國」、「女人國」、「無腹國」、「奇肱國」、「後眼國」、「穿胸國」、「羽民國」，這些形象被當作異域人的形象看待，這體現了古代中國一種相當傲慢的、把外夷視為「非人」的觀念。我曾經寫了一篇文章，說到這種想像在很長時間裡面，甚至比真實的旅行記錄更加普遍地被當作關於異域的知識[16]。所以古代中國常常會沉湎在關於「天下」的自滿的想像裡面，這種想像常常被批評為中國式的無端傲慢和固步自封。但是，從這些歐洲來的古地圖看，這種想像是相互的，西洋人對於東方也一樣，往往是好奇加上歧視，想像加上想像。

地理學史也告訴我們，這種無端傲慢是有歷史傳統的。中世紀的時候，基督教以自我為中心想像了一個世界[17]，標誌就是那時候的T.O形地

14　圖見京都大學附屬圖書館編，《近世の京都圖と世界圖》（京都：京都大學附屬圖書館，2001）。本書解說中也指出，這是中世紀世界觀殘留下來的那種對於基督教世界之外的異域的理解，頁66。

15　圖見周敏民編，《地圖中國》，頁31。

16　參見本書第二章。

17　中世紀歐洲的世界地圖常常把「海洋環繞陸地形成一個O字型，而非洲、亞洲和歐洲之間被水域分開，構成一個T字型，在這些地圖上，耶路撒冷永遠位居正中央最顯著的位置，因為在《舊約聖經》的《以西結書》中記載，『我已將它安置在列邦之中，列國都在

圖，在T形世界的中心，是耶路撒冷，上方是亞洲，左下是歐洲，右下是非洲[18]。在那個時代的想像中，亞洲很神秘，像《東方見聞錄》裡講的，那極遠極遠的東方，有巨人、食人族和黑人，而非洲很野蠻，像當時地圖上畫的，有隻眼人、長腳人、無頭人、狗頭人[19]。這種傲慢與偏見，一直延續很久很久。儘管經過地理大發現，世界越來越全球化了，交通越來越方便，照理說，大家都可以放棄那些怪異和偏執的想像了，可是，偏見常常比知識更頑固，想像常常比觀察更流行。即使在利瑪竇的世界地圖中，也依照西洋地圖的慣例，不僅繪上了航海的帆船（象徵西洋人的足迹所至），而且畫了一些「殊方異物」，比如大魚、異鳥、怪獸等等，這是否背後有西洋人對異邦的想像？這幅地圖上的文字也同樣如此，伯西爾（約在今南美洲西北部）是「好食人肉，但食男不食女」、革利國（約在今美國西北部）「惟食蛇蟻蜘蛛等蟲」，哥爾墨（在今俄羅斯北部北冰洋沿岸）「死者不埋，但以鐵鏈掛其屍於樹林」[20]。這是否雜糅了類似中國古代的《山海經》式的想像和西洋人對異邦文明的蔑視？又比如，在麥卡托─洪第烏斯（Mercator-Hondius）1633年版的地圖集裡面，那幅分為兩半球的世界地圖正中下方，就畫了亞洲、美洲和非洲三種人的形象，向中間的歐洲人朝拜效忠，象徵著歐洲人的自大[21]。即使到了18世紀，這種傲慢與偏見還是

（續）──────────
　　它的四周」。見〈地圖革命〉，載《大地》（台北：1999年11月），第140期。

18　參看織田武雄，《地圖の歷史──世界篇》（東京：講談社，1974, 1994），頁52。

19　參看彌永信美，《幻想の東洋》（東京：青土社，1987），頁19。

20　利瑪竇，《坤輿萬國全圖》，見《中國古代地圖集》（明代）圖77-80，這幅圖現藏南京博物院，並非利氏原繪，而是17世紀初北京重新繪製在六幅屏風上的，文物出版社，1997。

21　圖見菲利普‧艾倫（Phillip Allen）編，《古地圖集精選──透視地圖藝術與世界觀的發展》，頁72-73。

沒有真的被西方關於人類平等的理性驅除，比如1772年戴思諾《亞洲地圖》中關於中國的圖景，儘管當時流行「中國趣味」，它仍然有的畫了赤裸上身的人在荒嬉遊戲，有的畫了殘酷的行刑圖，而在說明文字中特意寫的是關於中國的「纏足」的事情[22]。這不奇怪，自以為已經很文明的西洋人，對於東方殘留的刑罰、東方的風俗，似乎格外有興趣，這種興趣背後是一份對自己文明的自信，一份對異族的好奇加上一份無端的鄙夷。

難怪愛德華・薩義德（Edward W. Said）要寫他那本《東方學》，憤憤然地批評西方人在想像中建構了一個「東方」，他說那是西方人「對東方進行描述、教授、殖民、統治等方式來處理東方的一種機制」，是西方「用以控制、重建和君臨東方的一種方式」[23]。

二、從天下到萬國：古代中國華夷、輿地、禹跡圖中的觀念世界

一般來說，在研究文字文獻比較缺乏的時代，比如上古史的時候，使用圖像資料似乎不大有人反對，像新舊石器時代考古報告裡面關於早期祭祀坑、墓葬、陪葬品等等，這是因為無可奈何。但是，在文獻足徵的時代，思想史研究是否可以大量使用圖像呢？思想是一種容易消失的東西，如果用文字記載下來的是思想史的基本文獻，那麼，同樣要用思想來生產的圖像，為什麼不可以同樣當作思想的敘述文本？關鍵的問題只

22　圖見前引《近世の京都圖と世界圖》，頁66。
23　愛德華・薩義德（Edward W.Said），《東方學》（*Orientalism*）（王宇根中譯本，北京：三聯書店，1999），頁4。

是在於，思想史研究者如何從這些只有空間性的圖像中，詮釋出思想史需要的觀念意義。

回到地圖上來，我們都知道，地圖表述的是空間。一般來說，地圖上的空間有三類，(1)在自然世界中，空間主要只是「物理空間」(space)，比如地形、植被、礦產、氣象等等。(2)在政治世界中，空間主要只是一個和領屬關係相關的地域(domain)，比如國界、省界、政治中心。(3)在人類社會中，有很多人所生活和需要的空間布局，比如城市、集鎮、交通路線等等。所以，在傳統地圖上落實的，常常也是這三者。

但是地圖上的這個「空間」絕不等於是一個空間的客觀描述。因為，被描述的任何一個圖像，不僅涉及到「它」，就是面前的具體空間物像，而且關涉到「我」，就是描述者的位置、距離、方位，甚至關涉到描述者歷史形成的觀看方式，像作為地圖的《萬里長江圖》，就彷彿是把若干個不同時間和地點的長江視覺圖像連綴起來，在一幅長卷的畫面（也就是同一時間和空間）中呈現，而決定這種對長江數千里地勢的觀看和理解的，還包括這種長卷地圖的展開方式。我們通常會說，從某地到某地是多少天多少小時的路程，就是把空間距離轉化成時間來計算和表達，而《長江圖》則是把多少小時多少天所看到的圖景，在瞬間同時平行呈現於多少尺多少寸、逐漸展開的地圖中，這是把時間轉化為空間[24]。其實，在地圖裡面，已經把「空間」人為地轉化了，不再是純粹客觀的「空

---

24 參看章潢，《圖書編》（文淵閣四庫全書本，上海：上海古籍出版社，影印本），卷五八《萬里長江圖》，頁3以下。

間」了[25]。

所以，千萬不要相信地圖會百分之百地「還原真實」，其實，這只是某一個視角的「有限真實」，就連這種「有限真實」也很有問題，通常我們說地圖的幾個要素，像方向、位置、比例、示意的色彩以及國家的邊界等等，會隨著觀念的變化而變化。比如方向，是固定的上北下南左西右東，還是另有設計？位置，本來地理上的位置是固定的，但是是否會有意外的挪動？比例，精確的比例雖然一直是地圖的必要因素，但是難保某種意圖下的地圖繪製者會有意改變。最後是色彩，同一色彩是同一個政治領土的標誌，不同色彩則標誌著不同的領土，可是會不會有別有目的的繪製者用色彩暗示著某種政治意圖？至於邊界，更是地理上沒有而只是出現在地圖上的線條，這種邊界圈起來的版圖的形狀，會不會引起另類的政治聯想[26]？對於空間的主觀感覺和印象，有幾個因素影響很大。首先是立場，從一個方向看過去，就有了依照觀看者立場確定的左右上下。其次是感覺，根據觀察者自身感覺而來的比例，確立了描述物像的大

25　比如，重視交通的，會凸顯道路而忽略其他；關心古今沿革的，會忽略物產而凸顯城鎮關隘的變化。堪輿家的地圖，注意的是朝向、方位和龍脈之所在；旅行者的地圖，關心的卻是旅遊景點和 shopping 地點。一般來說，古代的歷史地理學主要關心官府所在（州、縣、郡的治所）和行政地理範圍的變化，明清易代的時候，像顧炎武、顧祖禹，就特別關心軍事要塞和險要地勢，這是因為心中還存在著戰爭的記憶。可是，古代那些非常重要的甘肅嘉峪關、秦嶺大散關、河北居庸關、四川劍閣，在今天的軍事地圖中，已經不是人們視野的焦點，像蘇伊士運河的通航，就使15世紀以來航海圖中，相當重要的好望角也不再凸顯。所以我們說，繪製地圖的觀念，會隨著時代變化而變化。

26　參看葛兆光，〈思想史視野中的圖像〉，載《中國社會科學》（北京：中國社會科學雜誌社），2002年3期。

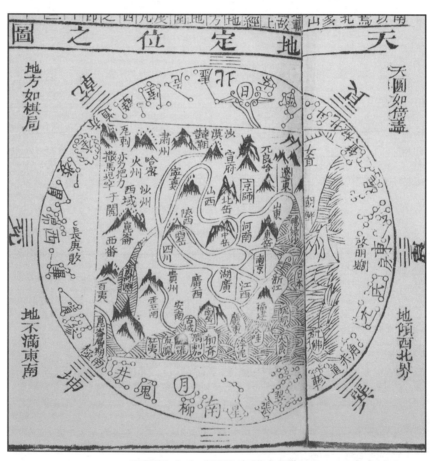

天圓地方之《天地定位之圖》

小。再次是距離，地理上「遠」和「近」也一樣與交通能力相關。最後是顏色，地圖對空間的色彩安排，背後有對政治領土的承認。所以，我們說，人畫出來的地圖在某種意義上，既是以「我」為中心的主觀視圖，又是以「它」為基礎的客觀視圖，現代地圖中對於地理空間的描述，據說，很符合理性、科學和客觀，其實並不一定，在被人們如此這般地描繪了以後，地圖就成了主觀敘述，有了凸顯和隱沒，有了選擇與淘汰，在描述者的觀看、想像、回憶、描述中，攜帶了人的感覺甚至觀念。所以，地圖的地理想像（geographical imagination），實際上是一種關於政治和文明的想像，在這種想像的歷史裡隱藏著很多觀念的歷史，因此它是思想史的內容。

這裡來看一下古代中國地圖裡所含有的關於「天下」的想像和觀念。我們都知道，古代中國有一種「天圓地方」的特殊空間感覺，它形成也相當早。近年來考古發現的濮陽蚌堆龍虎、曾侯乙墓漆箱蓋上的二十八宿、北斗和龍虎圖案，各種墓室頂部接二連三地出現的天文圖像，加上古代仿效天圓地方用來占驗的「式盤」、指示方向的司南，以及如《禹貢》、《周禮》等經典文本中想像的五服、九服、九州等方形的大地，都表示古代中國關於「天圓地方」這種觀念的普遍存在，而這種觀念，又形成了古代中國自居天地中央的觀念。以前我在很多論文裡都討論過，在古代中國人心目中的天地格局，大體上就是，第一，自己所在的地方是世界的中心，也是文明的中心；第二，大地彷彿一個棋盤一樣，或者像一個回字形，四邊由中心向外不斷延伸，第一圈是王所在的京城，第二圈是華夏或者諸夏，第三圈是夷狄；第三，地理空間越靠外緣，就越荒蕪，住在那裡的民族也就越野蠻，文明的等級也越低，叫作南蠻、北狄、西戎、東

整個傳統時代，除了佛教以外中國從來沒有受到過真正的文明挑戰，中國人始終相信自己是世界中心，漢文明是世界文明的頂峰，周邊的民族是野蠻的、不開化的民族。

夷[27]。

很長時間以來，中國人一直對這一點很固執，固執的原因是，整個傳統時代，除了佛教以外中國從來沒有受到過真正的文明挑戰，中國人始終相信自己是世界中心，漢文明是世界文明的頂峰，周邊的民族是野蠻的、不開化的民族，除了維持朝貢關係之外，不必特意去關注他們。所以，古代中國的世界地圖，總是把中國這個「天下」畫得很大，而把很大的世界萬國，畫得很小。古代的《華夷圖》、《禹貢圖》、《地理圖》，像宋代留下來的那幾幅地圖，有的叫「華夷圖」，就是華夏加上四夷；有的叫「輿地圖」，就是說舟車可至的地方。但是，畫的還是以當時的漢族中國爲中心的一圈，儘管有時也把周邊國家畫上，但比例很小，小得好像它們真的是依附在中國這個大國身上的「寄生」物。

這種地圖畫法的傳統一直到明代仍然延續。應當注意的是，中心大而邊緣小，實際上不僅是一個地理位置的問題，而且也是在分辨價值的差異，更是在確認「自我」與「他者」，地圖上的中心與邊緣也一樣。這裡我要解釋一下。第一，這和中國人對於世界的實際知識沒有關係，漢代張騫以後，歐亞大陸交往已經有絲綢之路，唐代中國與外界交往更多，元代帝國的疆域幾乎無遠弗屆，當時從阿拉伯來的札馬魯丁還製造過三地七水有經緯線的「地球儀」，到了明代初期鄭和下西洋，已經到過了非洲的東岸，實際經歷的空間也遠遠超過了中國本土無數倍，人們知道的各

27　參看葛兆光，〈天下、中國與四夷——古代中國世界地圖中的思想史〉，載王元化主編，《學術集林》(上海：上海遠東出版社，1999)，第十六卷。

種文明的情況也已經很多，但是古代中國關於「天下」、「中國」、「四夷」的思想與想像卻始終沒有變化[28]。第二，這和古代中國人了解地理和繪製地圖的技術也沒有關係。古代中國人其實地理水平很高，繪製地圖也很高明，1974-1978年在河北平山縣戰國中山王墓發現的銅版《中山王陵兆域圖》，1986年在天水放馬灘發現的秦代木牘地圖，馬王堆漢墓發現的畫在帛上的地圖，都相當有水平[29]。所以，這只能從觀念上面去理解，因為這種地圖背後是古代中國人的「天下觀念」或者說是「世界觀」，在影響著天下地圖的繪製。換句話說，就是一方面，古代中國這種「天圓地方」的空間觀念，使中國人想像自己處在天下之中，周圍只是小小的蠻夷；另一方面，古代中國的華夏文明中心觀念，使中國人想像四周的國家不僅是地理空間小，而且也是文化價值小。

正因為如此，十六、七世紀之間，利瑪竇的世界地圖才給中國造成了極大震撼。因為它告訴中國人，第一，人生活的世界不再是平面的，這瓦解了天圓地方的古老觀念。第二，世界非常大，而中國只居亞細亞十分之一，亞細亞又只居世界五分之一，中國並不是浩大無邊的唯一大國，反而很小。第三，古代中國的「天下」、「中國」、「四夷」的說法是不成立的，中國不一定是世界中心，四夷則有可能是另一些文明國度，在他們

28　例如龍谷大學所藏1402年李朝朝鮮複製中國的《混一疆理歷代國都之圖》中，關於非洲部分的知識就相當令人驚異和費解，因為它對於非洲西岸的描繪相當準確，遠遠超過同時歐洲人的知識。此據小川琢治1910年複製本，見《學びの世界──中國文化と日本》（京都：京都大學綜合博物館，2002），頁5-6。

29　據專家的研究，馬王堆帛書地圖的主圖部分描述的是湖南瀟水中上游，比例約為十萬分之一，相當精確。參看譚其驤，《兩千一百多年前的一幅地圖》，載《馬王堆漢墓研究》（長沙：湖南人民出版社，1979）。

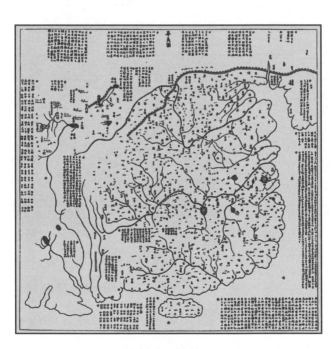

華夷圖墨線摹本

利瑪竇的世界地圖給中國思想世界帶來了一個隱性的、巨大的危機。

佛教有兩個關於空間的觀念，和中國人是很不一樣的。

看來，中國可能是「四夷」。第四，應該接受「東海西海，心同理同」的想法，承認世界各種文明是平等的、共通的，而且真的有一些超越民族／國家／疆域的普遍主義真理。正是這些顛覆性的觀念，利瑪竇的世界地圖給中國思想世界帶來了一個隱性的、巨大的危機，因爲它如果徹底被接受，那麼，傳統中華帝國作爲天下中心，中國優於四夷，這些文化上的「預設」或者「基礎」，就將「天崩地裂」。

三、佛教地圖：另類世界的想像

需要追問的是，難道古代中國沒有另外的「天下觀念」嗎？應該說還是有的，那就是佛教的「世界觀」。關於佛教的歷史和影響，不是這篇小文可以討論清楚的，這裡要說的只是佛教的世界觀，佛教有兩個關於空間的觀念，和中國人是很不一樣的。

第一個是包括更廣的佛教的整體世界。按照佛教的說法，世界並不是以中國爲中心的一大塊，而是四大洲，中國只是在其中一洲。據佛經說，在須彌山的四周，圍繞著四大部洲，而中國在南瞻部洲，其他還有東勝身洲、西牛貨洲、北俱盧洲。據《長阿含經》、《樓炭經》、《法苑珠林》等說，日、月、星辰都圍繞於須彌山中，普照天下，四大洲各有二中洲與五百小洲，四大洲及八中洲都有人居住，二千小洲則或住人或不住人。其中北洲的果報最勝，樂多苦少，壽命千歲，但是，那裡不會出現佛陀這樣的偉大領袖；南洲的人民勇猛、強記，但是有業行，也能修梵行，所以會有佛出世；東洲的空間極廣大，而西洲則多牛、多羊、多珠玉，僅僅是

一洲上面，大國就有三十六，小國就有二千五百，而且「一一國中，種類若干，胡漢羌虜、蠻夷楚越，各隨方土，色類不同」[30]。請注意，這和中國的天下觀念就不同了，中國不是唯一的天下了，天下要比傳統的想像大得多，這倒是和以前鄒衍說的「大九州」有一點像，所以後來這種四洲、九州的說法，成了古代中國人接受新世界圖像的一個資源。

第二個是佛教的世界中心觀。由於佛教是從印度經過中亞或南亞傳來的，所以，一般來說，佛教徒或明或暗都會反對中國作為唯一中心的世界觀念，這道理很簡單，如果中國是唯一的，那麼印度佛教將如何自處？既然佛教來自天竺，真理出自印度，那麼，印度當然就是世界文明的中心。在南北朝的佛道儒論辯中，佛教曾經對世界有很多描述，也曾經論證過天下之中在印度[31]，可是，由於佛教在中國，漸漸便放棄了這一絕對的說法，改而說有印度和中國兩個文明中心，或者進一步說世界有多個並列的中心，其中很流行的一個說法就是四方還有四天子，4世紀末的《十二遊經》、6世紀的《經律異相》卷三、7世紀的《法苑珠林》卷四四中，都有這種說法，「東有晉天子，人民熾盛，南有天竺國天子，土地多名象，西有大秦國天子，土地饒金銀璧玉，西北有月支天子，土地多好馬」，而7世紀玄奘的《西域記》的序文、道宣的《釋迦方志》、《續高僧

30　參看《法苑珠林》卷二《界量部第五》，《大正新修大藏經》五十三卷，頁280-281。

31　僧祐，《世界紀目錄序》，載《出三藏紀集》卷一二，《大正新修大藏經》第五五卷，頁88。按：僧祐，《世界記》五卷已佚，其目錄幸好保留在僧祐自己的《出三藏記集》卷十中，主要是來自《長阿含經》和《樓炭經》，第一卷講三千大千世界、諸海、大小劫、大海須彌日月、四天下、四種姓，是佛教世界觀的重要資料。

《南贍部洲圖》中，中國僅僅在東部一角

儘管後來佛教中國化了，變成了三教合一，甚至屈服於中國主流意識形態與儒家學說，但是，它曾經使中國文明天下唯一的觀念，受到了前所未有的衝擊。

傳・玄奘傳》中，也有南瞻部洲四主的說法[32]。無論如何，這幅世界圖像就和傳統中國只是圍繞中國這個「天下」的不一樣了。以前正如《詩經》所說，溥天之下，莫非王土，率土之濱，莫非王臣，或者像《孟子》所說，天無二日，國無二主，但是，如果接受佛教的說法，觀念中的世界將會大大不同了。

儘管後來佛教中國化了，變成了三教合一，甚至屈服於中國主流意識形態與儒家學說，但是，它曾經使中國文明天下唯一的觀念，受到了前所未有的衝擊。在佛教傳來的時候，一些中國人不能不承認「華夏文明不是唯一」，「天下不是中國正中」，這本是一個重新認識世界的機會，然而這一契機並沒有成為現實，佛教堅持的世界觀念，只是留存在他們自己的著作之中。我們目前看到的，在古代中國唯一不以中國為天下正中的地圖，一是《佛祖統紀》中的三幅圖，在宋代以前，這是極罕見的多元世界觀，它的《東震旦地理圖》、《漢西域諸國圖》、《西土五印之圖》構造了同時擁有三個中心的世界[33]。二是包括了印度、中國、西域在內的《佛教法界安立圖》。應當說，佛教關於須彌山、四大部洲以及兼容中印的南瞻部洲的地理空間觀念，在近代以後，也曾經給中國、日本、朝鮮提供了改變世界觀的潛在資源。比如在日本和朝鮮，人們就一方面接受西洋新的地理知識，一方面回憶佛教的世界觀念，因此用了佛教須彌山的

32　參看伯希和，〈四天子說〉，原載1923年《通報》，馮承鈞譯，載《西域南海史地考證譯叢》（北京：商務印書館，重印本，1995），第一卷第三編，頁84-103；烈維(S.Levi)，《大藏方等部之西域佛教史料》，中文馮承鈞譯，載《西域南海史地考證譯叢》，第二卷第九編，頁160-234。

33　志磐，《佛祖統紀》，卷三二，《大正新修大藏經》卷四九，頁312-314。

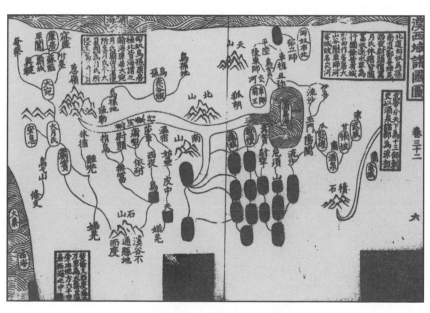

《佛祖統紀》之《漢西域諸國圖》

舊聞加上西洋五洲的新知，畫了新的世界地圖，像神戶博物館藏1709年日本製作的《南瞻部洲萬國圖》，漢城所藏1775年朝鮮製作的《輿地全圖》，就是把西方知識和佛教想像混在一起的。在這裡，世界不再只是一個中國中心，對日本和朝鮮人來說，這下子就確立了東洋(中國)對西洋(歐洲)以及自身(日本或朝鮮)的萬國圖像。

不過我得說明，這種衝擊並沒有從根本上動搖中國人的世界觀，佛教中國化了以後，中國佛教就很少再提這一話題了。在中國，佛教觀念的籠罩和影響，遠遠沒有在日本大，它還是屈服在儒家意識形態下面的，所有的一切都要先經過儒家的和官方的尺子量一量，所以，關於世界的想像，還是要再過幾百年，直到已經充分世界化了的16世紀，西洋人來到中國，這種情況才有了改變。就是前面我們說的，直到利瑪竇的《山海輿地圖》(萬曆十二年，1584)在廣東問世，中國人才真正開始看到了「世界」，在思想上出現了「天崩地裂」的預兆。

四、內諸夏而外諸夷：以明代海防地圖爲例

關於地圖的方向，我曾經有一次深刻的經驗。有一次，一個朋友拿著一張繪製了某個海岸線的地圖給我辨認，這個地圖沒有地名、城市、交通等等容易辨認的東西，光是地形，我實在不能看出它是什麼地方的海岸。但是當朋友把地圖旋轉90度的時候，我發現它就是我特別熟悉的中國東海沿岸，這只不過是一張上東下西、左北右南的地圖。這件事情並沒有特別的意義，它只是說明，人的感覺常常是有先入之見的，而且這

寧波船主汪晴川圖（東北大學藏）

種先入之見相當深，甚至成爲認知的習慣。不過，如果我們知道，古代的地圖曾經是上南下北，那麼我們就應當追問，究竟爲什麼人們要把它改成以及什麼時候改成下南上北的？如果說這一問題不易有結論，那麼我們再看，當人們已經習慣了上北下南地繪製地圖以後，明代關於海防的地圖爲什麼又改變習慣而變成上東下西或上南下北？

我們知道，海防對於中國來說，本來並不是大問題，但是到了明清，卻變得很重要很重要，因爲這個時代，外患主要是從海上來，無論是倭寇還是洋人都要從海上來，所以，有人說，這是一個「海防時代」，所有的軍事重心都在沿海，所以，在明代有很多關於海防的地圖繪製出來。比如嘉靖三十五年(1556)胡宗憲的《籌海圖編》和萬曆十九年(1591)李化龍序刻的《全海圖注》，以及稍後的謝傑《虔台倭纂》卷上的《萬里海圖》[34]。可是注意看，很有趣也是很特別的，就是這些關於海防的地圖，往往並不按照習慣的北上南下，而是大多數都把中國大陸繪在下方，而把可能入侵的日本以及大海等放在上方，變成上東下西或者上南下北，而且在中國沿岸畫上了警戒的旌旗標誌和密密麻麻的烽堠營寨，看上去方向總是一致向外，這裡面究竟是什麼道理？

曾經幫助胡宗憲編過《籌海圖編》的鄭若曾在《鄭開陽雜著》卷八《圖式辨》中的一段話相當有意思，他說：

34　《籌海圖編》有嘉靖四十一年(1562)刻本，《全海圖注》有北京圖書館藏明萬曆十九年(1591)李化龍序刻本，《萬里海圖》見謝氏《虔臺倭纂》卷上，玄覽堂叢書續集影印明萬曆刊本。

有圖畫家原有二種，有海上而地下者，有地上而海下者，其是非莫辨。若曾以義斷之，中國在內，近也，四裔在外，遠也，古今畫法皆以遠景為上，近景為下，外境為上，內境為下，內上外下，萬古不易之大分也，必當以我身立於中國而經略夫外裔，則可，若置海於下，則先立於海中，自列於外裔矣，倒視中國，可乎？[35]

值得注意的是，這裡的關鍵是「內」、「外」、「上」、「下」，與「中國」、「四裔」的分別，稍通古書的人都知道，古代中國通常要分內、外即所謂「華」、「夷」，這在宋代以後成為特別敏感的話題，古代中國人對於自我和他者有很清楚的也是很嚴格的觀念，「華」是「內」，「夷」是「外」。這是古代經典中的一個重要觀念，稍通經學知識的人就知道《公羊傳》在古代中國最重要的意義，就是講「內其國而外諸夏，內諸夏而外四夷」，古代中國的「夏」就是「雅」，就是文明，就是我們，就是「內」，而夷狄就是「蠻」，就是不文明，就是「外」，這裡有嚴格的親疏遠近的差異，所以就要「分」。

其實，到了明代，中國繪製地圖從最早的南上北下，早已經調整為北上南下，之前宋元兩代繪製者都已經習慣了這種方向。鄭若曾也承認，北上南下乃是通則，他也看到了通常地圖不嫌北狄在上的事實，從理論上說，北狄也是「外」，甚至鄭若曾也可以接受「天地定向，以北為上，以南為下」的說法，就是在他的其他著作中，繪製普通地圖也同樣遵循北

35　《鄭開陽雜著》（上海：上海古籍出版社，影印文淵閣四庫全書本），卷八，頁8A-B。

鄭若曾，《萬里海防圖》第二幅（廣東）

上南下的規則，比如《籌海圖編》中凡普通的行政區地圖都是按照上北下南的規則。但是，一旦涉及到國家與民族，一旦國家與民族遇到外敵，他一定要堅持這種「內外有別」的畫法，像《鄭開陽雜著》卷四的那幅東海圖，就是把日本放在上方正中，而把明帝國放在下方，不僅在海洋上注明「倭寇至直、浙、山東諸路」和「倭寇至朝鮮、遼東之路」，而且在下方陸地一一注明倭寇入侵的路徑[36]，而他所參與編纂的《籌海圖編》中凡普通的行政區地圖是按照上北下南的規則，但海防圖則是按照海上地下的原則來畫的，以同為描述福州的卷四《福州府境圖》的上北下南和卷一《海防圖·福建七》的上東下西對照，以同為描述廣州的卷三《廣東沿海總圖》的陸上海下和卷一《海防圖·廣七》的海上陸下對照，就可以明白這個道理[37]。

　　這不是一個單純的繪製地圖的方向，在當時人心目中，「內」、「外」、「上」、「下」是一個關係到民族、國家的認同和排斥，確立自我和他者的問題。順便說明的是，這不僅是古代中國的習慣，1930年，日本軍方繪製了《中國沿海圖》，繪製的日本人也同樣不管東西南北的地圖慣例，在地圖裡面，把自己隱沒在地圖的下方，而把韓國和台灣放在下面的兩側，彷彿兩只巨鉗對著上方的被縮小了的中國，在這地圖的方向的象徵裡面，我們可以看一看，是不是也有一種敵視的對立姿態？

36　《鄭開陽雜著》卷四，頁4A。

37　參看王庸，《明代海防圖籍錄》，收入王庸，《中國地理圖籍叢考》（上海：商務印書館，1947，1956），頁92-122。

五、大「公」無「私」：從明代方志地圖看當時人的公私觀念

有一段時間讀明代方志，有時候也看一看地方志所附的地圖，看了以後感受很深，覺得這些地圖背後有三個觀念值得討論。

第一個是這些地圖繪製者「目中無人」，這裡的「人」指的是民眾的私人生活空間。據歷史學家說，在古代中國，城市大多是州府縣鎮的治所，是政治和軍事中心，不像近代以來的城鎮，很多是商業或消費的地方。不過，古代城市儘管以政治爲中心，但城市總不能只有府廨官邸，而沒有民居市集，畢竟「民」多於「官」。梁庚堯曾經討論南宋的城市，他說，福州州治加上閩、侯官兩縣的官員不過八百多人，台州的州、縣兩級官員只有五十多人，加上胥吏，也只有四百而已，可見城市裡面大多數還是平民[38]。這麼多人的居住，這麼多人的吃、喝、玩、樂，必須有民居、商鋪、市集，加上歌樓、酒肆、瓦子、書籍鋪，像宋代的平江、興元府有勾欄，湖州州城、慶元府城有瓦子[39]，而元代鎮江雖然「比年以來，差調煩重，歲事不登，逃亡消乏，戶數減少」，但是《至順鎮江志》中仍然記載有「隅七」、「坊二十八」、「市五」、「街七」、「巷八十二」[40]。可見城市裡面畢竟還是民眾的生活空間大。

38　梁庚堯，《南宋城市的社會結構》（上），《大陸雜誌》（台北：1990），八十一卷四期，頁2。

39　比如王謇，《宋平江城坊考》（南京：江蘇古籍出版社，1999），卷一中有「勾欄巷」、「跨街樓」等等，就是娛樂、風化場所，頁16-17。

40　[元]俞希魯，《至順鎮江志》（南京：江蘇古籍出版社，1999），卷二，頁13-16。

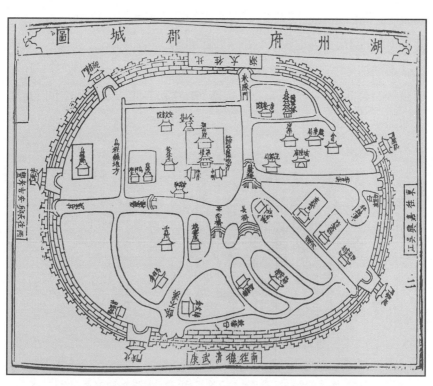

明萬曆栗祁等編,《湖州府志》之湖州城圖

不過，奇怪的是有關城鎮的方志地圖並不能幫助我們對當時城市空間的想像。通常，在我們的知識中，地圖應當按照實際空間比例繪製，地面上占的空間多少，地圖上就有相應的大小。可是，明代各種方志卷首雖然有不少關於城市的府縣圖，反覆看去卻發現現代的常識和古代的地圖圓枘方鑿，明代方志地圖上，在凸凹相間的那一圈城牆之內的——這些地圖通常都是以仿真畫法的城牆把城區標誌出來的——只是若干政治與宗教的公共建築，卻沒有多少集市、街坊和其他私人生活空間。在這些地圖裡，最醒目也是常常在城市中心的，是府縣官署衙門的所在，這是政治權力的象徵[41]。

其實，在宋代並不全是這樣的，「自大街及坊巷，大小鋪席，連門俱是，即無虛空之屋」[42]，看看《夢粱錄》、《都城紀勝》、《武林舊事》就知道，那時的城市生活不是這樣冷冰冰的了無生氣，倒像《清明上河圖》裡畫的那般熱鬧。不止是都城，各地的城鎮都一樣，人們熟悉的宋代《平江圖》碑刻，畢竟還是大體按照比例繪製，街巷城坊還是一一被標誌出來的，而在《(淳熙)嚴州圖經》的「建德府」一圖裡面我們也看到，除了一些被隆重

41　如在《(嘉靖)撫州府圖》中，凸顯的就是撫州府、臨川縣的所在，以及左邊的按察司、兵備道，加上右邊的府學，而《(嘉靖)惟揚志》的《今揚州府並所屬州縣總圖》中，民物繁庶的揚州城也只畫了揚州府、江都縣、察院的官邸，《(嘉靖)嘉興府圖記》裡的《秀水縣境圖》，從名字上說雖然是縣境，但圖中卻只有布政、千戶所、按察司、府學等等公家場所，而《(正德)大同府志》的地圖，則更醒目地標誌著「代王府」、「山西行都司」和「帥府」。它們被顯著地標誌出來，透露著繪製圖志的人心目中，政治、法律和權力，它們有多麼重要。

42　吳自牧，《夢粱錄》(濟南：山東友誼出版社，2001)，卷十三，頁178。

標識的官衙之外，多少還留下了民居的位置[43]，大約有十來個坊，雖然在巨大的官府公廨的壓榨下，坊巷市集已經變得微不足道，可是，就算是這樣，還勉強能夠指引人們想像古代城市的空間分配，而《咸淳臨安志》裡的《臨安圖》，更在西邊並不很大的大內之外，大體按照空間比例畫出了當時臨安的民間生活空間，讓人一看上去，還知道這是一個民宅多於官府，生活大於政治的活生生的城市。可是，在明代地方志的城市地圖裡面，這種畫法卻很少見[44]，對於民眾生活的空間，也有些有意無意的忽略。

第二個是以陰間官配陽間官。除了政治建築之外，在明代方志地圖上被隆重標誌出來的還有一些宗教性建築，這指的是合法宗教的寺廟和被認可的祭祀場所，不包括不經批准的「淫祠淫祀」。這些宗教性建築常常被顯著地標識在方志的地圖上，顯而易見，這些祭祀供奉神靈的場所，在當時的官員和士紳，以及編寫方志的士人眼中，和公廨衙府一樣，也可以算是「公共」的「空間」。於是，在明代方志圖上，幾乎每一個城的城隍廟都被清楚地畫出來[45]，當然，每幅地圖上也都有各地著名的大寺觀，像撫州的天寧寺和寶應寺、大同的善化寺和太寧觀等等。

不過城隍還是最顯著，據歷史學者的研究，城隍的極端重要性是在明代凸顯起來的，在奠定明朝規矩的洪武年間，明太祖朱元璋先是把城

43　像東面的福善坊、建安坊，中間的政惠坊、親仁坊、輯睦坊和甘棠坊，西面的肅民坊、和興坊等等，見(宋)陳公亮，《嚴州圖經》(叢書集成影印本)，3165冊，頁4-5。

44　我所看到的，有沈朝宣編，《(嘉靖)仁和縣志》的卷一，還有坊隅街巷牌坊市鎮的內容，卷二記載有橋樑方面的內容，但這可能只是繼承宋代杭州(臨安)地志的餘風，通常明代方志地圖，很少標誌民眾日常生活的空間。《(嘉靖)仁和縣志》，見《四庫存目叢書》(濟南：齊魯書社，影印本)，史部194冊。

45　於鳳喈、鄔衡，《(正德)嘉興志補》卷首，《四庫存目叢書》，史部185冊，頁221。

隍封王，後來認爲城隍應當和地方長官一樣，於是撤了王號，但又覺得需要他幫忙管理百姓，又詔天下州縣立城隍廟，「其置高廣各視官署廳堂，其幾案皆同，置神主於座。舊廟可用者修改爲之」[46]，這使城隍廟和官府對應起來，陽間的城隍神成了冥界的地方官。地方官既然叫作「父母官」，又叫「州牧」，好像是代行父母管教職能的牧羊人，那麼，城隍也當然要受到隆重祭祀，所以明代的李賢在《河間新建城隍廟記》裡面，曾經先把城隍和社稷對舉，說「社稷所以養民，城隍所以衛民」，在他看來，城隍保衛全境人衆，彷彿州郡長官管理全境百姓[47]，而且地方長官就得好好地祭祀城隍，才好「與神合德」，一管陰間一管陽間。古人常常說，「遇上等人說性理，遇下等人說因果」，神道設教和官府治民是差不多的。說起來，古代中國不僅是「王霸道雜之」，而且是「陰陽官雜之」，這很有效，古人說過，「人或有不畏法律者，而未有不畏鬼神者也」。於是，在一般的觀念世界中，地方官和城隍神就分別成爲陽間和陰間的管理者，而表現在方志圖經上就是，城隍廟和陽間的官衙門一樣，分庭抗禮各自占據了重要的位置。

第三個特點，是對官方教育和養育職能的凸顯。前面說陰間與陽間兩者不可或缺，只是問題的一半，對於陽間官府來說，還有教育和養育並重的問題，古代官家不比現代政府，它是全知全能的，所以號稱「父母官」。官員稱作「父母」而百姓喚作「子民」，把政治想像成家庭，這樣官

46　《明太祖實錄》（台北：中研院歷史語言研究所，影印本），卷五三。

47　明郜相、樊深編，《（嘉靖）河間府志》卷九《典禮志》引，《四庫存目叢書》，史部192 冊，頁517-518。

員的權力大，但職責也多。

在地圖上可以看到這種政府的全能性質。明代地方志的圖經中，除了府縣官廨、宗教寺廟之外，特意標出的，有一類很特殊的建築，這就是官府爲備饑荒而建的倉庫，像撫州府圖上，就標出了「義民倉」、「布政司賑濟倉」、「永豐倉」。而《（萬曆）湖州府志》則特意標出了烏程倉，《（正德）嘉興志補》中也在城牆裡面屈指可數的七個建築標誌中，安排了一個「倉」。我們看何喬遠的《閩書》，在記載從福州府、泉州府等地的重要建置時，總是在官署衙門之後，就記載各種倉庫，像閩縣有預備倉三、常平倉一，侯官有預備倉五、常平倉一，而古田在預備倉和常平倉外，更有際留倉、福清倉等等名目[48]。把這些倉庫標誌在地圖上，是宋代方志圖經早已有之的做法。自從漢代首創常平倉，隋代出現義倉，到南宋朱熹建立社倉，古代中國用於糧食調劑的三倉已經相當完備，梁庚堯《南宋的社倉》說，南宋的士人官員對於設立倉庫特別重視，連朱熹都出來提倡建設，一方面當然是爲了現實考慮，不能讓饑荒導致社會不安和動蕩，一方面也是理學家們的社會理想，前兩種倉庫主要在城市，社倉在農村，這樣可以稍稍調劑饑飽不均[49]。大概可以證明，從宋代以來，這一類應付災難的設施，已經成了地方政府的一個重要職能。

不過，除了設倉濟饑，承擔養育之外，在古代中國的地方政府和官員，似乎還特別講究教育，「移風易俗」好像總是儒生出身的官員的責

48　《閩書》（福州：福建人民出版社，1994），卷三十二，第一冊，頁800-805。

49　梁庚堯，〈南宋的社倉〉，載《史學評論》（台北：華世出版社，1982），四期，頁1-33。

任，因此在地方志上還有一類建築在地圖中占了不少位置，這就是府學、縣學和書院。其實，當時並不止是官辦的學校，從宋代起，民辦的地方學校已經很多，《都城紀勝》「三教外地」條就說到，「其餘鄉校、家塾、舍館、書會，每一里巷須一二所，弦誦之聲，往往相聞」。不過畫方志地圖的人眼睛裡面盯著的，卻還是這些官方的設施，儘管孟子當年也說民為重，社稷次之，君為輕，但是畢竟自古以來中國都是「官」比「民」重。因此，各地官方建立的教育機關，在地圖上被給予了僅次於官署府廨的空間位置，大多方志圖經中都不會忘記它們的存在，像前面說到的《嘉興府圖記》中的《秀水縣境圖》裡面，除了千戶所、按察司這些官衙之外，單獨標出的就是府學，而在《(萬曆)湖州府志》中，不僅有府學、有歸安縣的縣學，還有著名的安定書院，那是胡安定的遺風所在[50]。

　　在方志地圖上特意標誌出來的這兩類建築，象徵了古代到現代，中國政治權力的用力所在。有了「物質食糧」，百姓心中不慌，秩序當然就安定；有了「精神食糧」，知識人有做進身之夢和發發大議論的場所，也有在那兒討論絕對真理的空間，士居四民之首，有了進得去的學校和望得見的官署，大概也不再會意馬心猿、惹是生非。

50　《(萬曆)湖州府志》卷一，四庫存目叢書史部第191冊，第8頁。這種政治智慧源遠流長，即使是在滿族當家的清代，這一漢族政治的傳統依然延續，清代方志地圖也還是這樣，像1831年修《薊州志》的卷首地圖，除了官方公廨官署外，城市中間一字排開的，就是書院、天寶觀、公輸廟、學署、文廟，周圍一一標誌出來的，就是關帝廟、城隍廟、觀音庵、般若庵、真武廟等等，此圖藏於哈佛燕京圖書館，轉採自 *The History of Cartography*, Vol. 2, Book. 2: *Cartography in the Traditional East and Southeast Asian Societies*（Edited by J.B.Harley and David Woodward, The University of Chicago Press, 1994）。

羅蘭・巴特(Roland Barthes)曾經說過,西方城市的中心「常常是滿滿的,一個顯眼的地方,文明社會的價值觀念在這裡聚合和凝聚:精神性(教堂)、力量(官署)、金錢(銀行)、商品(百貨公司)、語言(古希臘式的大集市:咖啡廳和供人散步的場地)」,而在日本東京,他卻看到一個空的中心,而正是這個空的中心,「隱藏著那個神聖的『空無』」,「以它那種中心的空洞性來支持整個城市的運動」,他在城市空間設計中看到了它的意識形態象徵性[51]。同樣,在明代方志圖經中重點凸顯的是官府衙門(政治權力)、宗教寺廟(宗教權力)、學宮官倉(文化與經濟權力),也一樣呈現著古代中國的意識形態,沒有了坊巷,沒有了市集,沒有了娛樂場所,這透露著繪製者視界中彷彿目中無「人」,繪製地方志圖的人彷彿都那麼大「公」無「私」,沒有民眾的生活,沒有私人的空間,它就彷彿在說,如果把方志地圖當作一個思想史的隱喻,那麼,它暗示的也許是,這個時代「國家」越來越顯得專制,「公」全面壓倒了「私」,甚至取消了「私」,在府廨、寺廟、學宮、官倉等等政府設施的背景中,日常生活和私人空間在這些士大夫所繪製的地圖裡,已經全面消退,似乎越來越沒有重要性了。

六、小結

索雅(Edward Soja)曾經說到,地理學應有三個維度,第一個是

51　羅蘭・巴特(Roland Barthes),《孫乃修中譯本,符號禪意東洋風》(香港:商務印書館,1992),頁45-48。

很多歷史記憶，不僅是寫在文獻中的，也是儲存在圖像裡的。很多思想觀念，也不一定只是直接用文字表達，有時候它也支配著圖像的繪製。既然繪製圖像包括地圖的人，都有自己的想法，這些想法會影響它對方位、比例、位置和色彩的選擇，那麼，在不同圖像或地圖上，就一定殘留著不同的思想觀念。

歷史性（historicity），第二個是空間性（spatiality），第三個是社會性（sociality）[52]。就是說地理學包括地圖的繪製，都要考慮歷史影響下的空間觀念、空間觀察的位置和立場、社會語境的影響。我覺得，閱讀地圖似乎也是如此，在一份地圖的不同空間描述上，可以看到繪製者本身的文化史，我們可以看到繪圖者區別「自我」和「他者」的立場，可以看到繪製者心中的「世界」，以及關於這個世界的「觀念」，還可以看到各種各樣沒有明說的政治意圖和各種觀念，尤其是在對同一個世界的不同描述的地圖中，更可以看到各種階層和民族的觀念差異。這正像一句名言所說的，「每一個人都擁有一個不同於他人的世界」。

回到一開始的問題，在本文開頭我說，「怎樣才能從地圖中看出思想史，或者說，古輿圖如何作為思想史的資料？」這是一個研究方法的問題。地圖在思想史中的使用，其實並不應當有問題。很多歷史記憶，不僅是寫在文獻中的，也是儲存在圖像裡的。很多思想觀念，也不一定只是直接用文字表達，有時候它也支配著圖像的繪製。既然繪製圖像包括地圖的人，都有自己的想法，這些想法會影響它對方位、比例、位置和色彩的選擇，那麼，在不同圖像或地圖上，就一定殘留著不同的思想觀念。所以，對思想史的研究者來說，在掃描和追尋歷史上的思想觀念的時候，圖像和文字的功能並沒有太大的差別，我在一篇舊文中

52　Edward Soja, *Postmodern Geographies：The Reassertion of Space in Critical Social Theory*, London, Verso, 1989. 參見王志弘，〈後現代的空間思考——愛德華・索雅思想評介〉，載《流動、空間與社會》（台北：田園城市文化事業有限公司，1998），頁17-33。

曾經說過,「問題只是在於:我們怎樣透過地圖詮釋出古人的所思所想,怎樣把無言的圖像轉化爲有言的歷史」[53]。

---

53 〈古地圖與思想史〉,載《二十一世紀》(香港:香港中文大學,2000年10月),總第六十一期。

謎一樣的古地圖

　　日本的神宮佛寺很幽靜，不像中國道觀佛寺那樣遊人如織，樹蔭濃密得似乎隔斷了塵世喧鬧，也襯托出一種謎一樣的深不可測。這些深深的神宮寺院裡，也不知道為什麼，常常會藏了些稀罕的古物，時不時拿出三件兩件，便讓歷史生出幾許波瀾。我猜測是兩個原因，一是因為日本人神佛敬畏比中國人厲害。在中國，政治重於宗教，政治戰爭一來，就顧不上泥塑木雕的神佛，不光是「煙橫古道人行少，月墮荒村鬼哭哀」，道觀佛寺也難得幸免，史書裡少不了用「玉石俱焚」、「雞犬不留」這樣的成語；可是，日本的神宮佛寺常常延續千年，像奈良的東大寺、招提寺等等，就至今依稀唐貌。一是日本人愛惜東西的傳統比中國更甚，他們不像中國這樣家大業大滿不在乎，一把火就可以把阿房宮燒個三天三夜，他們把自家的東西和外來的東西，一件又一件地小心翼翼地藏起來，看宮崎市定《謎の七支刀》，就驚訝於《日本書紀》裡面記載的一千六七百年前百濟國王贈與倭王的那一柄七支刀，還能從石上神宮的庫房裡重新發現[54]，中土佚失已久的王羲之《喪亂帖》，居然也藏在日

---

[54]　原為1983年出版的「中公新書」之一種，後收入《宮崎市定全集》（東京：岩波書店，1993），第21《日本古代》。

本皇宮裡面，在千餘載後，重新借給上海博物館展覽，讓中國人開了眼界。老話說「禮失求諸野」，現在想想，古代中國文物丟了，或許也可以求諸東鄰。難怪宋代歐陽修就心情複雜，這樣說日本的收藏，「徐福行時書未焚，逸書百篇今尚存。令嚴不許傳中國，舉世無人識古文。先王大典藏夷貊，蒼波浩蕩無通津。」[55]

下面要說的《混一疆理歷代國都之圖》，便是原本深藏在日本京都西本願寺，後來歸了西本願寺創辦的龍谷大學圖書館的，一幅充滿了謎團的古地圖。

一、令人驚異的《混一疆理歷代國都之圖》

這幅古地圖裡面有什麼奧秘，讓我們今天不能不鄭重面對？

也許，人們還記得前幾年一位英國退休船長，也是業餘歷史愛好者的孟席斯(Gavin Meizies)，他的一本書《1421：中國發現世界》(*1421：The Year China Discovered the World*)曾經惹起的一場風波[56]。據他說，是中國的鄭和而不是歐洲的哥倫布、麥哲倫發現了世界，這個來自西方口惠而實不至的說法，也許滿足了國人久已欠缺的自信和自尊，所以很多國人都相當激動。記得那一年我在香港參加一個討論會，鳳凰衛視的一個主持人聽了會上一些不同於孟席斯的看法，居然指責學者說，「你們誰能

55　歐陽修，《日本刀歌》，《歐陽修全集》，卷五四，頁767。

56　孟席斯(Gavin Meizies)，《1421：中國發現世界》(*1421: The Year China Discovered the World*，中文本，台北：遠流出版公司，2003)。

像他那樣滿世界去找資料？」孟席斯船長滿世界找資料？這滿世界找的資料之一，就是這幅《混一疆理歷代國都之圖》呀。因為他要證明中國人到了美洲，可中國人到美洲就得繞過非洲好望角，而這幅繪於鄭和下西洋之前的《混一疆理歷代國都之圖》，恰好畫了下垂的阿拉伯半島和倒錐形的非洲，倒錐形的頂端就是非洲最南端的好望角，所以這幅古地圖成了他的重要證據之一。據他說，有一種難以證實的傳說，這幅古地圖曾經被一個叫作孔蒂(Conti)的義大利威尼斯商人帶回歐洲，因此才有了後來的「大航海時代」，有了哥倫布和麥哲倫……

孟席斯的是非曲直不必在這裡敘說。其實，這幅地圖不是他的發現。一位日本歷史地理學家，那個膝下有著中國歷史學家貝塚茂樹、諾貝爾物理學獎獲得者湯川秀樹、中國文學語言學家小川環樹三個優秀兒子的京都大學教授小川琢治，在20世紀初的1910年，就已經發現這幅地圖，並且摹寫和解說過它，一百年前摹寫的地圖，至今保存在京都大學[57]。孟席斯說鄭和發現世界，這幅地圖並沒有給他提供太多的證據，但是這幅古地圖本身，倒是真的讓人尋思，因為這裡有一連串的疑問。葡萄牙人迪亞士(Bartolomeu Dias，約1450-1500)是1488年才繞過好望角(Cape of Good Hope，當時曾命名為風暴角Cabo Tormentoso，後來才改為喜望峰C.de Boa Esperanza)的，達伽馬(Da Gama,Vasco，約1460-1524)要遲到1497年才繞過好望角到達印度，據說，在1508年版托

---

[57] 我曾經請京都大學教授平田昌司向研究者杉山正明教授詢問過，據說此摹本至今由京都大學地理研究所保管。

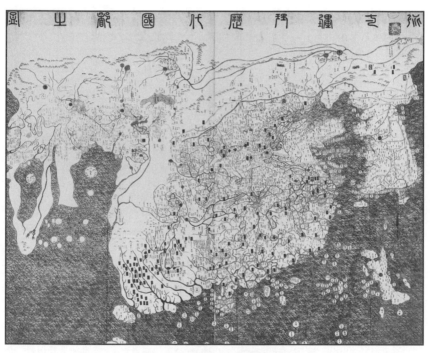

《混一疆理歷代國都之圖》

勒密《地理學》之前，歐洲人還沒有完整的非洲地圖[58]。那麼，在鄭和之前當然也是在迪亞士、哥倫布之前，是什麼人有這樣的地理知識，知道從未有過記錄的好望角，從而讓中國人繪出了非洲大陸的倒錐形狀？是誰一一標誌出了東起日本、經朝鮮、中國和中亞到阿拉伯半島的各個地名，這是蒙古時代大一統的世界圖像嗎？它真的被威尼斯商人帶到歐洲，並對歐洲人的大航海發生過影響嗎[59]？最近，我讀到一部全面研究這幅地圖的書[60]，彷彿學術史百年前後必有遺響和回聲一樣，研究者和百年前的小川琢治都來自日本京都大學，這個叫宮紀子的年輕女學者的著作，對這幅地圖作了迄今為止最細緻的研究。不過，疑問仍然還在，這部題為《蒙古帝國所出之世界圖》的新書，精緻的腰封上面還是寫著一句話，「世界最古的非洲──歐亞地圖，為什麼遺留在日本？」

真是謎一樣的古地圖。

二、蒙元時代的世界新知識

58　參看前引 Phillip Allen 著，薛詩綺、張介眉譯，《古地圖集精選：透視地圖藝術與世界觀的發展》。

59　此地圖描繪的「世界」，東起朝鮮和日本列島，東南繪出了麻逸（今菲律賓的呂宋島）、三嶼（今菲律賓的巴拉旺島）等島嶼，西南繪有渤泥（婆羅乃）、三佛（今蘇門答臘島）、馬八兒（今印度的馬拉巴爾），正西繪出了倒錐形的非洲大陸及阿拉伯半島，北面已繪到大澤（今貝加爾湖），幾乎包括了歐亞非三大洲。

60　宮紀子，《モンゴル帝國が生んだ世界圖》（東京：日本經濟新聞出版社，2007）；在此前，也有高橋正對於這幅地圖的研究，見〈混一疆理歷代國都之圖再考〉與〈混一疆理歷代國都之圖續考〉等，發表於《龍谷史壇》（京都：龍谷大學，1966），第56、57號合刊號及《龍谷大學論集》（京都：龍谷大學，1973），第400、401合刊號。

　　這幅明建文帝四年(1402)畫於絲織物上的地圖，長150公分、寬163公分，古色古香，至今仍然藏在京都龍谷大學的附屬圖書館中。據地圖下方李朝朝鮮初期官員權近的跋文[61]，我們知道，原來那時有一個叫金士衡的朝鮮左政丞和一個叫李茂的朝鮮右政丞，看到了中國的吳門李澤民的《聲教廣被圖》和僧人清浚的《混一疆理圖》，前一種地圖對中國之外記載得頗詳備，後一種地圖不光注明了當時的地名，還標誌出了「歷代國都」，但是，他們還是覺得「好則好矣，了則未了」。為什麼？因為這兩種地圖都對朝鮮缺略太多，日本又畫得不詳細，於是，他們命令一個官員李薈「更加詳校，合為一圖。其遼水以東，及本國(朝鮮)之圖，澤民之圖亦多缺略，今特增廣本國地圖，而附以日本，勒成新圖」，這個「新圖」就是今天我們看到的這幅《混一疆理歷代國都之圖》。難怪除了地圖中央是龐大的中國之外，右面就是被畫得過分龐大的朝鮮，在朝鮮中央的圓形城郭符號上，大書了「朝鮮」二字，把朝鮮想像得這麼大，正是因為重新繪製者來自朝鮮的緣故。

　　自我中心主義是哪個民族都免不了的，把自個兒放在中心去想像周邊，並不只是中國人的習慣，自我誇張和自我放大也常常是凸顯自信和自豪的策略，甚至無意識中也會如此。這我們不必管他，要緊的是一個知識史上的問題，要考察這一地圖的基本知識源自何處。畫《聲教廣被圖》的「吳門李澤民」是誰？宮紀子的書裡沒有詳細考證，但是她說，從嘉靖

61　這份跋文亦見於權近，《陽村先生集》卷二二，文字大體無差異，但是題作《歷代帝王混一疆理圖志》，見《韓國文集叢刊》(首爾：民族文化推進會影印本)，第七冊。

三十四年(1555)羅洪先所編《廣輿圖》中可以知道,《廣輿圖》曾經參考過蒙古時代的兩幅圖,一幅是朱思本的《輿地圖》,另一幅就是李澤民的《輿地圖》,從地圖中的浙江沿岸還有「慶元」二字等等迹象可以看出,它是在蒙元時代繪製的,因爲元末朱元璋稱吳王時,便已經把蒙元時代的慶元改爲「明州府」,而到了洪武十四年(1381),這個地方又改稱「寧波府」了[62]。另一個畫《混一疆理圖》的僧人清浚卻比較好辦,他生於元泰定五年(1328),死於明洪武二十五年(1392),在宋濂《天淵禪師浚公還四明序》、南石文秀《增集續傳燈錄》(永樂十五年成書,1417)等等文獻中,可以知道他是台州黃岩人,俗姓李,別號隨庵,三十歲前後,曾經在寧波的阿育王寺佛照祖庵待過五年,畫了《廣輿疆理圖》,那時還是元朝末年。一個叫作葉盛(1420-1474)的人,在他的《水東日記》裡面記載了《廣輿疆理圖》的一幅摹本[63],摹本作者嚴節的跋文裡說,這就是清浚在元至正庚子年(1360)畫的。他的地圖,一是用的蒙元時代的地名,二是有「中界方格」就是經緯線,大概一格是百里,南北九十格,東西略少一些,「廣袤萬餘」,三是對家鄉就是他生活的慶元(寧波)、台州一帶,標誌得格外詳細。

　　因爲這個緣故,後來照著李澤民和清浚兩幅地圖再繪製的《混一疆理歷代國都之圖》,也照樣沿用了蒙元時代的地名舊稱,宮紀子在書中舉出不少例子,比如南京附近的「集慶路」、洞庭湖附近的「中興路」、「天

62　《元史》卷六二《地理五》「慶元路,唐為鄞州,又為明州,又為餘姚郡。宋升慶元府,元至正十三年置宣慰司,十四年改為慶元路總管府」,頁1496。

63　葉盛,《水東日記》(北京:中華書局,1980),卷一七。

臨路」，北京附近的「奉聖州」、「宣德府」等等，她判斷大約這些地名都是1329年到1338年使用的一些地名，也就是說，這幅《混一疆理歷代國都之圖》依據的原本《聲教廣被圖》和《混一疆理圖》，呈現的是蒙元時代的制度和知識。當然，古地圖不像今天的新地圖那樣，注意地名的時間一致性，在知識史上常常會有以當下為中心，把古今中外彙聚在一起，不管三七二十一同時呈現的趨向。由於採用了天台僧人清浚詳記歷代國都的地圖，這幅圖中，時而屬有古代歷史的地理知識，像這幅地圖中的「堯都」、「舜都」、「商都」、「秦都」等已經消失的歷史地名，時而也屬有民族潛藏的歷史記憶，像這幅地圖裡面會特意標誌出「大金都」、「女真南京」，宮紀子說，這是作為肅慎後人的地圖製作者對於同出一源的女真族表示特別的敬意[64]，因為用了李澤民的《聲教廣被圖》，就不免誇張地把周邊廣袤的空間統統畫上，不管它是否真的屬於「大元一統」。當然，也因為重新繪製的時候已經入了明代，就會把現實中已經知道的新地名寫進去，於是，就有了明朝建文時代的「皇都」（南京）和「燕都」（北京）。不過，儘管有「皇都」和「燕都」，學界還是趨向於認定，這幅地圖反映的是蒙元時代的知識。

確實是蒙元人的知識。這幅《混一疆理歷代國都之圖》在朝鮮被繪製出來的1402年，朱元璋才死不久，持續了三年的「靖難之役」剛剛落下帷幕。沒有籠罩天下的力量時，中國人顧不上遙遠的非洲，也沒有派人

64　據《金史》卷一《世紀》說，「金（女真）之先，出自靺鞨氏。靺鞨本號勿吉。勿吉，古肅慎地也」，其中靺鞨曾經「附於高麗」，曾經幫助高麗與唐王朝打仗，頁1。

下西洋，這些知識當然都是照抄蒙元人的。據說李澤民《聲教廣被圖》非常詳備地記載了「內自中國，外薄四海，不知其幾千萬里」的地理，那是「廣域遠邁漢唐」的蒙元人的闊大氣象。問題是，正如宮紀子所追問的，既然它是元代人的知識，那麼，在歐洲人之前，亞洲人怎麼會先知道有關非洲的地形？為什麼蒙元時代能夠畫出這樣的亞非歐洲地圖？這件事情真是說不明白。儘管在歐洲早期的T.O形地圖中，也有過把亞洲、非洲、歐洲畫成三葉形的世界，不過，那畢竟只是想像。儘管也有人提出宋代趙汝適的《諸蕃志》和元代汪大淵的《島夷志略》來證明中國人早就對非洲有了解，但是，就算有了關於非洲的見聞錄和旅行記，也不等於可以繪出一大洲的地形圖。

可是，在《混一疆理歷代國都之圖》中，不僅阿拉伯半島畫得相對準確，也畫出了大體的非洲。那個過分誇大的湖泊，是不是今天說的「大湖」？右邊那條末端有兩個分叉、貫穿南北流入紅海的河，應該是尼羅河（Nile River）吧？左邊從大西洋東西橫貫的河流，是尼日爾河（Niger River），還是剛果河（Congo River）呢？這真是太奇怪了，難怪有人會覺得這下子可打破了歐洲人發現世界也發現非洲的迷思（Myth）[65]。

65　不僅僅是對知識全球化歷史的認識，這種新發現也許還會引出意想不到的革命性結果。2002年，在南非國民議會的「千年專案地圖展」上，據說，曾經展出過這幅藏於日本的《混一疆理歷代國都之圖》和來自中國的《大明混一圖》的摹本，女議長費琳‧金瓦拉看了這幅地圖後，說了一句相當有「後殖民哲理」的話，她說，「這個展覽的目的是，讓我們不要被別人（殖民者）強加給我們去信服的東西所束縛」。每一次新知識的發現當然都是對舊常識的瓦解，女議長說得不錯，它能把他人強加給我們去信服的東西，從我們的習慣性思維中去除「常識」或者「熟悉」，從而解開觀念的束縛，這本是歷史學不斷發現新材料的意義所在，可是也恰好給了後殖民理論提供了一個例證。

三、是回回人的禮物嗎？

沒有直接的證據能夠說明這些地理知識的來源，這使它成為知識史上的難解之謎。不過，很多學者都傾向於相信，這和色目人中的回回人有關。

《元史‧地理志》裡面說漢隋唐宋「幅員之廣，咸不及元」，確實是真的，「若元，則起朔漠，並西域，平西夏，滅女真，臣高麗，定南詔，遂下江南，而天下為一，故其地北逾陰山，西極流沙，東盡遼左，南越海表」[66]。看過陳垣先生《元也里可溫教考》和《元西域人華化考》這兩部名著的人都知道[67]，在蒙古人席捲歐亞之後，國界似乎漸漸淡化，廣袤空間中人來人往，歐洲人到中國的，絕不只有馬可波羅，而中亞西亞的所謂西域人到中國的更多，他們一方面學到了中國的文化，陳垣曾列舉當時儒學、佛老、文學、美術、禮俗和女學諸領域的「外國專家」，一方面又帶來了阿拉伯的文化，那些長著滿臉絡腮鬍子，雙眼碧藍，鼻子高聳的「色目人」，不僅僅會變戲法，還有很多漢族中國人不會的「奇技淫巧」，像會造火炮的阿老瓦丁和亦思馬因，像會造塔塑像的阿尼哥等等[68]。通過絲綢之路東來的外國人，比起漢唐來不知多了多少倍，而延祐元年弛海

66　《元史》卷五八《地理一》，頁1345。

67　《中國現代學術經典‧陳垣卷》（石家莊：河北教育出版社，1996），頁51-187；參看楊志玖，〈元代西域人的華化與儒學〉，原載《中國文化研究集刊》（上海：復旦大學出版社，1987），第四輯。後收入其《陋室文存》（北京：中華書局，2002）。

68　《元史》卷二〇三《方技》，頁4544-4545。

我們也許對那個時代的「全球化」估計太低，其實，很多異域知識的傳播和影響，在中國已經相當深刻和廣泛，正如柳詒徵說的，蒙元時代的文化「兼蓋中國、印度、大食及歐洲四種性質」。

禁之後，乘船到達泉州、廣州、寧波三個市舶司來做生意的阿拉伯商人，也已經不再是少數僥幸海上逃生的探險者，在各種進口時髦商品之外，他們可能帶來了很多新知識。

我們也許對那個時代的「全球化」估計太低，其實，很多異域知識的傳播和影響，在中國已經相當深刻和廣泛，正如柳詒徵說的，蒙元時代的文化「兼蓋中國、印度、大食及歐洲四種性質」[69]。有一個例子，我始終覺得應當一提再提，這就是《元史》裡面提到的那個西域人札馬魯丁（又寫作札馬剌丁，Jamaal-Din），他不僅在元世祖至元四年（1267）進獻了萬年曆[70]，而且還給皇帝製造了各種各樣的「西域儀象」[71]。其中一個儀器叫作「苦來亦阿兒子」的，竟然是一個地球儀（有人說，「苦來亦阿兒子」就是阿拉伯語Kurahaiz的波斯讀法Kura-iarz，「苦來」意為「球，蒼穹」，「亦」是標誌屬格，「阿兒子」意為「陸地，土地或國家」）[72]：

> 其制以木為圓球，七分為水，其色綠，三分為土地，其色白，畫江河湖海，脈絡貫穿其中，畫作小方井，以計幅員之廣袤，道里之遠近。

這裡說的「圓球」，不懂得地球為圓形的人會知道嗎？所謂「七水三

69　柳詒徵，《中國文化史》（上海：東方出版中心，重印本，1996），下冊，第二十一章，頁544。

70　《元史》卷五二《曆一》，頁1120。

71　《元史》卷四八《天文》，頁999。

72　織田武雄，《地圖の歷史（世界篇）》（東京：講談社，1994）中指出，在歐洲中世紀普遍否定球體說的時代，是伊斯蘭地理學繼承了古希臘的地球球體說，製造著地球儀，頁83。

地」，如果不對整個地球的大海和陸地有充分了解，能夠說出來嗎？用「小方井」給地球畫了格子，就應當是經緯線吧？如果能夠計算「道里之遠近」，那麼，對於遙遠的異域，會有什麼樣的知識呢？特別是，就是這個札馬魯丁，在至元二十三年(1286)主持了《大元一統志》的編纂，那個時候，為了「表皇元疆理無外之大」，朝廷曾經讓大臣招聘一批「鴻生碩士，立局置屬總其事」，當時還「大集萬方圖志」，所以，他給皇帝的建議中說，現在，漢族地區的地圖已經有四、五十冊了，可是現在皇元的地盤太大了，「如今日頭出來處，日頭沒處都是咱每(們)的，有的圖子有也者，那遠的他每(們)怎生般理會的？回回圖子我根底有，都總做一個圖子呵」[73]。可見，他的任務就是要繪製一個包括蒙古時代一統世界的總圖，而他本來就有回回的地圖，現在又有了漢族人的地圖，還在蒐集各種「遠的」地圖，從現存資料看，他還曾經要求朝廷征召「蠻子漢兒秀才」如陳儼、虞應龍、蕭維斗等等，一起編類地理圖書。那麼，《聲教廣被圖》和《混一疆理圖》的異域知識，是否就來自這裡呢[74]？

不必等到義大利人利瑪竇來，這些隨著蒙古人進入漢族中國的西域人，便已經把關於世界的知識傳進來了，只是漢族中國人，可能還不懂它的意義罷了。但是，就算中國人不懂，難道不可以照貓畫虎麼？

73　王士點、商企翁編，《秘書監志》(杭州：浙江古籍出版社，1992)，卷四，頁72、74。此書點校本，承黃時鑒教授提示並寄贈，特此致謝。

74　參看馬建春，〈元代東傳回回地理學考述〉，載《回族研究》(北京：2002)，第1期，頁14-18。

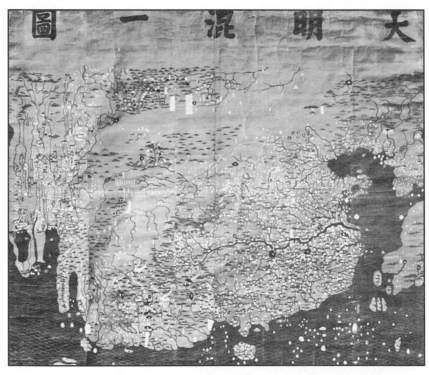

《大明混一圖》

四、超越疆域的知識史視野

好多年來，人們都以爲龍谷大學所藏的這幅《混一疆理歷代國都之圖》是獨一無二的，「孤證不立」的原則讓人們對這種異常知識史現象將信將疑。然而，1988年，日本舊島原藩松平氏的菩提寺即長崎的本光寺，又發現了一幅同樣有權近跋文的《混一疆理歷代國都之圖》，這回的地圖長220公分，寬280公分，比龍谷本還要大，是用很厚的紙繪製的。據宮紀子研究，它和龍谷本出自一源，卻略有不同，可能比龍谷本要晚一些，因爲它已經根據16世紀的資料，補充了一些朝鮮和日本的地名。這已經太叫人吃驚了，然而發現還在繼續，這些年裡，日本學者又陸續在熊本的本妙寺、天理的天理大學附屬圖書館發現了同樣左有非洲、阿拉伯半島，右有巨大的朝鮮和日本的《大明國地圖》[75]。而中國也在最近幾年，在第一歷史檔案館發現了《大明混一圖》，這幅更大的地圖上也畫了非洲和阿拉伯半島，只是這個地圖左邊的非洲和右邊的朝鮮，都比上面幾幅地圖小了一些，而日本列島卻變得大了許多[76]。

爲什麼這幅朝鮮人畫的地圖會收藏在日本，是倭國侵入朝鮮後掠走，由豐臣秀吉賜與西本願寺的，還是通過通信使的往來，由朝鮮官員攜到日本的？或者是近代西本願寺的大谷光瑞從朝鮮半島買回來的？

75　均參看宮紀子，《モンゴル帝國が生んだ世界圖》（東京：日本經濟新聞出版社，2007）。

76　關於《大明混一圖》，可以參看前引《中國古代地圖集（明代）》的圖版1，以及同書後附汪前進、胡啟松、劉若芳，《絹本彩繪大明混一圖研究》，頁51-55。

我們不得而知,只是覺得有趣的是,這幅地圖的知識真是太「全球化」了,先是融入了可能來自阿拉伯的世界地理知識,他們給人們介紹了只有他們才熟悉的阿拉伯半島和非洲大陸,接著變成了漢族中國人繪製的地圖,把中國想像在世界中央,並變得無邊浩大,然後在朝鮮人手中重新繪製並改造,朝鮮也在地圖中被放大了好幾倍,再接著卻又流傳到了日本,悄悄地藏在深深的神宮佛寺之中,直到20世紀才重見天日,引發了學界的驚訝和震撼。知識的傳播和輻射,常常超越國境,尤其是在國境線不像現代國家那樣需要護照和簽證的古代,因此知識的發明,難以像專利局頒布證書一樣,把它歸於哪一國哪一家。據說,韓國人對這幅不存其本國的地圖相當自豪,2004年他們宣布發行《韓國古地圖》郵票四枚,其中之一就是這幅《混一疆理歷代國都之圖》,他們覺得,這是他們的先人對於世界的新知識的證據。可是,中國學界並不認為《混一疆理歷代國都之圖》,是朝鮮對於世界的知識發明,只承認這是朝鮮為世界保存了一個全球知識史的重要材料,並暗地裡希望這是中國人的地理發明。可我並不認為這是漢族中國固有的知識,畢竟在那個時代,中國人仍然相信華夏之外沒有那麼廣袤的四裔,孟席斯的話雖然中聽,卻未必可靠。

不是中國人發現好望角,希望不會挫傷中國的自尊,我們有理由自豪,畢竟中國古地圖記載了那個遙遠的非洲。儘管它保存在日本,但是知識卻並非日本的,只是要感謝日本人的收藏嗜好和習慣,也要感謝他們重新發現這幅地圖,這讓人類的知識史得以重新書寫。在這一個古地圖中,我們看到知識史的相互微妙關聯,真好像是「冰島的一陣風,吹皺

了地中海的波浪，地中海的微微波浪掀動著爪哇的暖流，而暖流卻鼓起到琉球的風帆」。

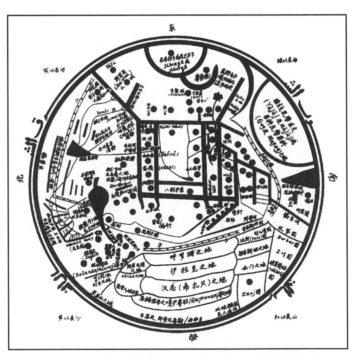

喀什噶里，《突厥語詞彙》中的圓形世界地圖（1070年代）

第二編

交錯的亞洲、東亞與中國

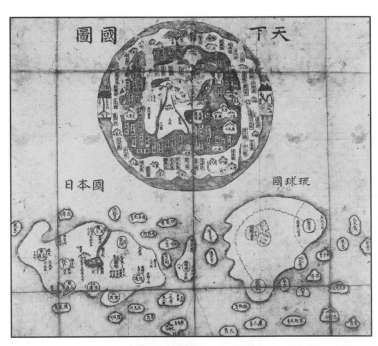

《天下國圖》（18世紀）

第四章
西方與東方，或者是東方與東方
—— 清代中葉朝鮮與日本對中國的觀感

一、誰是「東方」，何謂「中華」？17世紀中葉後漸行漸遠的中日韓三國

　　自從晚清以來，中國學界習慣了以「中國」與「西方」(中西)或者「東方」與「西方」(東西)進行比較，深究下來，這種總是以西方為中國背景的研究方法，其實和晚清的「中體西用」或者「西體中用」的觀念一脈相承，因此在文化交流或比較史上，人們的注意力始終是落在整體的「東方」或者「中國」，以及作為對照系的「西方」(歐美)之間，人們動輒想到的就是「東方」與「西方」。這當然不奇怪，因為中國人從來就習慣了「中國」等於「東方」，中國的他者就是「西方」，好像這個「東方」的內部，似乎總是具有文化的同一性，而沒有多少文化的差異性似的，即使說到文化交流，也主要是討論中華文化「光被四表」、「廣傳四裔」的歷史。不過，這顯然是不適當的，至少在明清是不適當的，如果我們仔細看明清史，我們可以看到這個所謂「東方」，在17世紀中葉以後，在文化上已經

明清時期，日本、朝鮮和中國，從文化上「本是一家」到「互不相識」的過程，恰恰很深刻地反映著所謂「東方」，也就是原本在華夏文化基礎上東亞的認同的最終崩潰，這種漸行的互不相識，體現著「東方」看似同一文明內部的巨大分裂。

不是一個「中華」，在政治上已然是一個「國際」，而在經濟上，「朝貢體制」雖然還維持著，但是日本、朝鮮與中國實際上已是「貿易關係」，東方(其實是東亞)內部原有的同一性基礎已經瓦解，而彼此之間的文化認同更已經全盤崩潰，正是這種崩潰，使得各自面對西方的時候，便有了後來歷史的巨大差異。

　　三個國家之間的文化認同，是一個相當大的話題，在這裡不能細說，這裡只是想通過清朝中葉(朝鮮李朝中期、日本江戶時代)的一些異域資料，從一個側面討論這個「東方」內部的彼此觀感與相互敵意。我注意到，歐美學術界也罷，中國學術界也罷，對於歐洲人到中國來的旅行記格外重視，這當然是因為這體現了兩個不同文明的對望與審視，在彼此的差異中可以相互發現並發現自己。以歐美著作為例，比如已經譯成中文的史景遷《大汗之國》、柯能《人類的主人》、魏而思《1688》等等[1]，大都集中在「西方」對「東方」的觀察上，所用的資料也大多是涉及「東方」與「西方」的部分，但是，我在這裡要特別說明的是，這種西方對東方的觀察，畢竟只是「異」對「異」，西方與東方是本來不相識者的迎頭遭遇，所以，乍一撞見，常常引發的是詫異、好奇和想像。然而，文化上本來「同」卻漸行漸「異」的東亞諸國之間的互相觀察，與這種東方與

1　史景遷(Jonathan D.Spence)，《大汗之國：西方眼中的中國》(*The Chan's Great Continent：China in Western Minds*)(阮叔梅中譯本，台北：臺灣商務印書館，2000)。柯能(Victor G. Kiernan)，《人類的主人：歐洲帝國時期對其他文化的態度》(*The Lords of Human Kind：European Attitudes to Other Culture in the Imperial Age*)(陳正國中譯本，台北：麥田出版，2001)；魏而思(John E.Wills)，《1688》(*1688: A Global History*)(宋偉航中譯本，台北：大塊文化，2001)。

西方的彼此對視相當不同,明清時期,日本、朝鮮和中國,從文化上「本是一家」到「互不相認」的過程,恰恰很深刻地反映著所謂「東方」,也就是原本在華夏文化基礎上東亞的認同的最終崩潰,這種漸漸的互不相認,體現著「東方」看似同一文明內部的巨大分裂。從明到清,東亞文化認同的這一巨大變化,在各種朝鮮人、日本人和中國人的相互筆談中可以很清楚地看出,這裡引述的乾隆嘉慶年間的幾部《燕行錄》和日本人關於漂流日本長崎以外的商船的筆談記錄就是很好的資料,它們透露著「東方」的瓦解。在這個本來是清帝國最興盛的時代,朝鮮到中國來的使者們卻看到了另一個已經不再「中華」了的帝國風景,於是不再認同這個原來仰視的宗主國。而從日本人與中國漂流商賈的筆談中,也可以看到日本人與清國人之間,彼此都有一些微妙的發自國族自尊的輕蔑和警惕。

二、明以後無中華:朝鮮人的觀感

旅行或者漂流,常常不僅是空間的移動,也是歷史的遷徙,而且是文化經驗的變化,人從一個世界到另一個世界,常常會有異樣的感覺和異樣的經驗,所以旅行記、筆談記錄常常是很好的思想史資料,人在異國的旅遊感觀,與他的國家認同和文化認同是很有關係的。通過「別國」來定位「我國」,就像找鏡子來反照自身,同時,對於「我國」文化的定位如何,也決定對「別國」即對於異國文化的評價。

清代乾隆到嘉慶年間,中國人對於外面的世界,大多還沉湎在兩千

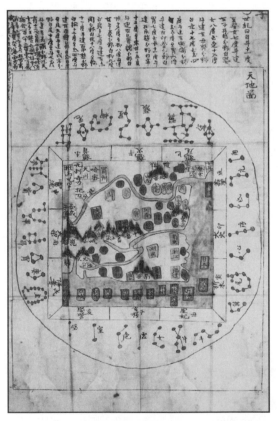

《天地圖》

年來以自我為中心的想像裡。但是這個時候的朝鮮人對中國的感覺卻不同了，儘管明朝覆亡已經百年以上，這些朝鮮人仍然流露對明帝國的依戀，和對無奈之下朝覲胡人皇帝的怨懟之意，他們把清帝國叫作「夷虜」，把清皇帝叫作「胡皇」。乾隆年間，一個叫作金鍾厚的人，給曾經出使清帝國的洪大容寫信，說「所思者在乎明朝後無中國耳，仆非責彼（指中國人）之不思明朝，而責其不思中國耳」。在他們心目中，中華原本是文明的意思，如果中華文明並不在清國，那麼，我「寧甘為東夷之賤，而不願為彼之貴也」[2]。這個時候的朝鮮人，早就不再視清帝國為「中華」了。所以，他們對漢族人那麼容易就歸順了滿清，感到很不理解。乾隆年間，出使北京的洪大容仍然坦率地告訴探問東國歷史的嚴誠和潘庭筠說，「我國於前明實有再造之恩，兄輩曾知之否？」當不明歷史的兩人再問時，他動情地說，「萬曆年間倭賊大入東國，八道糜爛，神宗皇帝動天下之兵，費天下之財，七年然後定，到今二百年，生民之樂利皆神皇之賜也。且末年流賊之變，未必不由此，故我國以為由我而亡，沒世哀慕至於今不已」，這種在清帝國治下的人看來是狂悖的話，在朝鮮使者嘴中說出，讓兩個清朝文人都無言以對[3]。朝鮮人從心底裡覺得，他們到清帝國來，不是來朝覲天子，而只是到燕都來出差，使者們的旅行記名稱，也大

2　《湛軒書》內集卷三附金鍾厚，〈直齋答書〉，又可參看同書中洪大容，〈又答直齋書〉。關於這方面的研究，建議參看山內弘一，〈洪大容の華夷觀について〉，載《朝鮮學報》（天理：日本天理時報社，1996），一百五十九輯；陳尚勝等著，《朝鮮王朝(1392-1910)對華觀的演變：〈朝天錄〉和〈燕行錄〉初探》（濟南：山東大學出版社，1999）。

3　洪大容，《乾淨筆譚》上，《湛軒燕記》卷五，《燕行錄選集》（首爾：成均館大學校，1961），上冊，頁388。

多由「朝天」改成了「燕行」，一直到乾隆、嘉慶年間，雖然離開大明的覆亡已經百餘年，但朝鮮關於「大明」的歷史記憶卻依然如此清晰[4]。

　　「明朝後無中國」[5]，但是朝鮮卻有「後明朝」或「小中華」。我們注意到的是，朝鮮人對於自己仍然堅持穿著明朝衣冠，特別感到自豪，也對清帝國人改易服色，順從了蠻夷衣冠相當蔑視。他們穿著能夠引起關於漢族歷史記憶的明朝衣冠，在心理上對滿清人就有一種居高臨下的感覺，在他們筆下，似乎漢族士人在他們面前，常常有一種自慚形穢，這使被迫朝貢的他們，在心理上得到補償。乾隆四十二年，李坤在《燕行紀事·聞見雜記》中說，「每與渠輩語，問其衣服之制，則漢人輒赧然有慚色」，為什麼？因為「問我人服色，或云此是中華之制」[6]。所以，朝鮮人覺得，清帝國的風俗已經不再純然「華夏」了，因為本來是儒家發明並很自以為正宗的禮儀，在中國的保存卻反不如朝鮮純粹，而正統儒家禮儀的破壞，以及朱子學風氣的崩壞，更讓他們存了一種不認同清國的心理，在看透了清帝國的這些民風與學風之後，從一開始就視滿清為蠻夷的朝鮮使者，就更存了對清國的輕蔑之心。

　　「旁觀者清」好像是一個普遍現象，當漢人可能還在「當局者迷」，沉湎在乾嘉盛世的時候，朝鮮人冷眼看去，已經發現了中華帝國的千瘡

4　關於清代朝鮮使者往來中國的情況，可以參看劉為，《清代中朝使者往來研究》（哈爾濱：黑龍江教育出版社，2002）後附的〈清朝與朝鮮往來使者編年〉，頁151-251。

5　「明朝後無中國」，是前引金鍾厚給洪大容信中的說法，他還說，朝鮮對於中國，「所貴乎中華者，為其居耶？為其世耶？」他強調，所謂「中國」只是文明的意思，與地理（居）和人種（世）無關，見前引洪大容，《湛軒書》內集卷三附金鍾厚，《直齋答書》及洪大容，《又答直齋書》。

6　李坤，《燕行紀事·聞見雜記》上，《燕行錄選集》下冊，頁644。

百孔。《朱子家禮》本來應當是天經地義的禮儀規範,現在在生活世界卻被佛教道教衝擊得搖搖欲墜。程朱理學本來應當是堅定的信仰,現在在學術領域卻成爲了表面的文飾。他們發現,這是因爲這個帝國的當權者對於原來屬於漢族文化正宗的思想學說,多少有著疑慮和畏懼,因此,一方面採取了占用真理制高點的方法,搶先接過朱子的學說以堵住漢族士人的嘴;另一方面,則採取箝制的高壓手段,以文字獄來威嚇讀書人。於是,他們把這種文化史的變遷歸咎於國家統治者的種族變化,他們相信,這一切是因爲帝國的主人不再是漢人而是胡人,所以,文化血脈已經不再純粹正統,而是已經徹底沒落。反過來,正如朝鮮人相當自信的,「今天下中華制度,獨存於我國」[7],朝鮮人再也沒有必要認爲,過去推崇的文化中華仍然在清帝國了[8]。

三、誰是中華文化血脈:日本人與漂流唐船船員的筆談

《燕行錄》是朝鮮使者到中國的政治旅行,而往長崎的唐船卻是中國人到日本的商業旅行,雖然身分有異,目標不同,但這種空間的移動,同樣彷彿在不同文化中的穿行。差不多也是在清代中葉,儘管鎖國日本

---

7 吳晗輯,《朝鮮李朝實錄中的中國史料》(北京:中華書局,1962),下編卷八,《英宗實錄》元年四月壬辰,頁4397。

8 宋榮培,〈韓國儒學近百年の概況〉一文中指出,由於捍衛朱子之學的正統性,朝鮮就不是夷狄之清,而是大中華的大明文化的繼承者,即成為「小中華」,而這種朝鮮特有的特殊「華夷論」的文化自信,成為當時的思潮或者是支配性的氛圍。日文譯本,李承律譯,載《中國─社會と文化》(東京大學,1999),第十四號,頁203。

與中國在政治和文化上交往漸稀，但法定開埠的長崎商船往來卻相當頻繁，《華夷變態》中就有很多對到長崎的中國人進行訊問的記錄，而負責訊問的日本官員，其實不只是在關心東來船隻中有無夾帶「天主教邪書」，更多的問題其實集中在中國政治和軍事的情報上。正如書中引林學士所說的，「韃虜掠華殆四十年，正史未見，則不詳真偽」，所以他們問的是中國現在是否太平，朝廷除宰相外有無人才、防日本何處爲要，古今共傳的要地在何處等等，從這裡可以看到日本人的心思[9]。另外，一些到長崎貿易的中國船隻，由於風浪的緣故，漂流到其他地方，在這些地方停泊時，也與派來交涉的日本文人常常有筆墨往來，留下了一些珍貴的文字資料，在這些資料中，我們看到當時中國人與日本人之間一種複雜微妙的關係。

通常罕見的異域人乍一到來，常常會引起此地人的好奇觀看，第一眼印象常常相當重要。和朝鮮人一樣，日本人對於清人穿著覺得十分詫異，因爲這與歷史記載中的華夏衣冠和他們想像中的中華人文有很大差異，他們仔細地詢問，並且費力地記錄，還用畫筆把他們的形象畫下來，不僅是獵奇，也借了這種外觀的描述，表達一種文化上的輕蔑。伊東龜年在《遊房筆語》中，曾經仔細記載清國船員們的髡頭辮髮和上衣下裳，以及船上不同身分人的衣服打扮，他們對清朝中國人的服飾很不以爲然，原因很簡單，因爲日本讀書人雖然對歷史上的中華文化有欽慕之意，但是，對現實清國的存在卻相當蔑視。據信夫清三郎說，因爲清朝的

9　《華夷變態》（東京：東方書店，東洋文庫叢刊第十五上，1981），頁22、41-45。

得泰船圖(神戶市立博物館藏版畫)

出現，喚起了日本人對當年元寇的回憶，所以打心眼裡對滿清有一種敵意[10]，因此在記載了服色之後，他不忘記添上一句，「大清太祖皇帝自韃靼統一華夏，帝中國而制胡服，蓋是矣」[11]。既然清人衣冠已經喪失了傳統，那麼，為了證明自己古代衣冠源自上古正宗，也為了說明古之中華文化在日本而不在中國，所以，他們不斷在漂流人那裡尋找證明。一個叫作關齡修的日本人，便拿了日本保存的深衣幅巾及東坡巾，告訴中國人說這是「我邦上古深衣之式，一以禮經為正。近世以來，或從司馬溫公、朱文公之說，乃是此物」，而且故意說，你們那裡一定也有吧？中國船員仔細看過後，只好尷尬地承認，這是「大明朝秀才之服式。今清朝衣冠俱已改制。前朝服式，既不敢留藏，是以我等見於演戲列朝服式耳。」

不僅是服色，在日本人看來，音樂也一樣有正、閏之分，他們追問中國船員，「朝廷樂曲可得而聞耶？」船員回答說，「細樂即唐時樂曲，但孔子祭即古樂」[12]。但是，日本人顯然和朝鮮人一樣，對清朝有先入之見，所以根本不相信，他們覺得中國現在被滿清統治，而滿清就是蠻夷，蠻

10　信夫清三郎，《日本近代政治史》（周啟乾中譯本，台北：桂冠圖書公司，1990），第一卷《西歐的衝擊與開國》，頁49。

11　「漂人良賤皆髡形，頂上圓，存髮少許，辮而結束，覆以小帽，形如此方小笠，若不戴帽者，編其髮，纏以下垂背後。良人概必戴帽，色皆緇，上施金，稍飾以絳線，足不著襪，而躡無跟絲履，豈草鞋歟？其服窄袖無袂，邪幅為袴，以穿圓領衣，制如本邦被襖，不設袪，長才至髀，而無裳。良賤不異制，但賤者皆用黑色木棉布，全身純色，徒跣不履，良人用素，綢袴同色，衣用黑綾，圓領下皆以珠玉金銀之紐扣，緘束兩襟，顧有官君子別必有制」。載大庭修編，《安永九年安房千倉漂著南京船元順號資料》，收入《江戶時代漂著唐船資料集》（大阪：關西大學東西學術研究所資料集刊，13-5，1990），第五種，頁29-30。

12　大庭修編，《寶曆三年八丈島漂著南京船資料》，收入《江戶時代漂著唐船資料集》（大阪：關西大學東西學術研究所資料集刊，13-1，1985），第一種，頁65。

夷奉行的文化，就一定不再是正宗的漢文化，所以本田四明就追問，清朝的廟堂音樂究竟與古先王之樂有什麼差異。儘管漢族船員余三光一直堅持說，「此刻祭祀與文王一般」，並引朱熹作證，說「朱紫陽乃是宋朝大賢，四書改注皆出此手，文王之樂可知也」，但是，本田四明卻說，「不待足下之教。《四書集注》，不佞初讀之，疑理學非孔子之意。已而廣涉諸家，未嘗知有謂古之樂猶存焉者矣。蓋貴邦今上，由賣（墳）典以新制清樂邪？」儘管余三光仍然堅持「今清亦讀孔孟之書，達周公之禮，新制未之有也」。但是本田四明還是直接了當地反駁說，「貴邦之俗，剃頭髮，衣冠異古，此何得謂周公之禮？而新制未有之。足下之言，似有徑庭，如何？」在這種義正辭嚴的話語面前，余三光只好以退爲進，勉強應答：「僕粗以見識，自幼出外爲商，其詩書禮樂無識矣，恕罪恕罪。」[13]

對清帝國的敵意，就在一些看似不經的傳聞和消息中不斷釋出。野田希一在與得泰船的劉聖孚聊天時，就故意問道，「貴邦太祖出何州？」劉聖孚遮掩地回答說，「出於江南。」但野田立即戳穿，「吾聞貴邦太祖，起於長白山下，不知此山在江南何州？」這話很厲害，如果皇帝不是出自漢族地區，而是出自關外，那麼怎麼可以說是漢族文化血脈？這話已經問得希望掩飾的漢族人劉聖孚不知如何回答，所以，一旁的船主楊啓堂只好給劉聖孚解圍說，「長兄先生博識，於吾邦書無不通。而今刻問及，故聖孚言然耳。此故在他人秘之，獨與我公說何妨。中夏爲外狄驅逐，故

13　松浦章編，《寬政元年土佐漂著安利船資料》（大阪：關西大學東西學術研究所資料集刊，13-3，1989），《江戶時代漂著唐船資料集》，第三種，頁351-352。

去髮四邊，亦自天運循環之道。」結果，卻招來野田的一通教訓，「天運循環，盛則衰，衰則盛，天下盛久矣，焉知無如皇覺寺僧出，而長四邊之髮哉？」[14]沒想到到此事情還沒有完，接下來野田又說了一個更驚人的傳聞，「我邦越前人，前年漂到滿韃奴兒干地方，觀門戶神畫源判官義經像云云，世或稱貴邦太祖爲源判官後，不知貴邦有傳之者乎？」同時在場的朱柳橋無可奈何下，只好勉強應對說，「以前觀日本書，我朝天子先世姓源，係日本人，今忘其書名。我邦或傳以康熙帝自言云，均不知其信。」連皇帝也成了日本人，在這種不可證實的傳聞中，似乎日本人相當得意[15]。因爲在日本人的心目中，漢唐中華已經消失，中國與四夷的位置已經顛倒。他們雖然承認中國是大國，日本是小國，但是當他面對漢族中國人時又專門強調「有土之德，不國之大小。衆叛則地削，桀紂是也；民和則天下一，湯武是也。敝國邃古神功皇後征三韓，光燭海外，至今千萬歲，一姓連綿，生民仰之，可不謂至治哉？此聊敝國之榮也」[16]。反過來，他們說，中國卻已經榮光失盡，正如述齋林學士所說的，因爲滿族人入主中原，所以「今也，先王禮文冠裳之風悉就掃蕩，辮髮腥膻之俗已極淪溺。

14　《得泰船筆語》，田中謙二、松浦章編，《文政九年遠州漂著得泰船資料》（大阪：關西大學東西學術研究所資料集刊，13-2，1986），第二種，頁108。

15　田中謙二整理本，《得泰船筆語》卷下（此段東洋文庫抄本缺──引者），見田中謙二、松浦章編，《文政九年遠州漂著得泰船資料》，頁512。

16　松浦章編，《寬政元年土佐漂著安利船資料》（大阪：關西大學東西學術研究所資料集刊，13-3，1989），第三種，頁357。按：德川曾自稱「源氏」，是新田義貞的子孫，新田氏是清和源氏的一支，而清和源氏是9世紀中葉清和天皇之子，這樣算起來，清代皇帝應當是日本貴族的分支後裔。

則彼土之風俗尚實之不可問也」[17]。

　　這種輕蔑的口吻當然會讓中國人很不舒服,中國人雖然落難在異邦,但是心裡仍然有一種習慣的大國意識,當本田說了這一番為日本張目的話之後,一個叫張譲弟的人就很不服,雖然不便直接反駁,卻想方設法迂迴地反唇相譏,他避開話頭,卻以長崎風俗為例說,「長崎通事,其【兄】亡過,將嫂收為妾」[18]。同樣在道光六年(1826),一個叫野田的人故意捅清人忌諱處,說呂留良很偉大,「晚村之不臣於貴朝者,是余所以最信晚村」。在被逼無奈下,朱柳橋也只好以攻為守,轉而說「苗俗有跳月之風,任人自為配偶,今日本男婦,亦多野合者,國法不禁」,似有反唇相譏的意思[19]。

　　畢竟在他人屋檐下,中國人的這種反擊似乎只是偶爾一現,倒是日本人的自我意識,在筆談記錄中處處顯現,就連山水風光的議論,有時也成了另一種「競爭」。日本人簡堂詢問說:「芙嶽秀絕,孰與貴邦大台山?」中國船主楊嗣元說:「芙山較天台山一色,但天台山能使人上去遊

17　仲村盡忠,《唐船漂著雜記》中引述《清俗記聞》語,藪田貫編,《寬政十二年遠州漂著唐船萬勝號資料》,《江戶時代漂著唐船資料集》(大阪:關西大學東西學術研究所資料集刊,13-6,1997),第六種,頁223。

18　本田四明只好立即反駁,說「異哉,事也。日本通國非然矣。憶只崎陽,西方之絕域,常接貴邦之俗,頗化貴邦之風,彼亦聞貴邦侄娣繼室,其心謂彼猶此,此猶彼,終至其不義乎?凡日本之俗,侄娣之勝,猶且不為矣,況收嫂為妾乎」。松浦章編,《寬政元年土佐漂著安利船資料》,頁357。

19　不過,野田立即反擊說,「桑間濮上,葩經之所詠。唐山三代之上,不能無跳月之風,況有江湖日下之勢乎?我邦跳月之風,一洗掃地。且也我邦野合者,是禽獸也。吾翁老眼朦朧,錯認禽獸為人耳。」落難在日本的朱氏不能反擊,只好說:「野田君推揚貴邦,小視我土,俱屬浮誇不經之言,餘不折服。」見《得泰船筆語》,田中謙二、松浦章編,《文政九年遠州漂著得泰船資料》,頁101。

狩野畫南京船船主程、董

玩。」但是，簡堂卻顯然把比較當成了比賽，於是，便追問「(天台山)三夏戴雪麼？」當楊氏回答「無雪，因地氣暖之故」時，他就得意地補充，「果然不及芙嶽也，若其絕高，假在南海【終】(中)【年】戴雪矣」，這種無端自負頓時使得楊「默然無語」。如果說，原來處在朝貢體制中心，作為宗主國的中國人還並沒有特別強烈的國族意識的話，那麼，原來處在朝貢體制邊緣的朝鮮和日本人，國族意識就已經很濃厚了，不僅是在話語中彼此角力，就在互相的了解中也一樣相互提防。雖然漂流到日本的中國船員並不介意日本人借閱中國的曆書，探問中國的知識和政治，但是，當中國船員打聽日本情況的時候，他們卻相當警惕，楊啓堂向野田氏借閱日本地圖，他就說，這「是吾邦大禁，不許外人看」[20]；當他們向野田打聽日本通天文地理的人時，他又說「天師府中之事，不與外人道，恐泄天機」[21]。

　　這時的日本和中國，彼此都有警惕和敵意。

四、分道揚鑣：17世紀以後的東亞還有認同嗎？

　　在相互的對望中，可以看到彼此難以自我發現的死角，更可以看到彼此不同的眼光和立場，朝鮮使者的清國行記、漂流船員在日本的筆

---

[20]　田中謙二整理本，《得泰船筆語》卷下，田中謙二、松浦章編，《文政九年遠州漂著得泰船資料》，頁507。

[21]　田中謙二整理本，《得泰船筆語》卷下，田中謙二、松浦章編，《文政九年遠州漂著得泰船資料》，頁512。

談正可作如是觀。《燕行錄》中體現朝鮮人對明代的認同與對滿清的蔑視,一方面讓我們看到當時朝鮮人的政治服從、經濟朝貢與文化認同之間的分裂,一方面又使當時中國人看到朝鮮人之後,不由有故國黍離之思,刺激了漢族歷史回憶。這是一個歷史的大題目,同時,日本也漸漸呈現了「要建立其獨自的國際秩序」的意圖,從山鹿素行到本居宣長都在不斷地強調日本為中央之國的思想[22]。因此,在豐臣秀吉發動壬辰之役(1592)以後的日本、明亡(1644)以後的朝鮮,大體已經放棄了對清帝國的認同姿態,東亞諸國對於滿清帝國的這種看法轉變,究竟如何影響了當時的國際形勢和後來的歷史和思想?

近來,很多學者包括日本、韓國以及中國的學者都好談「亞洲」這個話題,有時候,「東亞」作為一個和「歐洲」或者「西方」對應的文化共同體,似乎也成了一個不言而喻的存在。可是,如果說這個「東亞」真的存在,恐怕只是17世紀中葉以前的事情。在明中葉以前,朝鮮、日本對於中華,確實還有認同甚至仰慕的意思,漢晉唐宋文化,畢竟還真的曾經讓朝鮮與日本感到心悅誠服,而很長時間以來,中國也就在這種眾星拱月中洋洋得意。

但是,這一切從17世紀以後開始變化。

先是日本,自從豐臣秀吉一方面在1587年發布驅逐天主教教士令,宣布日本為「神國」,一方面在1592年出兵朝鮮,不再顧及明帝國的勢力,其實日本已經不以中國為尊了。不僅豐臣秀吉試圖建立一個以北京

22　參看信夫清三郎,《日本近代政治史》,第一卷第一章〈鎖國〉,頁49以下。

爲中心的大帝國，就是在學了很多中國知識的德川時代的學者那裡，對於「華夏」和「夷狄」，似乎也不那麼按照地理學上的空間來劃分了，從中世紀佛教「天竺、震旦、本朝（日本）」衍生出來的三國鼎立觀念，到了這個時候漸漸滋生出一種分庭抗禮的意識，到了清朝取代明朝以後，他們更接過古代中國的「華夷」觀念[23]，使日本形成了神道日本對儒家中國，真正中華文化對「蠻夷」清國的觀念[24]。延寶二年(1674)，明清剛剛易代，林羅山之子林恕爲《華夷變態》作序的時候就說了，「崇禎登天，弘光陷虜，唐、魯才保南隅，而韃虜橫行中原，是華變於夷之態也」，這時的日本已經視中國爲韃虜[25]。接著是朝鮮，毫無疑問，在明帝國的時代，朝鮮對於「天朝」也有疑竇與戒心[26]，但是，清人入主中國，從根本上改變了朝鮮人對這個勉強維持的文化共同體的認同與忠誠。所以，李坤痛心疾首地申斥道：「大抵元氏雖入帝中國，天下猶未剃髮，今則四海之內，皆

23　比如林羅山就認爲，朝鮮是應該向日本進貢的國家。1672年林鵝峰的《華夷變態》、1669年山鹿素行的《中朝事實》也都已經開始強調，應當把「本朝」當作「中國」，這是「天地自然之勢，神神相生，聖皇連綿」。到了本居宣長等人提倡「國學」，更是確立了平分秋色的國與國的對峙立場，甚至是凌駕於中國之上的觀念。參看黑住真，〈日本思想とその研究──中國認識をめぐって〉，載《中國─社會と文化》（東京：東京大學，1996），第十一號，頁9。

24　日本的山鹿素行(1622-1685)在《謫居童問》中，曾經說到日本的禮用人物自與聖人之道相合，所以應當將日本稱爲本朝，把清帝國稱爲「異朝」，這種思想被後來學者稱爲「日本型華夷思想」，見桂島宣弘，《思想史の十九世紀：他者としての德川日本》（東京：ぺりかん社，1999），第八章，頁198。

25　《華夷變態》卷首，頁1。

26　正如今西龍在《箕子朝鮮傳說考》中說到的，朝鮮人對於自己的國家有兩種相反的思想，一是受到中華文化之教養而仰慕中國，甘心成爲其藩屬，另一是潛藏在民族性格內部的自尊思想，這兩種相反的思想同一地呈現在箕子信仰之中，見其《朝鮮古史の研究》（東京：國書刊行會，1970），頁146。

是胡服，百年陸沈，中華文物蕩然無餘，先王法服，今盡爲戲子軍玩笑之
具，隨意改易，皇明古制日遠而日亡，將不得復見。」[27]

　　對於東面鄰邦的戒懼和警惕，雖然自明代中葉的倭亂和明代後期的
朝鮮壬辰之變以後，中國也曾有過，像明代萬曆年間的周孔教就說，豐
臣秀吉入侵朝鮮，與明帝國分庭抗禮，已經說明「我朝二百餘年以來無
敵國，有敵國自今日始，此豈可以歲月結局乎？」他倒是看到了日本的威
脅，要求明帝國早作預備，「萬一事出意外，禍從中起，可爲寒心」[28]。但
是好像大多數中國人還是沒有這種意識，一直到清代中葉的滿族統治
者仍然如此。可是，這只是一廂情願，很顯然，17世紀中葉以後的東亞三
國已經分道揚鑣了，即使在號稱盛世的乾嘉年間也仍然如此。儘管清帝
國的人們還在期待「萬國來朝」，但是實際上東亞三國的觀念世界中，
哪裡還會有什麼「東亞」、「中華」（或相當於現代所謂「東亞」的地域認
同）。那個在漢唐宋時代可能曾經是文化共同體的「東亞」，已經漸漸崩
潰，而現在一些人期盼的新文化共同體「東方」，恐怕還遠遠沒有建立。

27　《燕行紀事・聞見雜記上》，《燕行錄選集》，下冊，頁644。

28　周孔教，〈妖書惑眾懇乞蚤過亂萌固根本疏〉，《周中丞疏稿・西臺疏稿》，卷一，見
　　《四庫存目叢書》（濟南：齊魯書社影印明刻本），史部64冊，頁126。

第五章

想像的和實際的：誰認同「亞洲」？

—— 關於晚清至民初日本與中國的「亞洲主義」言說

2001年10月間，我在日本參加一個討論會的時候，東京大學的黑住真教授送給我一份關於日本的亞洲主義的論著目錄；回到北京不久，東京大學的末木文美士教授又寄來一冊他與中島隆博先生合編的《非‧西歐の視角》，這本書中收錄他的一篇論文〈連帶，還是侵略——大川周明與日本的亞洲主義〉[1]，這使我重新對「亞洲主義」這個詞語產生了興趣[2]。自從20世紀60年代，日本學者竹內好等人開始集中討論「日本的亞洲主義」以後，陸陸續續有不少學者對此進行了研究。進入90年代以來，似乎新的一輪討論又在日本開始。根據手邊的資料舉一些例子，追溯亞洲主義與日本主義之間關係的如1997年小路田泰直的《日本史的思想：亞洲主義與日本主義的衝突》，直接討論這一問題的像1996年古屋哲夫編的《近代日本的亞洲認識》，間接用這種視角來思考歷史的如1992年

1　末木文美士，〈「連帶」か「侵略」か——大川周明と日本のアジア主義〉，載末木文美士、中島隆博編，《非‧西歐の視座》（東京：大明堂，2001），頁150-172。

2　關於亞洲主義的概念，請參考野原四郎，《大アジア主義》，載《アジア歷史事典》（東京：平凡社，第七版，1971），第六卷，頁6-7。

荒野泰典等合編的《亞洲中的日本史》[3]，特別是在當代中國也相當有影響的日本學者溝口雄三、濱下武志、平石直昭和宮島博史所編的叢書《從亞洲出發思考》，更是再一次在90年代引起了這個話題[4]。

　　把「亞洲」不僅作為一個地理上的區域，而且作為歷史文化思想有聯繫性的空間，希望從這一背景出發思考過去的歷史和未來的前景，似乎無可非議，我也曾經在一次會議論文中，以近代佛教為例指出，研究近代中國思想史的時候，應當注意到日本、韓國和中國是互為背景與資源的[5]。但是，什麼時候它卻成了「亞洲」而且是「共同體」？儘管我們承認，日本、韓國、中國的一些學者重提「亞洲」，在某種意義上說，有超越各自的民族國家的政治邊界，重新建構一個想像的政治空間，對內消解「國家中心」，向外抵抗「西方霸權」的意義，但是從歷史上看，亞洲何以能夠成為，或者什麼時候成為過一個可以互相認同、有共同歷史淵源、擁有共同的「他者」的文化、知識和歷史甚至是政治共同體？且不說亞洲的西部和中部現在大體信仰伊斯蘭教的國家和民族，也不說文化和歷史上與東亞相當有差異的南亞諸國，就是在所謂東亞，即中國、朝鮮和日本，何時、何人曾經認同這樣一個共同空間？

3　小路田泰直，《日本史の思想：アジア主義と日本主義の相克》（東京：柏書房，1997）。古屋哲夫，《近代日本のアジア認識》（東京：綠蔭書房，1996）。荒野泰典、石井正敏、村井章介編，《アジアのなかの日本史》（東京：東京大學出版會，1992），特別參看第一卷《アジアと日本》的卷首〈刊行にぁたつて〉。

4　溝口雄三、濱下武志、平石直昭和宮島博史編，《アジアから考える》（東京：東京大學出版會，1993-1994），共七卷。

5　葛兆光，〈互為背景與資源：以近代中日韓佛教史為例〉，載《中國典籍與文化論叢》（南京：江蘇古籍出版社，2002）。

　　竹內好以及相當多的學者當年都曾經指出，這種產生於日本的亞洲主義，在日本「脫亞」入歐追尋近代化的努力已經成功的背景下，引出了「興亞」並與歐洲分庭抗禮的心情，這使日本一方面重建與亞洲的「連帶」關係，另一方面又滋生了凌駕與指導亞洲的「侵略」心情[6]。對於這一分析框架，現在儘管有很多學者以為已經相當陳舊，但我以為仍然相當有說服力。那麼，現在重提「亞洲」或者「亞洲共同體」的舊話，如果已經超越了竹內好所說的「連帶與侵略」，那麼，其背景和心情又是什麼呢？特別是日本所認同的「亞洲」，是否就是中國和韓國也都認同的一個共同體，換句話說，就是「亞洲」究竟是一個需要想像和建構的共同體，還是一個已經被認同了的共同體，卻還是一個大可考究的事情，特別從歷史上看尤其有疑問。

一、關於日本近代的亞洲主義

　　按照桂島宣弘氏的說法，關於日本的亞洲主義思潮要追溯到19世紀前半葉甚至18世紀末期，當西洋的天文與地理之學改變了面前的世界，使日本人意識到萬國的存在和「東洋」、「西洋」的地圖時，傳統的以中華為文化中心的華夷觀念便開始瓦解[7]，這種世界圖像的瓦解成了日本重

6　竹內好編，《アジア主義》（東京：筑摩書房，1963）。

7　桂島宣弘，〈アジア主義の生成と轉回──德川思想史からの照射の試み〉指出，從本居宣長時代起，山鹿素行的日本型華夷思想，通過把中國當作「異朝」或「外朝」，確立日本為「中朝」，從而開始擺脫傳統以中國為中心的華夷觀念，這是後來亞洲主義得以產生的開始，載其《思想史の十九世紀：「他者」としての德川日本》，頁196-231。

新建構新的政治地圖和文化地圖的契機。而按照山室信一的說法，日本的「亞洲觀念」之確立，更可以追溯到18世紀初，當西川如見(1648-1724)作《增補華夷通商考》中的《地球萬國一覽之圖》凸顯了「亞洲眼光」、新井白石(1657-1725)在《西洋紀聞》中區分了「西洋」和「東洋」，其實已經改變了中國爲中心的「天下觀」[8]。不過，儘管歷史淵源還可以向上追溯，但通常學者注意到的是日本迅速近代化的明治時期的很多言論，因爲，不僅是日本的亞洲主義觀念，以及「興亞論」和「脫亞論」，甚至一切後來的思想史變化，都可以在這個時代找到其原因。

有的學者指出，「興亞論」與「脫亞論」的差異，是前者以「東洋—西洋」爲認同的基礎，強調地緣性的作用，而後者以「文明—非文明」爲認同的基礎，強調近代性的意義。但是，實際上「亞洲主義」並非單純強調地緣的作用，它也在凸顯一種價值的認同取向，而「歐化主義」也並非僅僅注意到追求歐洲的近代性，它也曾經要求日本在亞洲作爲表率，使整個東亞一同擺脫大清帝國中心與傳統中國觀念世界的籠罩。因此，像脫亞論的主張者中，最具代表性的福澤諭吉(1835-1901)，也曾經在強烈呼籲「脫亞」的時候，其實並不忘記亞洲的連帶性[9]，很多人都注意到，明治

8　山室信一，〈アジア認識の基軸〉，載古屋哲夫編，《近代日本のアジア認識》(東京：綠蔭書房，1996)，頁6-8。關於這一問題，還可以參看荒野泰典，《近世日本と東アジア》(東京：東京大學出版會，1988，1992)，第二章，頁53。鳥井裕美子，〈近世日本のアジア認識〉，載溝口雄三等編，《交錯するアジア》(東京：東京大學出版會，1993)，《アジアから考える》1，頁219-252。

9　丸山眞男曾經在晚年一再提醒人們，福澤諭吉從來就不曾用過「脫亞入歐」這個片語，也沒有單獨用過「入歐」這一詞，而「在日本『脫亞入歐』被作為福澤獨創的片語受到大肆傳播」。丸山眞男著，區建英譯，《福澤諭吉與日本近代化》(上海：學林出版社，1992)，中文本原作者序文，頁9。

十八年(1885)三月十六日他發表在《時事新報》的〈脫亞論〉中就有這樣
的話：

> 我日本國土在亞洲東部，但國民之精神已經擺脫亞洲的固陋而
> 移向西洋文明。然而……為今日謀，我國不能不等待鄰國之開明，一
> 道振興亞洲，與其脫離其伍而與西洋文明國度共進退，還不如接引支
> 那、朝鮮……[10]

當然，同時他也說到，這個亞細亞的同盟，當然不能不以日本為盟
主，因為日本在東洋的文明化進程中已經是當然的盟主和領袖[11]。這恐
怕不是福澤諭吉的個人私言，據芝原拓自對日本明治時期中央五大報
紙輿論的調查和研究，即使是在一般的民間，也可以看到，自從明治維
新以來的十年，已經浸透了驕傲自滿的開化日本觀和充滿蔑視的亞洲
觀念[12]，而伊藤之雄則指出，在明治維新到1884年，無論在藩閥還是在
民間，日本都已經開始確立了自己東亞盟主的意識。從1885年到1894年
甲午戰爭，日本深感歐洲列強特別是英國和俄國在東亞的滲透，產生了
「過剩」的警戒之心，而中日戰爭日方的勝利，則強化了亞洲盟主的觀

10　參看《福澤諭吉全集》第十卷(東京：岩波書店，1959)，頁238-240。

11　參看福澤諭吉，〈朝鮮の交際を論ず〉，原載《時事新報》1882年3月11日，〈東洋の政
　　略果して如何せん〉，原載《時事新報》1882年12月7日，見《福澤諭吉全集》(東京：岩
　　波書店，1959)，卷八，頁30、427。

12　芝原拓自，〈對外觀とナショナリスム〉，載芝原拓自、豬飼隆明、池田正博編，《對外
　　觀・日本近代思想大系12》(東京：岩波書店，1996)的「解說」。

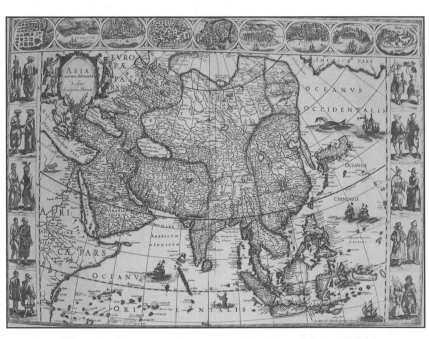

香港科技大學藏Willem Janszoon Blaeu(1571–1638)繪製，
《亞洲新地圖》(1662)

念[13]。當然可以補充的是，到了1904年日俄戰爭之後，這種盟主的意識就膨脹成了霸主的野心。因此，這種觀念蘊涵了日本民族主義的擴張意識，卻又以對抗西洋的侵略為旗幟，以所謂追求普遍的亞洲文明為口號。當然，在這樣的人中間，除了像福澤諭吉這樣以西洋文明為亞洲共同追求，以近代性觀念作為合理依據之外，還有的人是直接強調東方文明對於西方文明的優越性，同時也由於這種歷史與文化的共同性，而同樣強調地緣的親和感。像樽井藤吉(1850-1922)的《大東合邦論》(1893)關於「東方為日出之所，主發育和親，其神青龍，其德慈仁(中略)。亞洲在歐洲之東，日本朝鮮在最東，故受木德仁愛之性，清明新鮮之氣胸然，其性情風俗，與西北染肅殺之風者不同，蓋自然之理也」，所以，他凸顯的是「其土唇齒，其勢兩輪，情同兄弟，義均朋友」的同文同種[14]。

簡單地說，「亞洲主義」的呼聲漸高，與明治維新的成功有關，而明治維新的成功，一方面使日本從根本上擺脫了以中國為中心的朝貢體制的羈絆，擺脫了中國文化的籠罩，重新確立了日本的自我和他者，一方面也使日本產生了擺脫西方，從西方邊緣的尷尬地位中解脫出來的願望，希望再度確立一個地緣與政治、經濟、文化重疊的「自我」[15]。這個時候，對近代化以來的強盛與進步的自豪、對自身所處的東方傳統的依戀

13　伊藤之雄，〈日清戰前の中國・朝鮮認識の形成と外交論〉，載古屋哲夫編，《近代日本のアジア認識》(東京：綠蔭書房，1996)，頁103-171，特別參看結論部分，頁155-159。

14　《複刻大東合邦論》(東京：長陵書林，1975)，引自桂島宣弘，《思想史の十九世紀：「他者」としての德川日本》，頁212。

15　關於這一點，參看黑住真，〈日本思想とその研究──中國認識をめぐって〉，載《中國──社會と文化》(東京：東京大學，1996)，第11號，頁3-28。

感、以及地緣上的認同習慣，加上西方國家幾百年來對日本的頤指氣使，就構成了日本近代相當複雜的心情，脫亞是脫不了的，入歐也是入不了的，於是，一些日本人開始越來越多地把視線轉向了自身所在的同一空間，本來在中國和日本都不曾把它作爲近鄰的「亞洲」，卻突然成了具有天然親和感的遠親，彷彿本來它就是和自己一門出身，和「歐洲」沒有血緣的自家人。

平石直昭在《近代日本的亞洲主義》中列舉了福澤諭吉的「東洋連帶論」、樽井藤吉的「大東連邦國構想」、近衛篤麿的「同人種同盟論」到岡倉天心的「解放者日本像」，指出這個時代亞洲主義的依據，一是同文同種爲基礎的連邦國家構想，二是東洋門羅主義的理念，三是將日本視爲以文化同一性爲基礎的亞洲的解放者。第一點是來自歷史與文化同一性的想像，第二點是將地理空間與政治空間重疊的設想，第三點則建立在以「進步與落後」的近代理念上的[16]。但是，且不說最後這一點中所包含的危險傾向，就以第一點論，其實，所謂同文同種也罷，文化同一性也罷，在文化認同上，在族群認同上，根基都不那麼可靠。比如，把中日韓算在一門當然還有漢字文化圈的依據，而把中日印也算在一個認同空間，卻主要靠了佛教信仰，儘管中國從來就不能算是一個佛教國度，而印度的佛教在近代早已風光不再，但是在提倡亞洲主義的人那裡，曾經產生過或流傳過佛教，就是「沾親帶故」的理由，而在把「西方」作爲「他者」的背景下，建構一個

---

16 平石直昭，〈近代日本の「アジア主義」〉，載溝口雄三、濱下武志、平石直昭和宮島博史合編，《近代化像》（東京：東京大學出版會，1994），作爲《アジアから考える》第五種，頁282。

「東方」似乎也順理成章，因此在著名的岡倉天心的筆下，喜馬拉雅山不再是劃分兩個文明區域的屏障[17]：

　　　亞洲是一個。喜馬拉雅山脈把兩個強大的文明，即孔子的共同社會主義中國文明和吠陀個人主義的印度文明分開，但雪山並不是障礙，它不能將追求普遍性的「愛」的思想割斷，而這種「愛」是所有亞洲民族共同的思想遺傳，正是在這一點上，它區分開了自身與偏好尋求人生手段而非目的的地中海沿岸諸民族。[18]

　　這種把「亞洲」的歷史和日本連在一起，又在「日本」身上寄托亞洲理想的思路，在19世紀末20世紀初日本戰勝中國，又戰勝俄國之後，似乎變得更加高漲起來[19]。

　　近一百年以後，當一個西方人柯能(Victor G.Kiernan)回憶當時歐洲人的普遍焦慮時這樣說道，「日本在1895年打敗中國時，它可能還自詡為亞洲的捍衛者。某位西方作家預言，世界的未來將決定於亞洲，他引述大隈

17　岡倉天心，〈東洋の理想〉，龜井勝一郎、宮川寅雄編，《岡倉天心集》（東京：筑摩書房《明治文學全集》38，1968），頁6-7。同樣，在《東洋の目覺め》中甚至認為「歐洲的榮耀，就是亞洲的恥辱」，同上，頁63。

18　所以在那個時代，日本各方都有把「亞洲」視為一體的計畫和行動，例如明治六年(1873)佛教徒中的小栗棲香頂在《護法論》中說，三教(儒道佛)協力、三國(日中印)聯手，向世界推廣佛教。參看葛兆光，〈西潮卻自東瀛來〉，載《葛兆光自選集》（桂林：廣西師範大學出版社，1997）。

19　嚴紹璗，〈二十世紀日本人的中國觀〉中已經指出，「幾乎在所有的情況下，興亞論都是以日本的國權主義為其主流的」。載《日本學》（北京：北京大學出版社，1991），第三輯，頁81-97。

(Okuma)談論萎退的西方，並指出日本將會替亞洲人驅逐西方，……1904年的日俄戰爭中，俄國人也可自詡是歐洲文明的捍衛者，……一名旅居聖彼得堡的英國人寫道：如果日本打贏了，它可能很快結合黃種民族，從此不可一世[20]。事實正是這樣，在這以後，「亞洲」才成了日本政治與文化想像中需要「提攜」和「連帶」的一個空間。

二、晚清至民初中國對「亞洲主義」的複雜反應

在19世紀末20世紀初的那些年裡，快速膨脹的日本似乎確實有一種「提攜支那」的熱情和「同文同種」的想像。其中，大久保利通和「振亞會」、《太陽》雜誌、東亞同文會及《東亞時論》、日本人在中國所創辦的各種東文學堂，在一些學者眼中就是某種「亞洲主義」的象徵。也有人過高估計當時中日接近的程度，把這段時間看成是中日關係的所謂「黃金十年」，似乎讓人覺察到一些「亞洲一體」的端倪[21]。不過，這都忽略了當時中國人真正的心情和感情，更誤看了當時歷史，把表面熱情掩蓋了背後蔑視。其實，彷彿老話說的「剃頭挑子一頭熱」，那個時代「亞洲一體」的構想更多地只是日本的一廂情願。作為一個已經充分近代化，而且在日中、日俄兩次戰爭中初嘗勝果的國家，日本很容易由於自我地理

20　柯能(Victor G. Kiernan)著，陳正國譯，《人類的主人：歐洲帝國時期對其他文化的態度》(台北：麥田出版社，2001)，頁269-270。

21　關於這一方面，可以參看任達(Douglas R. Reynolds)著，李仲賢譯，《新政革命與日本——中國，1898-1912》(China, 1898-1912: The Xinzheng Revolution and Japan)(南京：江蘇人民出版社，1998)，頁32-38。

的邊緣性而感到世界格局的不公平，也特別容易刺激它自命「盟主」甚至充當「霸主」的心情。但是，對於仍然處於傳統與近代轉換期間的國家如中國，卻未必願意接受這種日本的「亞洲主義」。本來中國的地理觀念中，就沒有「亞洲」或「亞細亞」的意識，而只有「中朝」與「四裔」的觀念，直到近代接受西方地理學的空間說法，才有「亞洲」的意識，但是這種地理學意義上的認知，卻與政治學意義上的認同無關，這除了華夷觀念和朝貢體制的歷史記憶滯留外，現實的原因很簡單，在以國族爲基礎的思考框架下，既不願意作爲被日本牽著鼻子走的附庸，又不能認同這種想像的、沒有歷史與文化基礎的「亞洲」爲政治與文化的共同空間。

　　毋庸諱言，在那一段時間裡，中國知識人中也曾經有過對日本相當親切的議論，確實看上去也頗吻合「亞洲主義」的口徑[22]。最早如曾紀澤，就曾經和日本駐英國公使吳雅娜談到，歐洲之所以強大，是因爲得「合縱」之意，所以中日兩國「皆在亞細亞洲，輔車依倚，唇齒毗連……吾亞細亞洲諸國，大小相介，強弱相錯，亦宜以公法相持」，這樣可以成爲與歐洲抗衡的「亞洲」[23]。到了1895年以後，這種言論更多，像當時在日本的章太炎、梁啓超等等。章氏曾經在1897年2月在《時務報》第十八冊上發表〈論亞洲宜自爲唇齒〉的文章，主張「互相依存爲東亞之利」，並且在文章中把俄國作爲假想敵，甚至可以認同日中戰爭爲日本的自

22　關於這一點，可以參看周佳榮，〈近代中國的亞洲觀〉，文中有比較清楚簡明的概述。載鄭宇碩主編，《中國與亞洲》(香港：商務印書館，1990)，頁221-239。

23　曾紀澤，《曾惠敏公遺集‧日記》卷二，轉引自《近代中國對西方列強認識資料彙編》(台北：中研院近代史研究所，1986)，第三輯第一分冊，頁229。

救，這幾乎全是日本方面言論的翻版。1901年又在《國民報》第四期上所寫的反駁梁啟超的《正仇滿論》末尾，甚至認為對於漢族而言，「日親滿疏」，「自民族言之，則滿、日皆為黃種，而日為同族而滿非同族」[24]，1907年更在日本組織「亞洲和親會」，主張「反對帝國主義而自保其邦族」[25]。梁氏則不僅在東亞同文會的刊物《東亞時論》上發表不少文字，而且有一段時期內確實也有過相當認同亞洲的口號，1898年在他主編的《清議報》第一冊上，他所提倡的一共只有四條宗旨，其中三、四條就是「交通支那日本兩國之聲氣，聯其情誼」、「發明東亞學術以保存亞粹」[26]。至於稍後的孫中山，更是提到亞洲主義的人必定要舉的例子，他在1913年訪問日本的時候，曾經有過提倡中日攜手、維持亞洲和平的說法，也有過「亞細亞為吾人之一家」，甚至「中日兩國協力而行，則勢力膨脹，不難造成一大亞洲，恢復以前光榮之歷史」等等與日本方面相當一

24　轉引自張枬、王忍之編，《辛亥革命前十年間時論選集》(北京：三聯書店，1977)，第一冊，頁98-99。

25　但是，正如很多研究者指出的那樣，這種立場後來有所變化，汪榮祖《太炎與日本》說，在初變法維新時，他是主張聯日的，「當時他受到西方帝國主義侵略的刺激，以黃人與白人來區分種族之別，故日本雖在甲午打敗中國，仍不以日本為異類，……但是後來到了日本以後，發現日本根本就是一副外黃內白的帝國主義面目，很瞧不起日本」。載《章太炎研究》(台北：李敖出版社，1991)，頁63-64。又任達也指出，雖然他曾經很有亞洲共同的想法，但後來他的立場很快就轉變了，見《新政革命與日本》，頁129。

26　《清議報》(北京：中華書局影印本)，第一冊卷首。此外，回頭看梁啟超在前一年即光緒二十三年(1897)十月二十一日《時務報》上發表的文章，可以看出他對日本的好感，實際上更多來自對日本學習西方、迅速變法的羨慕，但是這種羨慕和仿效，卻並不能掩蓋對日本的警惕，如《讀日本書目志書後》就說，如果中國不早一些變法，「又將為台灣之續矣」，顯然對日本強大以後的警惕，仍時時在心。《時務報》(北京：中華書局，影印本)，第4冊，頁3050。

致的說法[27]。

問題是，這種話語的出現背景仍然需要仔細地分疏，一方面可以看到，它的出現語境，常常是因為對西方列強侵略的警惕，換句話說，是由於「西方」或「歐美」的壓力而被逼出來的一個「東方」或「亞洲」。至於聯日的具體心情，或是在處於困境時對日本支持的感銘在心，如梁啟超；或是出於反滿的漢族民族主義或者出於反觀中國時的痛心疾首，如章太炎；或是訪問日本時的外交辭令，如孫中山，其實都未必真的對所謂「亞洲」有真心的認同[28]；另一方面，這也只是處於積貧積弱狀態下的中國知識人，對日本迅速「富強」與「文明」的豔羨，這種豔羨的價值基礎恰恰是對西洋文明以及近代性的認同，並非來自對日本民族與文化的認同。毫無疑問，在晚清一直到民國初年間，相當多的中國知識人對於日本是相當佩服的，日本明治維新給中國的刺激，現在怎麼估量都不過分，它激起了傳統中國自強的心情，特別是在甲午一戰之後，儘管戰敗恥辱的感情始終糾纏著中國人的理智思索，但似乎很多人都從此意識到

---

27 見孫中山，〈在日本東亞同文會歡迎會的演說〉(1913年2月15日)、〈同文異題〉之二、〈在東京中國留學生歡迎會上的演說〉(1913年2月23日)，載《孫中山全集》(北京：中華書局，1984)，第三卷，頁14、16、27。參看貝塚茂樹，《孫文と日本》(東京：講談社，1967)，頁170-172。武田清子，《國家、アジア、キリスト教》第二節〈アジア主義における孫文と滔天〉還指出，雖然孫中山的大亞洲主義在1924年11月28日神戶演說才正式提出，但是在1913年的演說中早已經有這個意思，收於武田清子，《正統と異端の「ぁいだ」》(東京：東京大學出版會，1976)，頁273-331。

28 趙矢元，〈孫中山的大亞洲主義與日本的大亞洲主義〉一文指出，孫中山在1924年發表的《大亞洲主義》演講，「題目不是孫中山要講的，而是日本神戶商業會議所、日華實業協會等五團體提出的」，而且他把認同和排斥的標準已經從同文同種轉向了「王道」和「霸道」即壓迫與被壓迫，所以與明治維新以來日本一般的大亞洲主義不同。載《中日關係史論文集》(哈爾濱：黑龍江人民出版社，1984)，頁183-194。

這一點，就是日本比中國更接近西洋式的「文明」，而西洋式的「文明」就等於是近代國家和民族的「富強」。所以，步日本的後塵，追求文明進步，在這方面很少有人提出疑問。舉幾個人們熟悉的例子，像1896年，汪康年在《中國自強策》裡大聲疾呼，中國要自強，「我苟能自振，則西人之於我，亦猶其與日本耳」，打敗了中國並給中國帶來恥辱的日本，現在成了中國效法的對象，儘管過去日本只是一個附屬的「島夷」；而日本之所以可以效法，也是因為明治維新[29]，1898年，孫寶瑄在日記中記載，他讀了《明治新史》很有感慨[30]；特別可以看出中國知識人的心情的，是1899年12月30日宋恕在《與孫仲憶書》中的感慨，他稱贊「今之日本，文明之度勝中國，非但億兆之與一比例也……日人之評中國曰：『文明早已過去，六經早已掃地之國。』見鄙薄如此，真可憐矣」[31]。就連現在被斥為保守派的王先謙，也從另一角度看到日本的意義，在光緒二十八年(1902)刻《日本源流考》二十二卷，曾撰序指出，日本的興盛，在於其「藉口攘斥西人，責之歸政，瞀動群藩，納上戶土，億兆一心，拱戴王室」，而中國則否，日本成了中國自強的鏡子[32]。

　　但是，這種觀念與心情的巨變，多少有些無奈。說它是臥薪嘗膽也罷，說它是隱忍圖強也罷，需要分疏的是，努力學習和效法的對象，未必

29　汪康年，〈中國自強策〉(光緒二十二年八月初一)，《汪穰卿遺著》(民初排印本，出版地不詳)，卷一，頁2下。
30　孫寶瑄，《忘山廬日記》(上海：上海古籍出版社，1983)，上冊，1898年10月25日，頁278。
31　宋恕，《宋恕集》(北京：中華書局，1993)，下冊，頁697。
32　王先謙，《清王葵園先生先謙自定年譜》(台北：臺灣商務印書館，1978，《新編中國名人年譜集成》第六輯)，頁359。

是認同和親切的對象，之所以有這種變化，主要是戰敗的刺激，像光緒十七、十八年(1891-1892)間，在日本擔任公職的鄭孝胥還對日本的維新不以為然，諷刺伊藤博文學西法，「外觀雖美而國事益壞」，甚至對日本的偶爾內亂幸災樂禍地說，是「天敗之以為學西法者戒」[33]，但是到了光緒二十到二十一年間(1894-1895)，中國被日本打敗，包括李鴻章，也得在中日談判時向伊藤博文承認，「我國之事，囿於習俗，未能如願以償」，應當以日本為榜樣，特別是說到，中日兩國「最為鄰近，且係同文，詎可尋仇……應力維亞洲大局，永結和好，庶我亞洲黃種之民，不為歐洲白種之民所侵蝕也」[34]。那麼，僅僅幾年的時間，歷史和傳統遺留下來的天下觀念和四夷意識，被日本打敗的切膚之痛，會那麼快地遺忘麼，感情和觀念真的能變得這麼快麼？

三、世界圖像的各自想像：中日之間的差異

1862年，日本人高杉普到中國上海訪問，回國後寫下的《遊清餘話》中輕蔑地斷言「支那固陋而自滅」，但是，他也提到日本應當強化東亞的一體性，並用了「唇亡齒寒」的中國成語。這種輕蔑和連帶的雙重意識，後來確實長期並普遍存在於日本上下，到了明治20年代，隨著維新的成

33　鄭孝胥，《鄭孝胥日記》(北京，中華書局，1993)，第一冊，頁261、311。
34　李鴻章，〈第一次問答節略〉，載《中日議和紀略》，載李毓樹主編，《近代史料叢書彙編》，第一輯(台北：大通書局)。又，另一個封疆大吏張之洞在1898年出版的《勸學篇》中，也改變了態度，來討論「日本，小國耳，何興之暴也」，承認日本的成功，並且提出，「遊學之國，西洋不如東洋」。

中國對日本也一樣
有著莫名其妙的蔑視，
一個歷史悠久而且文化
傳統相當固執的帝國，
它長期而普遍地停滯在
天朝大國和朝貢體制的
想像中，在它的歷史記
憶中，日本並不是一個
平等的國家而是「蕞爾
島夷」。

功和國力的增強，日本迅速膨脹的大日本主義，就把中國看成是「半開
化」的、「落後的」，對現實中國的輕蔑多過了對古代中國的依戀[35]，前引
芝原拓自對日本輿論的調查就表明這一點。而中國人其實也感覺到了這
一點，像李筱圃《日本紀遊》記載東京博物院拿中國煙具、破燈、舊兵器
等作為「中國物」展覽，黃慶澄《東遊日記》記載長崎商人所說的日本當
時對中國尊敬之風的消歇和蔑視之風的開始，都清楚地表明了相互的警
覺[36]。然而中國對日本也一樣有著莫名其妙的蔑視，一個歷史悠久而且
文化傳統相當固執的帝國，它長期而普遍地停滯在天朝大國和朝貢體制
的想像中，在它的歷史記憶中，日本並不是一個平等的國家而是「蕞爾島
夷」，同樣，在普遍的觀念世界中，「亞洲」也不是一個實質性的區域而是
地理學上的一個詞彙，畢竟在傳統中國觀念世界中，日本朝鮮東南亞以
及南亞諸國都是一樣的「四夷」。

　　古代中國遺留的歷史記憶並不是什麼值得誇耀的東西，它使得清
帝國在未戰敗時對日本充滿了毫無理由的自負和驕傲，在已戰敗後對日
本又充滿了相當深刻的忌憚和豔羨。不過，這種記憶是歷史的存在，它
使中國人在面對西方的壓力時，不是「中體西用」就是「西體中用」，它
在價值和文化上的認同空間是「中」或者「西」，並不很會考慮建構一個
相對於西方的「亞洲」，或者建構一個可以互相認同的「同文同種」。因

35　參見本山幸彥，〈明治二十年代における政論に表現する國家主義〉，載阪田吉雄編，
　　《明治前半期の國家主義》（東京：未來社，1958）。

36　李筱圃，〈日本紀遊〉、黃慶澄，〈東遊日記〉，載何如璋等，《甲午以前日本遊記五種》
　　（長沙：岳麓書社，《走向世界叢書》本，1985），頁173、323。

此，亞洲主義在很大程度上是日本的「亞洲主義」，而不是中國的「亞洲主義」，這個作爲西方的「他者」的「亞洲」，也只是日本想像的共同體，而不是實際存在的共同體。特別需要提醒的是，日本對於中國來說，不僅並沒有被作爲感情上認同的對象，就連對日本的理智學習和仿效，也只是因爲日本既是一面鏡子，這面鏡子折射的卻是西洋的文明和富強，又是一個轉運站，轉手販運的是西洋的新知。因此，儘管日本成了學習和仿效對象，可是中國人卻並不覺得日本和自己有什麼特別的天然的血緣關聯，也不覺得「亞洲」是一個有連帶性的空間，中國知識傳統中的「天下」觀念，使中國知識人有一種世界主義或普遍主義，「東海西海，心同理同」，他們傾向於認同一個中心和一種真理，而且中國很習慣於把自己的視野擴展到整個天下。因此，當西洋以其富強崛起，那麼，中國又很容易就承認西洋的途徑就是普遍適用的途徑。然而，對於日本的興盛，他們覺得這只是因爲日本比中國早一步接受了西學西法而已。薛福成《籌洋芻議》(1879)已經指出日本「仿行西法，頗能力排衆議，凡火輪、舟車、電報及一切製造貿易之法，稍有規模，又得西人之助，此其自謂勝於中國也」，但是他還是認爲中國經濟實力、器物械具和人口三方面都超過日本，只是「自強之權在中國，即所以攝服日本之權，亦在中國」[37]。梁啓超在維新還沒有失敗的時候，也只是說日本學習西方變法，可以是中國效法的對象，「吾以泰西爲牛，日本爲農夫，而吾坐而食之，費不千

37　薛福成，《薛福成選集》(上海：上海人民出版社，1987)，頁533。

萬金，而要書畢集矣」[38]。後來，裘廷梁的《白話叢書》中的《日本志略》也說道，中國儒教書說的，都是古時事跡，對現在的事情論說極少，但是日本卻處處學泰西，對現在的事情有辦法，十三頁上說到，「凡歐洲所讀的書，日本人沒有不讀的，從此以後⋯⋯萬萬不會受別國的欺侮」。怎麼辦？就是像日本一樣，學習西方，一時不能迅速地學習西學，那麼也可以權宜方便地從日本轉手販來，彷彿「假道滅虢」那個典故一樣。而顧鳴鳳在1900年所寫的〈三十年來吾華人崇尚各種西藝〉一文中，提到中國自強應以日本為師，因為學習西文很難，「中日兩國既屬同文，華人之學東文，較學西洋語言文字事半功倍」，又說「日本維新而後，凡西政西藝各種有用書籍，均經譯為東文，大稱美備」[39]。到了再晚些的賀鑄，就對朋友說道，「日本維新之初，醉心歐化，幾經衝突，乃成為今日之日本。中國風氣初開，正所謂醉心歐化之時，乘其機而利用之，而慎防其弊，使東西政法皆得效用於我，以自成為中國之治」，還勸另一個朋友的五公子「既通東文，當專習歐文，歐文為群學根本，通歐文乃能乘醩呈怪，大放厥詞，專恃譯書，局促如轅下駒」[40]。那個頗出名的王闓運並不懂這個道理，倒在光緒二十九年(1903)的一份奏折上批評時人，「名為西學，實倭

38　梁啟超，〈讀日本書目志書後〉、〈日本橫濱中國大同學校緣起〉等，載《時務報》(北京：中華書局，影印本)，光緒二十三年十月二十一日、十一月十一日，第4冊，頁3050、3187。

39　顧鳴鳳，〈三十年來吾華人崇尚各種西藝〉，《念瑗池館文存》文二，《訥庵叢稿》(宣統三年刻本，出版地不詳)。

40　賀鑄，〈與徐侍郎〉，載《賀先生書牘》(清華大學藏都門刻本，1920)卷一，頁29A-B；又，〈複陳伯平廉訪〉，同上書卷二，頁2B。(引者按：刻本年代似乎有些問題，因為卷首有1921年徐世昌序，刊刻年代或當在1921年以後。)

作為一種文化資源，這種歷史淵源極深的天下主義，可能轉化為接受普遍真理和普遍價值的世界主義，引申出價值上的一元主義，把西方「先進」、「文明」和「富強」當作全球普遍追求的路向，從而迅速地認同另一種文化和制度，但也可能延續著鄙夷四裔唯我獨尊的民族主義，卻引申出通過近代化而富國強兵，從而俯視天下的雄心。

學也」。其實說起來，這話應當反過來說，當時看上去雖然滿眼都是倭學，其實都只是轉手從日本販來的西學[41]。到了更多的人可以直接從西文學習真正的近代之術時，就彷彿老話裡說的「過河拆橋」或古語中說的「舍筏登岸」，這個借力的橋板和擺渡的舟楫，就可以不要了。

中國知識人可能也有根深柢固的天下主義。作為一種文化資源，這種歷史淵源極深的天下主義，可能轉化為接受普遍真理和普遍價值的世界主義，引申出價值上的一元主義，把西方「先進」、「文明」和「富強」當作全球普遍追求的路向，從而迅速地認同另一種文化和制度，但也可能延續著鄙夷四裔唯我獨尊的民族主義，卻引申出通過近代化而富國強兵，從而俯視天下的雄心。在這種歷史記憶和傳統觀念的影響下，儘管有些人對於原為「蝦夷」、「倭寇」或「島夷」的日本，會有權宜的親和之心，會有熱烈的學習之意，但是從根本上卻不會有所謂「同文同種」的心底認同[42]。光緒元年(1875)二月二十五日，丁日昌上書告誡朝廷，「日本國變峨冠博帶之舊習，師輪船飛炮之新制」，要中國注意這種變化，而翁同龢則只是說，「陰而有謀，固屬可慮，窮而無賴，則更可憂」[43]，從鼻子裡哼出的是不屑。何況在甲午之前，中國知識人中，一方面對日本還

41　王代功，《清王湘綺先生閻運年譜》(台北：臺灣商務印書館，1978，《新編中國名人年譜集成》第六輯)，頁235。

42　參看張啟雄，《中華世界帝國與近代中日紛爭》，他把日本在近代的崛起，看作是深受中華世界秩序原理的影響，反過來以「華夷變態」來與中國爭「天下」，這種說法雖然有些牽強，但是倒也說出了「爭」，也反面說明了中國傳統的「華夷」觀念下，是不可能建立近代國家之間的平等關係的。載蔣永敬等編，《近百年中日關係論文集》(新店：中華民國史料研究中心，1992)，頁13-43。

43　翁同龢，《翁同龢日記》(北京：中華書局，1993)，第三冊，頁1113。

殘存了「倭寇」的歷史記憶，像薛福成就不僅在《籌洋芻議》中指出「日本人性桀黠，蔑視中國……實有吳越相圖之心，其機甚迫，而其情甚可見也」[44]，而且在代筆寫給朝鮮官員的信中一再告誡他們「倭人性情桀驁貪狡」、「近察日本行事乖謬，居心叵測」，而且分析日本是學習西法改革以後「庫藏空虛，國債累累，不得不有事四方，冀拓雄圖，以償所費」，所以不能不防[45]；另一方面，天朝大國的歷史記憶卻始終不能忘懷，即使有亞洲地區共同體的觀念，也要以中國為主，就像一個叫作姚文棟的文人在回答日本人詢問「興亞」的時候所說的：

> 大抵亞洲局勢，中國為主，日本輔之，……如第為中國計，則地廣財豐，一面瀕海，戰守皆便，原不必有資於日本。[46]

這裡充滿了天朝對藩屬的自負和傲慢，而他在另一篇給朝鮮朋友的信裡，更明確地表達了他對日本和俄國的不信任，他說，「日本之窺伺朝鮮，數百年於茲矣，國中人當無不知之，而鄂（指俄羅斯）欲逞志亞洲，必首發難於朝鮮，則或未知也」[47]，這裡表達的是那個時候中國知識人

---

44 薛福成，〈鄰交〉，載《籌洋芻議》，轉引自楊家駱主編，《中日戰爭文獻彙編》（台北：鼎文書局，1973），第二冊，頁341-342。

45 薛福成，〈代李伯相三答朝鮮國相李裕元書〉，《庸庵文外編》卷三，轉引自楊家駱主編，《中日戰爭文獻彙編》（台北：鼎文書局，1973），第二冊，頁338-339。

46 姚文棟，〈答倭問興亞〉，載葛士睿編，《皇朝經世文編續編》（台北：文海出版社影印本，1979），卷一〇三，頁2682。

47 姚文棟，〈贈朝鮮人李秉輝歸國序〉，載葛士睿編，《皇朝經世文續編》，卷一一八，頁3154。

的普遍憂慮。然而稍後的光緒二十一年(1895)，情勢逆轉，這種不屑、自負、傲慢、憂慮就變成了悲憤和無奈，六月十九日浙江學政徐致祥奏折中，說到往日英法侵略，「不過賠費千餘萬兩，添設通商口岸二三處而已，未聞割地以求成也。今倭一海島小國，以中國全力受困東隅，國將何以爲國？」[48]可是從翁氏的「窮而無賴」，到姚氏的「日本輔之」，到徐氏的「海島小國」，中國人心底的拒斥心理，似乎始終存在。就連章太炎和梁啓超，看上去很主張興亞的說法，但到底心裡還是覺得亞洲應當以中國爲主，對日本很瞧不起，像章太炎，就在〈印度人之觀日本〉中借了印度人的話，對大隈重信關於亞洲和日本的言論進行抨擊，說「自日露戰爭以來，日本人傲睨甚，以爲東方龍伯即己族矣」，他認爲日本如果沒有中國的儒書文藝，沒有印度的佛教，甚至沒有朝鮮王仁傳來的《論語》、《千字文》，恐怕至今還是「蛟螭蜑蛤耳」，可是「今雖則效歐洲，大都模寫型像而成，以是驕人，何顏之厚也」。他更說到，日本崛起以前，亞洲只是有些小釁，日本崛起以後，卻不那麼平和了[49]。梁啓超則在〈亞洲地理大勢論〉裡，皮裡陽秋地說，「日本固今世之雄也」，但是他卻說「其意氣揚揚自得之概，今勿具論，若我中華，則豈非亞細亞大陸之中心點，而數千年來之主人哉」，什麼是「勿具論」？就是不好明說。什麼是「主人」？就是他所謂「習居此土而有經驗之中國人」應當是亞洲的領袖和

48　《光緒朝朱批奏摺》(北京：中華書局，1996)，一二〇輯，頁643。
49　章太炎，〈印度人之觀日本〉，《章太炎全集》(上海：上海人民出版社，1985)，第四卷《太炎文錄初編‧別錄二》，頁364-365。

主宰[50]。

　　特別是當日本人要進一步進入中國甚至干預中國內政的時候，這種鄙夷和悲憤就演變成了激烈的反抗和拒絕，當日本與中國分別成為凌辱和被凌辱的兩方時，那種想像的「亞洲一體」或者「同文同種」的虛幻認同更是煙消雲散，本來就有的傲慢、敵視和警惕就變成了認同和拒絕的分界。如果說，光緒二十八年(1902)，楊度在和日本人嘉納治五郎的對談中，還只是很客氣地指出「敝國之存亡，實亞洲之存亡，黃種之存亡也」，覺得「貴國之精神，能否適合於敝國今日之用，尚是一大問題」，並且希望彼此「相愛相護相提攜相聯絡」[51]，那麼五年後(1907)，劉師培寫的〈亞洲現勢論〉，就把日本看成是「亞洲之公敵」，指出「欲保亞洲之和平，以謀亞洲諸弱種之獨立，則白種強權固當排斥，即日本之以強權侮我亞人者，亦當同時排斥」，這裡「亞洲」已經不再包括已經是強權的日本[52]。同樣，不要說政治上的介入，就是對日本人認為是亞洲共同文化基礎之一的佛教的介入，中國人也相當反感，在日本僧人大批進入中國的時候，汪康年就注意到日本僧人的圖謀，在同一年的《京報》寫了一篇〈論日本僧人至中國傳教之非〉，而他的朋友項藻馨在給他的信中，也對此相當警惕，指出「從此日人借教申權，於大局實有極大關係」，甚至說

50　中國之新民(梁啟超)，〈亞洲地理大勢論〉，《新民叢報》(影印本)，第4號，1902年3月。

51　楊度，〈支那教育問題〉(1902年10月21日至11月5日)，載《楊度集》(長沙：湖南人民出版社，1986)，頁55、60。

52　申叔，〈亞洲現勢論〉，載《天義》11、12卷合冊，1907年11月30日。轉引自王曉秋，《近代中日關係史研究》(北京：中國社會科學出版社，1997)，頁32。

「吾等非涼血類，遇此等事不覺發狂」[53]。這個被想像的共同體「亞洲」之中，有那麼多的恩怨，就有那麼多的警惕，更不消說過去中國「天下中央」想像的歷史影響，以及當時現實日本「霸道」與「霸主」的威脅存在，怎麼可能真的有什麼「亞洲」的認同？

1912年10月，日本國會議員考察團來中國訪問，其中一個叫作井深彥太郎的人在上海的《民立報》第752號發表了〈大亞細亞主義論〉，宣傳「亞細亞者，亞細亞人之亞細亞洲也」，亞洲主義逐漸也成了中國的問題，可是這種亞洲主義卻沒有得到太多的認同。1917年，李大釗看到日本的《中央公論》4月號的〈何謂大亞細亞主義〉，便在《甲寅》發表〈大亞細亞主義〉指出，「對於大西洋主義而揭大亞細亞主義之旗幟爲對立之抗拒」雖然是當然的反響，但是他覺得亞洲的關鍵是「中華國家之再造，中華民族之復活」，並且一針見血地說到「若乃假大亞細亞主義之旗幟，以顏飾其帝國主義，而攘極東之霸權，禁他洲人之掠奪而自爲掠奪，拒他洲人之欺凌而自爲欺凌」，這就會「嫁禍於全亞之同胞」。到了1919年元旦，他又在《國民》雜誌上發表文章，說「日本近來有一班人，倡大亞細亞主義，我們亞細亞人聽見這個名辭，卻很擔心」。爲什麼擔心？就是因爲他已經察覺「亞洲主義」背後一是「併吞中國主義的隱語」，二是「大日本主義的別名」，儘管這種大亞洲主義在表面上確實有

53　分別見於《汪穰卿遺著》卷三，頁23-24。《汪康年師友書劄》（上海：上海古籍出版社，1986），第三冊，頁2236。參看葛兆光，〈世紀初的心情——九十年前的杭州風波〉，載《傳統文化與現代化》（北京：中華書局，1997），第3期。

這裡糾纏縈繞、而又需要清理的有兩個問題，一是民族主義，二是近代性追求，而這兩個問題不僅成爲20世紀思想史的起點，而且影響了整個20世紀中國思想史。

凸顯「亞洲」而拒絕「歐美」的意思[54]。

四、民族主義與世界主義，或者傳統性與近代性

從晚清到民初，日、中兩國的知識界和思想界關於「亞洲」的言說背後，心情和思路竟是如此不同。這裡糾纏縈繞、而又需要清理的有兩個問題，一是民族主義，二是近代性追求，而這兩個問題不僅成爲20世紀思想史的起點，而且影響了整個20世紀中國思想史。

「民族主義」這個詞，現在似乎有些貶義，但是在近代國家的建構過程中，它卻是必不可少的一種東西[55]，它提供除了由空間、語言、信仰、歷史建構而成的標準之外，一種極其強烈區分自我和他者的認同基礎。可是，任何「認同」都表示著同樣的「拒斥」，任何「自我」都區分了非我的「他者」。儘管現在如安德森之類的學者提出國家只不過是「想像的共同體」，但是這種認同和排斥，在民族、國家還在事實上作爲不言而喻

54　參看李大釗，〈大亞細亞主義〉、〈大亞細亞主義與新亞細亞主義〉、〈再論新亞細亞主義(答高承元君)〉，中國李大釗研究會編，《李大釗文集》(北京：人民出版社，1997)，第二卷，頁106-107、253。同書第三卷，頁75。此外，早年的胡適也可以作為一個例證，周質平指出，1910年他第一次到日本的時候，甚至把日本說成是「島夷」和「野蠻人」，對他們居然能「稱雄世界」大為驚異，認為是中國人之「大恥」，並呼籲國人警惕，即使後來有所變化，但對日本始終不能全面認同，所以，胡適對日本的態度「在鄙夷、敬畏和惋惜之間」。見周質平，〈胡適筆下的日本〉，《胡適叢論》(台北：三民書局，1992)，頁64。

55　1902年，梁啟超在《新民說》曾經說到：「自16世紀以來，歐洲所以發達，世界所以進步，皆由民族主義(nationalism)所磅礴衝擊而成。民族主義為何？各地同種族、同言語、同宗教、同習俗之人，相視如同胞，務獨立自治、組織完備之政府，以謀公益而禦他族是也。」見《辛亥革命前十年間時論選集》，第一冊，頁120。

的認同基礎的時代，民族主義總是在表達著一種價值和感情，而這種價值和感情常常成為一般知識、思想和信仰而普遍存在，並且成為各個民族國家不可通約、互相衝突的因素，甚至成為民族與民族、國家與國家之間衝突的心情[56]，特別是在19世紀末20世紀初的日本與中國，近代化與民族主義潮流湧動的時代[57]。如果說，一方面日本人長期在漢文化的籠罩下，在近代崛起的時候，總是期待著通過對「東洋」的規定，確立自身的位置，另一方面，已經充分近代化和世界化的日本在確立自身的時候，同樣需要確立「西洋」這個他者，因此，他們很容易想像「亞洲」這個共同體，試圖以「亞洲主義」的口號來凸顯「日本主義」；那麼，近代中國人則一方面延續了「天朝大國」的傳統觀念和殘存的「天下四夷」的朝貢記憶，它使中國人無論如何也不能習慣一個平起平坐甚至是凌駕自己之上的日本，始終在心底裡存在著「島夷」和「鬼子」的蔑視，另一方面，尚未近代化而且被世界拒絕的中國，又常常把歐美和日本同樣算成了欺負自己的他者，因此很難認同這個所謂的「亞洲」[58]。當然，同樣應

56　梁啟超始終認為，他所處的這個時代是「民族主義時代」，而下一個時代就是「民族帝國主義時代」，到了民族帝國主義時代，「其國民之實力，充於內而不得不溢於外，於是汲汲焉求擴張權力於他地，以為我尾閭、其下手也」。梁啟超〈新民說〉，同上，頁120。又，此說早在1901年的〈國家思想變遷異同論〉中也說過，見《辛亥革命前十年間時論選集》，第一冊，頁30。

57　關於中國的民族主義，可以參看羅志田，《民族主義與近代中國思想》（台北：東大圖書公司，1998）。

58　我們在晚清到民初的文獻中常常看到提起欺負中國的列強，總是同時說到「歐美、日本」，比如《國民報》上刊登的〈二十世紀之中國〉、〈中國滅亡論〉等等，因為，對於迅速強大和近代化的日本，近代中國人總有一些警惕，像《民報》第二期刊載的陳天華的〈絕命書〉裡說，「今日而欲與日本同盟，是欲作朝鮮也，居今日而欲與日本相離，是欲亡東亞也」，這裡左右為難的意思很耐人尋味。

當指出的是，在晚清至民初，日本的民族主義由於強勢，而從理性膨脹爲非理性，從有限的擴張爲無限的。而中國的民族主義卻由於弱勢，從非理性轉化爲理性，從籠罩的退卻爲有限的，其間的轉戾嬗變，實在是很耐人尋味。

但是在近代世界，還有一個追求近代性和固守傳統性的衝突。通常民族主義從邏輯上來說，會將取向引向對傳統性的固守和對近代性的拒絕，可是，無論日本還是中國，19世紀末20世紀初的「民族主義」卻表現爲對於國家整體的近代性追求，簡而言之即通過追求富強來凸顯民族存在，而追求富強常常又只能是近代化和西方化。於是，民族主義立場和世界主義價值就常常混雜在一起，近代性的追求遮掩了傳統性的固守，民族主義則經由世界主義來表達。如果說，日本通過「脫亞」而進入「興亞」，是實現了近代性追求之後，進而訴求傳統性保存，表面看來它確實有其合理性，因爲對近代性的警覺、對西方話語霸權的對抗，都似乎有超越「近代性」或者「西方性」的意義，但實際上把日本放在亞洲領袖的位置，卻又是用「進步」、「文明」之類的近代性話語來評騭高下，確立話語權力；而中國從「中體西用」激進地轉向「全盤西化」，表面上看去，是未實現近代轉化的背景下，對近代性的追求和對融入世界的嚮往，但是底色卻是救亡，拯救民族危亡，包括後來「立於世界民族之林」、「爭取球籍」之類的世界主義話語，都在背後書寫著「民族主義」的內涵，呼籲著對於傳統性的拯救。

從晚清到民初，情勢真的是很奇怪。民族主義和世界主義，追求近代性和固守傳統性，似乎以一種複雜的方式互相糾纏，互相鏈接。如果

大體上說起來，在日本的「亞洲主義」言說背後，在很大程度上，潛藏著日本的民族主義或者叫作「大日本主義」，它相當強烈地體現著日本迅速近代化以後，希望確立自我以及確立「他者」的意識，而在諸如「脫亞入歐」之類的口號背後，才更多地體現著日本進入世界，追求近代性的心情。然而，在中國並不多的「亞洲主義」言說背後，卻表現著強烈的近代性追求，更多地倒是希望融入世界，它體現的是尚未近代化時中國追求富強的意識，倒是看上去「全盤西化」之類激烈世界主義的口號背後，才隱藏著更多凸顯民族與國家的心情。近來，關於「亞洲」的討論在日本再次熱鬧起來，在中國也有相當呼應，這很好，它確實可以建構一個新的政治想像空間，提供一種超越民族國家來進行思考的基礎，不過，我們還是考慮，現在重提「亞洲」或者「亞洲共同體」的舊話，其歷史的背景和基礎是什麼？所以，特別需要追問的仍然是本文開頭的問題，第一，「亞洲」，是哪一個「亞洲」，是東亞，還是包括了西亞、中亞和南亞的整個亞洲？第二，「亞洲」作為地理學的一個空間如何可以成為一個文化認同空間？第三，日本所認同的「亞洲」，是否就是中國和韓國也都認同的一個政治或文化共同體？第四，「亞洲」究竟是一個需要建構的認同共同體，還是一個已經被認同了的共同體？換句話說，它是已然的歷史，還是希望中的未來？

第六章

國家與歷史之間

—— 從日本關於中國道教、日本神道教與天皇制度關係的爭
論說起

引言　小問題引出大話題

　　古代中國道教是否影響過日本神道教？古代中國道教文化是否影響
過古代日本的天皇稱號？中國道教與日本神道教之間有什麼異同？這本
是文化交涉史領域的一個問題，說來簡單，對這些問題的討論，原本只需
要依據古典文獻和考古資料，尋找確鑿證據，加以詳細論證。可複雜的
是，簡單的歷史問題背後，卻常常會牽惹一些難以消解的立場和至關重
要的觀念，因爲各種歷史證據總是需要具有觀念的人來解釋的，因此，
簡單的歷史問題會引出複雜的立場問題，因而歷史證據的解釋會因人而
異因時而異。本章的討論也不例外，它所涉及的問題，第一個是，中日文
化交涉史上的這一問題能在日本學術界引起激烈爭論，而且爭論能夠延
續八十年之久，是否說明歷史性的學術話題背後，始終有現實性的政治
因素？第二個是，不同國家的歷史學家對於同一個歷史現象有如此巨大

道教と古代日本

福永光司

日本古代史像の転換

中国江南道教の聖地・茅山の実地調査、及び中国道教
経典と記紀・神道・天皇信仰・日本仏教との綿密な比較
研究を基に、道教と日本文化の密接な関連を照明する。

福永光司書影

的評價差異，顯然背後有不同的立場、心情和思路，那麼，日本的「中國學」是否首先應被看成「日本學」？第三個是，面對文化交涉中的這些話題，中國學者是否能夠「同情地了解」日本學界，並反身回看自身的學術史，對學術研究的民族性與國際性有深入的理解？

一、二「福」爭論，爭什麼？

關於中國道教、日本神道教和天皇制度的話題，不妨從1980年代所謂的「二福論爭」開始說起。1982年3月，東京大學著名的道教研究學者福永光司教授出版了新著《道教與日本文化》[1]，這部篇幅不大的著作收錄了十七篇論文，其中第一篇是〈日本的古代史與中國的道教〉，而副題則相當刺激地點出論旨所在，叫作「以天皇的思想與信仰為中心」，第二篇論文題目也相當尖銳和乾脆，就叫〈日本古代的神道與中國的宗教思想〉。在論文中，他批評日本學界一直否認中國道教的影響，總把神道教說成是日本土產，同時，他在日本著名學者津田左右吉之後，再次在非常敏感的「天皇」名稱上，提出「天皇」這一稱號實際上來自中國道教，這對於根據日本古典《古事記》和《日本書紀》的傳說而形成的「萬世一系」天皇神話，實在是相當嚴峻的挑戰，正如他的另一部著作《道教與古代日本》封面的腰封上標榜的那樣，這應當被視為「日本古代史像的轉換」。

---

1 福永光司，《道教と日本文化》（京都：人文書院，1982）。

有兩個關乎日本文
化主體的地方似乎不易
動搖，一個即日本文化是
獨立文化，它有著丸山真
男所謂恆久不變的「古
層」，這是日本民族具有
文化主體性的根本所在；
一個是神化的「天皇」歷
史，儘管有九州島上「漢
倭奴國王」金印和古墳時
代壁畫的發現，但是，傳
統日本觀念世界基本上堅
持天皇萬世一系，天皇包
括制度、稱號、神聖家族
是純粹的日本產物。

學術研究與國民感
情、歷史問題與民族立
場、客觀與主觀之間似
乎開始出現了複雜的糾
結。

　　什麼是「日本古代史像的轉換」？人們都知道，自從日本學者西島定
生提出日本受中國的影響主要表現在四大領域（漢字、儒家思想、律令
制國家、佛教）以來，日本學界大體上都承認，在日本史中這一部分「中
國元素」的存在。但是，傳統的日本學界在古代史上還有兩個關乎日本
文化主體的地方似乎不易動搖，一個即日本文化是獨立文化，它有著丸
山真男所謂恆久不變的「古層」[2]，這是日本民族具有文化主體性的根本
所在；一個是神化的「天皇」歷史，儘管有九州島上「漢倭奴國王」金印
和古墳時代壁畫的發現，但是，傳統日本觀念世界基本上堅持天皇萬世
一系，天皇包括制度、稱號、神聖家族是純粹的日本產物。在日本古代史
中，這兩點是不易動搖的，因為任何關於這兩個問題的質疑，都會引出
這樣的結果，即在小野妹子奉命出使隋帝國，用了平等身分的「日出處
天子致日落處天子」說法之前，是否日本一直在中國文化的籠罩之下？換
句話說，就是在日本確立自己神聖的獨立國家與自主文化之前，是否一
直在模仿著中國文化？

　　在這裡，學術研究與國民感情、歷史問題與民族立場、客觀與主觀
之間似乎開始出現了複雜的糾結，因此，福永光司這部書出版當年，就受
到了早稻田大學教授、著名道教學者福井文雅的強烈質疑，他在日本最
重要的道教學會刊物《東方宗教》第60號上發表書評，迂迴地批評福永
光司對「道教」定義不清，同時指出，在關於「天皇」等問題上，福永光司

2　丸山真男，《原型、古層、執拗低音──日本思想史方法論についての私の步み》，《丸山
真男全集》（東京：岩波書店，1996），第12卷，頁150-153。

沒有提到津田左右吉以及其他日本學者的研究。福永光司在次年(1983)
的《東方宗教》第61號上,以〈津田左右吉博士與道教〉為題,回應福井文
雅的詰問,並正面提起了津田左右吉的研究。這樣,關於道教、神道教的
論題便正面涉及了天皇的稱號與制度[3]。

二、津田左右吉及其對中國道教的判斷

　　福井和福永所說的津田左右吉,究竟是什麼人呢?這要從80年前開
始說起。

　　津田左右吉(1873-1961)在日本非常著名,曾經被稱為「最大的東洋
學者」,他的研究領域橫跨了日本與中國的歷史、文化與宗教。從1913年
到1938年間,他的《天皇考》、《神代史研究》、《古事記與日本書紀的研
究》、《道家思想及其展開》、《日本上代史研究》、《支那思想與日本》
陸續出版。作為白鳥庫吉的私淑弟子,他和白鳥庫吉一樣體現著明治維
新成功之後日本文化界對中國的普遍輕蔑,表現出日本要求擺脫中國歷
史和文化籠罩的爭勝心。他的這些著作一方面深受歐洲歷史學的影響,
追求歷史研究的客觀性和科學性,一方面日本中心主義立場相當強烈,
其歷史學常常與大日本主義立場分不開。他的諸多觀念中,一個重要的
思想就是,日本歷史與文化是獨自發展起來的,而不是在中國文化影響

3　這些論爭要點,後來也被福井文雅收錄在他的著作之中,《漢字文化圈の思想と宗教
　　──儒教、佛教、道教》,〈上代日本と道教との關係〉(東京:五曜書房,1998),頁
　　271-315。

下成長的。在《支那思想與日本》一書的前言中，他反覆說：

> 日本與中國，是各自的歷史、不同的文化，以及不同的世界。
>
> 日本文化是經由日本民族生活獨立的歷史展開而獨立形成的，
> 因此與支那文明全然不同。[4]

津田認為，過去日本知識人雖然信奉和閱讀中國經典，並以此為信條，但是，這些來自中國的經典文本與源於日本的生活世界卻相背離，因此，雖然日本也引入過道教內容，甚至包括「神道」這樣的詞彙，但那不過是單純的詞彙輸入，並不能在日本生活世界產生影響並成為信仰[5]。換句話說，就是儘管傳入了一些知識，但並未傳入道教這一宗教，所以，日本神道教與中國道教在本質上沒有關聯[6]。同樣，古代日本的「天皇」稱號，雖然採用了如中國《枕中書》之類文獻中的成語，但這一稱號中完全沒有中國的意味，這就如同日本和中國同樣對於作為星辰的「北極」格外重視一樣，因此，他覺得使用「天皇」稱號不必有顧慮。至於《日本書紀》中關於宇宙起源的說法，雖然也用了中國式的「天地剖判」這樣的詞彙，也只是日本人借用漢字的緣故，字詞雖然相同，但是並沒有背後的、中國的宗教性意義[7]。他反覆申說，在6世紀到8世紀，一方面日本讀

4　津田左右吉，《シナ思想と日本》，《津田左右吉全集》（東京：岩波書店，1973），第20卷，頁195。

5　津田左右吉，《シナ思想と日本》，《津田左右吉全集》，第20卷，頁251。

6　津田左右吉，《日本の神道》，《津田左右吉全集》，第9卷，頁2。

7　津田左右吉，《日本の神道》，《津田左右吉全集》，第9卷，頁26。

書人受到中國文獻影響，常常把原本是日本的歷史、傳說和故事「支那化」，逐漸在日本文獻中呈現出受到中國影響的知識人思想，並與日本底層和深處的民眾思想分離開來；另一方面這些文獻中攜帶的「中國思想」，又由於被來自日本本土的新意義所疊加，因而出現了「日本化」，不能算是「中國製」[8]。總之，津田左右吉強調的是日本文化自有主體性，中國文化包括道教在內，雖然波及日本，在日本留下很深的痕跡，但那只是一些文字、文獻上的「借用」，而不是根本性的「影響」。

按照福永光司的說法，津田左右吉作為明治時代成長起來的東洋學者，由於心中有日本維新成功的自負，因此，對中國文化包括中國道教的評價很低。比如在津田氏的《支那思想與日本》一書中，就充滿了輕蔑甚至侮辱，常常說「中國人不喜歡思考或不擅長思考」、「缺乏對事物探究之心，感受性遲鈍」、「非邏輯思維是中國思維的特徵」、「科學文化不發達，故精神亦不可能優秀」等，而對於道教，更說「其本質是中國的民間信仰，即彙集了祈壽福而來的祈禱和咒術、相信長生不死可能的神仙學說，思想淺薄而不值得關注」。這種對道教研究相當不利的判斷，甚至影響了後來日本關東地區甚至全日本的古代史學者[9]。可是，從一個二戰後成長起來的、出身北九州的人的記憶和經驗來看，福永光司覺得，津田左右吉的判斷未必正確，因為北九州也有竈神信仰，也有禱旱魃，也

8　津田左右吉，《日本の神道》第二章〈奈良朝までの思想について〉，《津田左右吉全集》，第9卷，頁20。
9　福永光司，〈津田左右吉博士と道教〉，《東方宗教》（東京：道教學會，1983年6月），第61號。

有持竹取水於神社而求雨，也有七夕星空之下書冊祈請天神等類似中國的風俗，顯然，中國風俗甚至中國宗教早已傳入日本。他懷疑這是因為在明治、大正以及昭和之初，津田左右吉處在日本越來越看不起中國的時代環境中，他為了強調日本人、日本文化的獨特性和優秀性，才這樣貶斥中國。他說，在討論日本與中國的文化差異性的時候，他寧可採取岡倉天心《東洋的理想》關於亞洲同一性的立場，他批評津田左右吉有兩個誤區，一是把中國社會與文化、思想「固定化」，二是忽略了西曆4世紀下半葉以後的道教文獻與思想學說，所以，津田輕率地否定道教以及道教對日本文化的影響，下了一個錯誤的結論。

然而，福永光司的這一論述再次遭到福井文雅的抨擊。福井文雅在《東方宗教》62號發表評論，批評福永光司根本不理解津田左右吉。他覺得，福永光司把津田的判斷說成是對中國人與中國文化的輕蔑是不對的。他引用津田關於「研究中國要有同情之理解，否則不能洞察真實思想與生活」的話，說明津田只是在批評那些對中國文化持完全崇拜，就像儒者對儒經的崇拜和服從一樣態度的人，並且認為，津田對於道教，並不像福永說的那樣輕視，否則不會有《道家の思想とその展開》、《神仙思想の研究》那樣的力作。他特別質疑福永光司對津田氏心理的揣測，認為對於前人的異國文化研究，不能僅僅追究和批評其感情好惡，尊重還是輕蔑，只應當評論他的研究結論是否正確。僅僅追究其態度如何，那是對愛好者，而不應是對研究者的要求。他諷刺福永光司說，他是把問題從津田左右吉的研究是否正確，轉向了津田的立場是否正確，這成了一種「詭辯」。

對於道教與日本文化之間的關係，福井文雅認爲，在道教對日本是有實質性的「影響」（influence）還是僅僅在文獻知識上被「借用」（borrowing）這一問題上，福永光司並沒有否定掉津田，反而是對津田結論的「補強」，福永光司的那些來自北九州的個人經驗雖然可貴，卻只不過是個別現象，不能擴大成爲「日本人的實際生活」[10]。

三、津田左右吉的困境：「影響」還是「借用」？

那麼，津田左右吉對中國文化（包括道教）與日本文化的判斷是否成立呢？我們再回到津田左右吉的時代，去看看當時的學術史語境。因爲，對於中國文化對日本，尤其是對中國道教對日本神道教與天皇稱號，是「影響」還是「借用」這一話題的爭論，無法抽離出當時的學術語境，恰恰要放回當時日本政治史和文化史中去考察。

我們知道，日本神代史是以《古事記》和《日本書紀》爲依據的，在日本的國學學者看來，這一歷史大體上有幾個要點，一是神授天皇，二是天皇萬世一系綿綿不絕，三是天皇的神聖性與日本神道的神聖性相關，即合法性與合理性甚至神聖性均來自這一歷史。這種歷史觀念在明治以後日本國家主義與民族意識日漸崛起的時代，在不斷被強化，爲了建設一個統一、獨立、強大的現代民族國家，「天皇」被神聖化，「神道」被尊

10　福井文雅，《漢字文化圈の思想と宗教──儒教、佛教、道教》。又，福井文雅也承認，如在守庚申、屍解、北斗信仰、存思等等方面，確實有中國道教因素。見其《中國思想研究と現代》（東京：隆文館，1991），頁271-315。又，參見頁149。

崇，日本明治時代的「大政歸還」和「神佛判然」，就是這一潮流的產物。1882年開始草擬、1889年正式頒布的《大日本帝國憲法》第一條第二條就規定，大日本帝國乃萬世一系天皇統治，天皇的神聖是不可侵犯的[11]。而日本當年流行，一直到二戰中仍然使用的「本國歷史教科書」中，上古史的第一章就是從天照大神到天孫降臨的「帝國及皇室之起源」，第二章開始是神武天皇，第三章便敘述崇神天皇、垂仁天皇等等。神道的歷史和天皇的歷史在這裡構成一個神聖系譜，支持著「大日本主義」的感情。

不過，津田左右吉雖然是一個感情上的日本主義者，但也是一個理性的歷史學家，在研究日本上代史的時候，他面對著一個相當尷尬的困境：一方面他不願意承認日本文化受到中國文化的影響，如前所述，他既批判中國文化與宗教，小心地切割中國文化包括道教與日本的實質性關係；但是另一方面他又不能無視歷史與文獻的證據，把日本上代史說成是自成系統的神話系譜。所以，他既把「中國」與「日本」分開，提升日本文化的獨特性，否定中國文化之影響力，要把中國之「臭」從日本清除出去[12]，也不得不追求歷史研究的客觀性，指出應神天皇、仁德天皇以後

11　此《憲法》之第七十三、七十四、七十五、七十六條，對冒犯天皇及天皇家人的「犯法」行為，確定了若干罪名。

12　溝口雄三指出，津田左右吉為代表的「近代主義中國觀」，對現實中國採取了批判的、蔑視的觀念，溝口認為，「近代日本自認為比亞洲非洲先進的觀念，是因為沒有根據各民族固有的、內在的價值標準，把握其文化，也來源於將歐洲的近代當作普遍的價值標準，並單方面向其歸屬」。見溝口雄三，《方法としての中國》（東京：東京大學出版會，1989），頁6。又，本書又有李甦平中譯本《日本人視野中的中國學》（北京：中國人民大學出版社，1996），頁5。

的歷史是層層積累地「製造」出來的，很多年代都不可靠。比如有的天皇年齡長得難以置信；從仁德天皇到雄略天皇的古史記錄，竟然和《宋書·倭國傳》記錄相仿，很有可能是中國的傳說「反傳」日本成了歷史[13]，就連較近的神武天皇東征的故事，他都同意松本信廣的研究，認爲這是後來形成的[14]。特別是，他還深刻地指出，神代史是在日本國家建構時，試圖在歷史和思想上論證和闡明國家的合理性而精心炮製的，是爲了將權力正當化的歷史敘述[15]。

可有趣的是，津田氏在1920年代至1930年代陸續出版的這些著作，在1930年代的日本卻遭遇到相當的麻煩。在這個時代，日本逐漸進入一種大東亞戰爭幻想的亢奮情緒中。1937年7月7日，盧溝橋事變發生，8月2日，日本的神道、儒家、佛教、天主教就聯合成立「精神報國大同盟」，8月17日，日本宗務局長更號召各宗教奮起，以促進國民精神，接著各個宗教都舉行「報國大會」，組織慰問日本皇軍。1938年3月30日，文部省與神道、儒教、佛教三教代表，以及國民精神總動員中央聯盟，簽署協議要在中國布教。1939年3月15日，除了東京的靖國神社外，日本全國的招魂社統統改爲護國神社。在這種把民族、國家、天皇、神道連成一體，並且幻想以日本爲中心的大東亞共榮圈的時代氛圍中，日本右翼對津田左右吉

13　津田左右吉，《古事記及び日本書紀の新しい研究》(1924年修訂本)，《津田左右吉全集》，第1卷，頁474-475。

14　這是他的博士論文《上代支那人の宗教思想》中的論證，載《滿鮮地理歷史研究報告》(東京：滿鐵調查所，大正九年即1920年三月)第六。參看松本信廣，《津田博士の憶い出》對這一情況的記載，收入《津田左右吉全集》，第9卷「附錄」中，1964年6月。

15　〈神代史の性質及び其の精神〉，載《神代史の研究》，頁563-564。

的研究進行大肆攻擊，其中像蓑田胸喜等人就說，津田對於天皇與神道的說法大逆不道，並且以「不敬罪」告發津田。在巨大的政治壓力下，津田在1940年1月宣布從其任教的早稻田大學辭職，同年2月，他的著作如《古事記與日本書紀的研究》等被禁止，連同出版商岩波書店的老板岩波茂雄也被一道起訴，1942年，東京刑事地方裁判所判決他有罪。

　　毫無疑問，每個民族都會為自尊和認同書寫歷史，「為了證明民族偉大，往往要證明歷史悠久」，這當然沒有問題。可是，關於過去的敘述只是依賴傳說嗎？提供過去的記憶只能相信一些神話嗎？歷史學僅僅是這樣的工具嗎？歷史學家一直宣稱歷史就像科學，科學的歷史學面對過去，應當像聚光燈下操手術刀的醫生去挖瘤割瘡，卻不應當充滿愛恨情仇去編造故事，在建構認同和追求真實之間，在國家需要與歷史事實之間，歷史學家究竟該何去何從呢？在那個時代，他們沒有選擇，津田左右吉的命運說明，學術常常被政治綁架，歷史敘述有時就像事後有意放在現場的證據。

四、「古層」復「古層」：關於神道與天皇

　　那麼，日本神道教、天皇制度與中國道教的關係究竟應當如何認識呢？

　　日本學者末木文美士在《日本宗教史》一開頭，就指出丸山真男「古層說」有一個癥結問題，即「古層」本身又是怎麼來的？他指出，丸山真男在〈歷史意識の古層〉一文中曾經以《古事記》、《日本書紀》的神話開

篇敘述，取出三個詞「なる（成爲）」、「つき（延續）」、「いきほひ（大勢）」，並用日本的空間、族群、語言和稻作方式等要素，作爲日本「執拗持續的低音」和「古墳時代以來的古層」。但是，末木文美士追問道，以這種所謂「不變的」觀念看「古層」是不合適的，「古層」仍然是逐漸建立的[16]。我想這是對的，日本自己常常宣稱來歷久遠的「天皇」、「神道教」，其實，也是歷史中逐漸形成的，「古層」下面還有「古層」。

先看「神道」。其實早在明治時代的1891年，受西方科學古史觀的影響，久米邦武就已經指出，「神道」本來是從祭天古俗中產生的，它非宗教，所以沒有「誘善利生」的思想，它只祭天，所以是攘災招福的活動，也正因此，它可以與宗教性的佛教並行不悖，形成「敬神崇佛」的王政基礎[17]。這是有根據。如果追溯歷史文獻，雖在《日本書紀》的「用明天皇即位前紀」、「孝德天皇即位前紀」中曾提到與「佛法」相對的「神道」，如「天皇信佛法尊神道」、「尊佛法輕神道」[18]，但津田左右吉認爲，「神道」這個詞應當來自中國，只不過它還不是像佛教那樣有組織的宗教，「神道」在日本是被多義地使用著的[19]。另一稍晚的學者黑田俊雄

16　末木文美士，《日本宗教史》（東京：岩波書店，2006），頁2。

17　久米邦武，〈神道乃祭天古俗〉，載《史學會雜誌》，第二編23號，頁230。

18　在《日本書紀》孝德天皇大化三年（647）四月二十一日「惟神」一詞的注釋（據說是平安時代羼入的）中也說到，「惟神者，謂隨神道，亦謂自有神道也」。

19　津田左右吉認爲，當時的「神道」，一是指自古傳來的，作爲日本民族風俗的包含了咒術的信仰，二是指神權、神力、神的地位和神本身，三是對「神」的思想和解釋，四是特定神社宣傳的神的學說，五是作爲政治和道德規範的「神道」，六才是宗派性的有組織的神道。《日本の神道》第一章〈神道の語の種種の意義〉，《津田左右吉全集》，第9卷，頁13。

則說,《日本書紀》的「神道」在世俗性祭祀與信仰中,是指「神性的、神聖的(狀態)」,但它絕不是日本特有的,而是東亞三國共同的習俗性信仰,至於作爲宗教的神道教的最終確立,應當在江戶甚至明治時代[20]。這個說法極具震撼性,不過也得到很多學者包括歐美學者的支持。有學者指出,日本古代的「神道」,本是綜合了巫覡方法、記紀神話、祭祀儀式、物忌制度,加上官方制度性的資源,才逐漸成熟起來的,一直到日本的中世時期,隨著天皇統治的正當化需要,才出現了14世紀度會家行(1256-1341)〈類聚神祇本源〉[21],和慈遍《豐葦原神風和記》之《神道大意》。尤其是15世紀末,吉田兼俱(又名卜部兼俱,1435-1511)《唯一神道名法要集》(1484)出現[22],催生了與佛教區分,自立門戶的自覺意識後,才使神道教內容和規制逐漸體系化,並且羽翼豐滿,凸顯了神社和祭祀

---

20 參看黑田俊雄,〈「神道」の語義〉,載《日本思想大系・中世神道論》(東京:岩波書店,1977),附載《月報》第57期(1977年5月),頁1-2。

21 度會家行是伊勢神道的理論闡述者,他反對以佛教為主、神道為輔的「本地垂跡」說,有為神道扭轉屈從地位,確立神本佛跡的主體地位之趨向。〈類聚神祇本源〉原文,收入大隅和雄編,《日本思想大系・中世神道論》(東京:岩波書店,1977)中,可以看出他相當多使用中國文獻資源,如大量引用《古今帝王年代曆》、《周子通書》、《老子道經》、《周易》、《五行大義》、《元命苞》等等,頁281-301。

22 吉田兼俱清理了當時神道的系統,一開始就指出神道分為三,一是本跡緣起,二是兩部習合,三是元本宗源,他站在第三種即元本宗源的立場,認為「元」是明陰陽不測,「本」是明一念未生、「宗」是明一氣未分之元神,「源」是明和光同塵之神化,這一派是依據聖德太子《先代舊事本紀》、《古事記》、《日本書紀》為本,奉《天元神變神妙經》、《地元神變神妙經》、《人元神變神妙經》三部經典。不僅用中國的「三才」說法,而且書中還有「無上靈寶」、「三清」等等辭彙,更有三種「靈寶」是《日本書紀》所謂鏡、劍、瓊玉的說法,可以看出,這種為神道重新奠基的思路,仍然有很多來自中國道教的內容。〈唯一神道名法要集〉原文,收入大隅和雄編,《日本思想大系・中世神道論》,頁318-333。

的權威、神官系譜的正統、自然和天皇的神聖[23]，從而形成了體系化的神道教。但這個時候已經是日本的中世末期了[24]。

再看「天皇」。日本學者經過長期考證，發現在720年《日本書紀》確立「天皇」名稱之前，在不同資料中也確實曾經有過這一詞彙，如推古四年(596)的元興寺塔露盤銘文、十三年(605)元興寺釋迦牟尼光背銘文、十五年(607)法隆寺銘文等等，在推古天皇十六年(608)小野妹子出使隋朝的國書中，他們認為已經有了正式的「東天皇敬白西皇帝」(但在《隋書·東夷列傳》中的記載是「日出處天子致書日沒處天子無恙」)。由於中國文化傳入日本遠遠早於6世紀末7世紀初，所以，即使是這些資料都可信，「天皇」的名稱仍然很難說沒有中國的「痕跡」。所以，津田氏在1920年發表的《天皇考》中，也說這一稱號來自中國道教和中國古典[25]，只是

<hr />

23　大隅和雄在〈解說：中世神道論的思想史的位置〉中討論慈遍等思想的時候，也強調在「現世」問題上，神道在這三方面相當明顯，並且特別指出由於中世神道理論，在論述天地開闢之後，在天皇統治國家的問題上，便有了各種正當理由，因為天皇有各種德行和能力，其中這些德行和能力的理由，有來自儒教的、也有來自伊勢神道的。見《日本思想大系·中世神道論》，頁359-360。

24　參看末木文美士，《中世の神と佛》(東京：山川出版社，2003)。也有人認為，自成系統的神道教是德川時代才開始成立，一部分神道學者通過強調尊皇忠君，主張神道教獨立，在德川後期，才由荷田春滿、平田胤篤，逐漸形成復古神道，依據《記》、《紀》，反對依附佛教。

25　《天皇考》一開頭就說，「我國『天皇』御號，無疑是漢語而不是國語」，文中引用了像《春秋合誠圖》、《史記·封禪書》、《史記·天官書》等資料，指出古代中國有從占星術中的「北極」而來的天皇觀念，有從神仙傳說及道教思想中來的天帝觀念，最後，他總結說「以上述事實為背景考察，可以知道(日本的)『天皇』這一御號，還是採支那成語，多半是從神仙說等與道教有關的書籍(如《枕中書》之天皇、地皇、人皇稱號等)中來的」，載《津田左右吉全集》，第3卷，附錄4，頁474-490。

他覺得，這不過是「借用」了中國的詞彙而已[26]。

可是，正如黑田俊雄所說，神道也好，天皇也好，前者作爲日本文化根基的一個宗教，和後者作爲日本政治的一個象徵，維護它的歷史來源的自主性和獨立性，「對日本人來說，是從不可避免的、無選擇餘地的、深層和潛在的力量及價值來接受的」。

五、中國影響：日本學界的新觀點

那麼，從歷史與文獻上看，天皇與神道教，究竟有沒有中國的因素甚至影響呢？

儘管日本有著很多出於民族自尊而不願意承認中國影響的學者，但是，也有很多秉承歷史研究應持客觀立場的研究者，他們從中國和日本文獻中找到了不少證據，說明在日本文化中，中國道教有著深刻影響（而不只是借用）。

在較早一輩的著名學者中，如黑板勝美《我國上代中的道家思想以及道教》從《古事記》、《日本書紀》等文獻與考古遺跡中討論道教在日本的痕跡，妻木直良《道教思想在日本》討論了平安時代道教經典傳到

26　這種說法後來被很多人接受，像中村璋八《日本の道教》就說，「日本所使用的『天皇』這個稱呼，在東漢以後已被中國人當作民族宗教的道教所使用，但是，日本所採用的『天皇』這個稱呼，在含義上和內容上，並非作爲道教之神的『天皇』，也不是知識分子的五行說和讖緯說中的『天皇』，僅僅是採用了漢字而已」，他批評日本有的學者主張「天皇」來自道教「天皇大帝」，「不是正確的解釋」。見中村璋八，〈日本の道教〉，載福井康順等編，《道教》（朱越利中譯本，上海：上海古籍出版社，1992），第3冊，頁7。

八坂瓊曲玉　　　神璽　　草薙劍

神道教三種神體圖

日本特別是《老子化胡經》傳到日本的過程，小柳司氣太《道教的本質及其給予本國的影響》更是直接談論到這一話題[27]。其中，尤其是以研究中國爲職業的中國學家，爲凸顯中國古道教研究對於日本文化的自我認識有價值有意義，特別發掘各種史料，來證明道教在日本的痕跡。如那波利貞在1952年發表的長篇論文〈關於道教向日本的流傳〉就指出，道家思想傳入日本應當在歸化人時期，此後，至少在奈良末期傳來了道教，並與佛教結合（神佛習合），這時的道教儀式中，如四方拜、祀星、靈符神社、庚申信仰、司祿司命崇拜等等，都進入了日本[28]。接著，道教研究學者窪德忠也在〈日本的守庚申〉中指出，根據奈良縣上之鄉村的調查，守庚申傳統是由中國道教關於三屍的信仰而來的，據圓仁《入唐求法巡禮行記》的記載，在唐代日本與中國的這一風俗是完全相同的[29]。

其實，就在神道教所謂「天子三種靈寶」的「三種神器」，即八咫鏡（《唯一神道名法要集》作「內侍所神鏡」，在伊勢神宮）、天叢雲劍（《唯一神道名法要集》作「草薙寶劍」，在熱田神宮）、八坂瓊曲玉（《唯一神道名法要集》作「神璽八坂瓊」，在皇宮，與御璽在一起作爲天皇相傳的正統憑據）中[30]，很多人已經看到它與同樣崇拜「鏡」、「劍」、「印」這些

27　上田正昭在《古代信仰と道教》中已經歷數津田左右吉、和辻哲郎、那珂利貞、黑板勝美、下出積與的研究，載福永光司等，《道教と古代の天皇制（日本古代史新考）》（東京：德間書房，1988）。

28　那波利貞，〈道教の日本國への流傳に就いて〉（續），載《東方宗教》（東京：日本道教學會，1954年1月），四、五號合刊，頁118。

29　窪德忠，〈日本における庚申待〉，載《東方宗教》，第八、九號合刊，1955年3月。

30　吉田兼具，〈唯一神道名法要集〉，大隅和雄編，《日本思想大系・中世神道論》，頁322。

明刻《福建沿海圖》以海為上岸為下

神器的道教之間的隱約關係。福永光司多年來曾經反覆強調這些證據。近年來坂出祥伸更全面地舉出八坂庚申堂、大將軍八神社、泰山府君信仰與赤山禪院、吉田神社齋場大元宮本殿八角形、伏見稻荷山之大日本大道教道觀、妙見菩薩與鎮宅靈符等等日本文化現象,證明道教對日本的「影響」[31]。他們始終覺得,在中國道教之後形成的日本神道教,在崇拜、儀式、方法和詞彙上,儘管不完全是照搬,但也一定受到了中國道教和日本古俗兩方面的影響,所謂「古層」更有「古層」,原來歷史悠久的宗教信仰也有它的來歷。

那麼,「天皇」之稱呢?在津田左右吉之後,尤其是二戰結束後的自由學術空氣中,更有很多相似的研究,比如下出積與《日本古代的神祇與道教》、山尾幸久《古代天皇制的成立》等等,都曾經討論過這個問題。不過,最重要的仍然是福永光司,他在1982年出版《道教と日本文化》之後,在1987年更是推出了《道教と古代日本》,在開篇〈天皇考六題〉中,進一步提出六項證據,證明「天皇」稱號受到過中國思想的影響:

> (1)689年草壁皇子死,宮廷歌者柿本人麻呂的輓歌中有「天皇」一詞(《萬葉集》卷二),684年即天武十三年,制定「八色之姓」,以中國道教神學中有關神仙世界之高級官僚的名稱命名,686年,天武天皇去世,其諡號為「瀛真人」,就是中國道教神仙傳說中的「瀛洲」之

---

31 參看阪出祥伸,《道教とはなにか》(東京:中央公論新社,2005),第九章〈日本文化と道教〉。

「真人」。

　　(2)712年成書的《古事記》記載天孫降臨有「神鏡」的記載，又有獻「草芸那之大刀」的記載，這與道教崇信鏡與劍有關。

　　(3)道教神話中想像「八角垂芒」，而天皇與八角形相關，所謂「八紘一宇」[32]、御針座、伊勢神宮作為御神體的鏡，均是「八顯八葉形」。

　　(4)中國古代崇尚紫色，與最高神太一有關，如「紫宮」和「紫微」，而天皇也崇尚紫色[33]。

　　(5)神宮祭祀與道教祭祀形式常常有關。

　　(6)「神道」與「天皇」相關，而「神道」一詞來自道教經典如《太平經》，而「天皇」一號曾被中國皇帝使用，如唐高宗。

　　在接下來的一篇中，他更從縱橫兩個方面，指出道教在日本有相當多的痕跡，不僅神社的「幡」、「鏡」作為神人象徵的信仰，有道教的影子，天武天皇、天武皇子、持統天皇也都與道教有深刻的關係。到了1988年，他和著名的學者上田正昭、上山春平合作，推出《道教と古代の天皇制》，並提出一個有趣的想法，認為古代中國自從墨子的有神論宗教思想以來，經過董仲舒的天人感應思想和瑞應災祥論述，《太平經》的神

---

32 「八紘一宇」是神道教的說法，「八紘」出自《淮南子‧原道》「八紘九野」，高誘注釋中說，「八紘」就是天之八維，《日本書紀‧神武紀》中說，「兼六合以開部，掩八紘而為宇」，意思就是天皇統治下的是籠罩天下的國家。

33 《日本書紀‧推古天皇紀》記載西元603年聖德太子行「十二階冠位制」，以德、仁、禮、信、義、智為階，各配顏色為冠服，其中最高位的「大德」、「小德」配紫色，有人認為與中國的太一紫宮信仰有關。

這讓我們越來越相信，有時候，日本「中國研究」的問題意識常常來自「日本背景」。

道神咒方法，以及漢末三張道教、北魏寇謙之、南朝陶弘景到唐代道教，中國有一個古老而悠久的神道即肯定「神」的思潮潮流，日本古代思想觀念正與這一潮流有關[34]。他批評日本的中國道教研究缺乏應有的問題意識[35]，從他自己對於中國道教「鏡」與「劍」的研究論著中，確實可以看到他的中國研究中有明顯的日本問題意識[36]。

這讓我們越來越相信，有時候，日本「中國研究」的問題意識常常來自「日本背景」。

六、轉道高句麗？道教在東亞傳播的路線圖

如果我們不拘泥於「神道教」與「天皇」這兩個敏感焦點的話，其

34　福永光司，〈天皇與真人〉，載福永光司等，《道教と古代の天皇制》（東京：德間書房，1988）。此書是在1977年，福永光司和上田正昭、上山春平在高崎哲學堂作「市民與學問」的演講和對談基礎上整理而成的。可見他們早就有這一想法。

35　前引《道教と古代日本》，特別是「為發達的道教研究」一節，頁19-47。

36　1973年，他發表的〈道教における鏡と劍──その思想の源流〉，不僅將道教器物研究與思想研究非常精彩地融合在一起，而且已經隱含了對日本神道信仰中的鏡、劍信仰尋根潮源的意味。1982年到1987年，他連續出版了以「道教」和「日本」為題目的三部隨筆式論文集，除了前面提到的《道教と日本文化》（東京：人文書院）、《道教と古代日本》（東京：人文書院）之外，還有一部《道教と日本思想》（京都：德間書店）。1987年，他又出版了《道教思想史研究》（東京：岩波書店）和《日本の道教遺跡》（與千田稔、高橋徹合作，東京：朝日新聞社，1987）。在他的研究中非常突出的強調點之一就是道教與日本的深刻聯繫，不僅是「天皇」稱號，日本的很多神話、傳說、儀式、風俗都與中國道教的東傳有關。此外，他還和上田正昭、上山春平合編了《道教與古代天皇制》，直到1990年他為《東洋思想》（東京：岩波書店，1990）第三卷《中國宗教思想》所寫的長達152頁的序言〈中國宗教思想史〉裡，還以「道教と八幡大神」、「〈おもろ〉の創世神話と道教神學」為題的「補論」，特別提醒讀者注意道教在日本留下的深深的痕跡。

實，我們可以看到中國道教對日本的廣泛影響。就在《日本書紀》卷十四雄略天皇四年二月，就有天皇在大和之葛城山遇見蓬萊神仙的記載，二十二年又有浦島子受邀請遊歷蓬萊的故事，「蓬萊」顯然是中國傳說，也是道教故事。即使在舊天皇去世和新天皇即位的儀式中，也有「諒闇」、「奉祝」、「大嘗祭」、「大饗」等等儀式，可能就來自中國古禮，與儒家和道教不無關係[37]。如果我們接受早期道教曾經傳入日本，並對日本文化產生影響的說法，那麼，下面一個問題就應當是追問，中國的道教是如何傳到日本的？

由於文獻與實物證據的匱乏，關於這一問題的探討仍然只能是一些初步的推論。

福永光司本人相當重視「古代日本與江南道教」的關係，他認為，自古以來江南的吳國就和古代日本有交流，「倭人」曾被視為吳太伯的子孫，而江南尤其是茅山道教相當重要和興盛，因而他一直懷疑，江南的道教與巫術會對日本有深刻影響。而與福永光司接近的上田正昭，則從公元702年之前由「歸化人」執筆的《延喜式》中所載宮廷祭禮咒語中有「皇天上帝，三極大君」以及東王公、西王母等道教色彩的神名，推測道教信仰可能隨歸化人而來[38]。而否認福永氏「天皇稱號與道教有關」說的中村璋八雖然認為，「（儘管）帶有建立道觀與道士布教的教團道教根本沒有傳到日本來」，但是他也承認，5世紀前後（即應神、仁德年間），道

37　參看土肥昭夫、戶村政博合編的《天皇の代替わりとわたしたち》（東京：日本基督教團出版局，1988），戶村政博所撰第一章，頁19-48。

38　上田正昭，《古代の道教と朝鮮文化》（京都：人文書院，1989，1991），頁8。

教在江南已經合法地流傳，大量來自朝鮮半島和長江三角洲地區的歸化人，確實會給日本帶來道教的各種內容，特別是大和朝的歸化人已經在中央與地方占據了重要位置，所以他們雖然並非道士，但是會傳入道教信仰知識。

但是，無論如何應當強調的是，朝鮮應當是最重要的轉運之道，日本學界越來越注意這一路徑，前引上田正昭書中就說，「高句麗、百濟、新羅道教過去被輕視與忽略了，現在我們之所以要特別討論，是與強調朝鮮、日本、中國道教信仰的關聯性這一研究趨向有關」[39]。其實，高句麗、百濟、新羅的道教存在，是很早就被學界認識到的，在1959年出版的李能和《朝鮮道教史》中，作者曾經提出，與中國內地政權接壤的高句麗王朝，曾經先信奉五斗米教，然後學習了《老子》，因而漸漸受到道教的影響[40]。這一觀點在車柱環著《朝鮮的道教》進一步得到發揮。車氏引用《三國史記》卷十六《高句麗本紀四》的記載說，中國的道教應當是通過領土深入大陸的高句麗傳來的。漢獻帝建安二年(197)，「中國大亂，漢人避亂來者甚多」，所以很可能由難民傳入當時興起的五斗米道。至於明確的文獻證據，則是在《三國遺事》卷三「寶藏奉老」條《高麗本紀》中，這一記載明確地說，唐武德、貞觀年間(618-649)，高句麗人爭相信奉五斗米道。魏晉以來在江浙一帶盛行的道教沿江岸地域北上，並沒有太大的變化，7世紀初在高句麗有了很多信仰者，所以，當唐高祖聽說這一

39　上田正昭，《古代の道教と朝鮮文化》，頁266。
40　參看李能和(1869-1943)之遺著，《朝鮮道教史》(首爾：東國大學校，1959)，第一章〈總說〉。

情況，便於榮留王七年(624，武德七年)贈給高句麗道士天尊像，並讓他們宣講《道德經》。而在《三國史記》卷二一《寶藏王本紀》二年和卷四九《蓋蘇文傳》中，都記錄了有關道教的資料。據說，當時蓋蘇文向國王稟報說，「三教譬如鼎足，闕一不可，今儒釋並興，而道教未盛，非所謂備天下之道術者也，伏請遣使於唐求道教以訓國人」，結果得到國王支持，後來唐太宗便「遣道士叔達等八人，兼賜《老子道德經》」。據說，高句麗國王非常歡喜，讓這些道士住在佛寺中[41]。

顯然，至晚在初唐時代，制度性的宗教道教在高句麗已經生根，然而零星的道教信仰恐怕更早就傳入高句麗、百濟等國。我們知道，日本受到百濟文化影響甚深，不僅儒家經典是由百濟傳入，道教恐怕也可能由這一路線，相當早地傳入一海之隔的日本。《日本書紀》中記載，推古天皇十年(602)冬天，百濟僧人觀勒就到了日本，給日本帶來了「曆本及天文地理書，並遁甲、方術之書」。

在這些天文、地理、曆法、遁甲、方術之書中，會沒有道教的內容嗎？

七、中國學家加入論戰：宮崎市定的說法

通常，中國研究者比較願意接受「中國道教影響日本文化」，包括

41　車柱環，《朝鮮の道教》(三浦國雄、野崎充彥日文譯本，京都：人文書院，1990)，頁39。

「天皇稱號來自中國」這樣的說法，比如嚴紹璗在《日本中國學史》中，就認爲「天皇」來自道教，而從天皇觀念中「可以覓到早期道教文化傳入日本的痕跡」，他沿用福永光司的說法，認爲天皇傳說中有關鏡、劍、玉的信仰痕跡就是道教影響的證據。他還順便說了一句，在日本，早期最高等級的政治稱號可能先是「大王」，7世紀初才逐漸確立「天皇」的觀念[42]。

說到「大王」，就必須要提及宮崎市定的研究。作爲一個傑出的亞洲史學者，宮崎市定的視野常常超越中國，涵蓋了整個「東洋」即亞洲，而他對中國研究的問題意識和現實關懷，同樣常常來自日本本土。不過，他一方面尊重歷史資料，不輕易否定日本文化中有中國文化影響的因素，另一方面他也比較傾向否認中國道教的直接影響，而比較願意承認來自印度佛教的間接影響。1978年，出於對當時日本學界關於古代「天皇」稱號之前用「大王」稱號的說法的懷疑，他重新對這一涉及日本和中國的歷史糾葛，作了詳細的研究，並在當年岩波書店著名的《思想》雜誌4月號發表了〈關於天皇稱號之由來〉的考據文章。他指出，日本確實有一些關於古稱「大王」的資料，比如熊本縣江田船山古墳出土的大刀銘文、和歌山縣隅田八幡宮藏畫像鏡銘文、法隆寺金堂金藥師佛光背銘等等，但稱「大王」的時代大約是4至5世紀，當時中國仍然是沿襲古代，所謂「大王」只是尊稱而不是正式稱號，日本也應當是沿用漢文中的習慣用法而已。

---

42 嚴紹璗，《日本中國學史》（南昌：江西人民出版社，1991），第1卷，頁51-53。

但是，同時他又提出一個猜測，他覺得東亞諸國曾經流行「天王」的稱號，尤其是在4至5世紀，在中國北方政權如石勒等人，就用這個稱號，他們試圖用這個來自佛教的稱號復活古代制度，從「王」升格爲「天王」。因此，在那個中國最流行「天王」的時代（天王馮弘之燕國滅亡在436年，相當於日本允恭天皇二十五年），日本有可能經過百濟、高句麗的途徑，受到中國的影響，把對最高統治者的稱號由「王」升格爲「天王」，再由「天王」升格爲「天皇」。他從宮內省圖書寮古本《日本書紀》中發現，有兩處原本是「天王」的地方，後來均改作「天皇」。他推斷古代日本在制度上用「天王」稱號當在雄略天皇前後，即所謂倭之五王時代，而轉用「天皇」則在聖德太子攝政的推古時代了。

　　爲了證實這一論斷，他既研究了日本的「七支刀」，研究了印度佛教的「毗沙門天王」，也研究了中國北朝時期流行的天王稱號，他覺得從這些歷史證據來看，津田左右吉的說法有問題[43]。津田左右吉曾經否認「天王」這一稱號的使用歷史，始終希望在道教諸神中發現日本天皇的淵源。宮崎市定對此相當不以爲然，他一方面指出中國「五胡十六國」的天王稱號可能曾經影響過日本，因爲從聖德太子之後，日本與中國開始有直接國家交往，稱號問題便會提上日程，迫使日本尋找合適的稱號，來自印度佛教的「天王」稱號可能就被借用；另一方面他否認津田左右吉的道教影響說，他質問道，「這一說法的前提，是日本深受道教與道教習俗的影響，但是這是可靠的嗎？確立一國主權者的稱號，乃國家之大事，後

43　參看《宮崎市定自跋集》（東京：岩波書店，1996）中他晚年的回憶和總結，頁367。

「桔逾淮則爲枳」確實是一個普遍現象，文化傳播常常不是原汁原味，需要考慮到傳播途徑與接受選擇兩方面，對文化來龍去脈的歷史學追蹤，也不宜用「原旨主義」的方法。

來因爲是否採用佛教語詞，曾引起國家分裂和紛爭，那麼爲什麼當時採用道教的神名，卻沒有人來反對呢？」[44]

八、桔逾淮則爲枳：中國道教與日本神道教之差異

我們應當承認，「桔逾淮則爲枳」確實是一個普遍現象，文化傳播常常不是原汁原味，需要考慮到傳播途徑與接受選擇兩方面，對文化來龍去脈的歷史學追蹤，也不宜用「原旨主義」的方法。日本神道教的內容相當龐雜，來源不一，正如末木文美士指出的，給「神道」下定義「是頗爲麻煩的事情」，而簡單地斷言神道教受什麼影響而形成，也相當困難[45]。

在中國道教與日本神道教之間，差異最大的，可能是中國道教儘管大量吸收儒家與佛教的因素，但是無論在教義、崇拜、儀軌還是教團上，都保持了宗教本身始終的獨立性，而日本的神道教則來源錯綜、邊界模糊，而且教義龐雜，有相當強的兼容性。通常，由於宗教絕對性與唯一性的存在，宗教與宗教之間在崇拜對象、神學原理、儀式方法、教團組織等等方面有差異，總有一些難以融通的界限。在中國，佛教與道教之間，儘管在皇權高於一切的政治體制下逐漸有合流趨勢，但是，仍然佛教歸佛教，道教歸道教，寺院與道觀並不合一，僧人與道士之間仍各有規矩，拜釋迦的和朝三清的，仍然井水河水涇渭分明。然而，在日本

44　宮崎市定，〈天皇なる稱號の由來について〉，原載《思想》1978年4月號，收入《宮崎市定全集》（東京：岩波書店，1993），第21卷「日本古代」，特別參看頁303。

45　末木文美士，《中世の神と佛》（東京：山川出版社，2003），頁7。

卻會出現所謂「神佛習合」(しんぶっしゆごぅ)這樣的宗教現象。按照一些研究者的說法,「神佛習合」是日本古代宗教最大的特徵,本來是日本土產的神道之神,居然可以被置於佛教六道中「天」的範疇,作為佛教護法神,位在佛陀之下(據說這些神雖然仍未脫離輪迴,但已經是六道中最高一道),本來是供奉天神的神社,居然也可以在旁建立神宮寺以供佛像與讀佛經。按照古代日本神道理論的說法,神道教就是佛教,佛的法身(本身)隨時應機說法,而神道的神靈就是佛或菩薩的化身(應身),如「天台神道」所謂比睿山「山王」為釋迦牟尼的化身(垂跡)[46],「兩部神道」所謂伊勢神宮之天照大神是大日如來之化身(垂跡)等等[47],因此才會有所謂「本地垂跡」等學說。以至於有人認為「神道並非特定的宗教,而是傳統的習俗」。

正是因為如此,在日本需要強調本民族的自主獨立,凸顯日本歷史和文化的悠久深厚,確立天皇「萬世一系」的神聖性的時候,神道教就在一波高過一波的民族主義潮流中,逐漸與佛教分離,不僅在14至16世紀間出現了度會家行、慈遍、吉田兼俱等人關於神道歷史與理論的著作,在17至18世紀還有了吉川惟足(1616-1694)、山崎暗齋(1618-1682)、賀茂真淵(1697-1769)和本居宣長(1730-1801)這樣從政治學說和宗教信仰兩方面凸顯日本文化的儒學家兼神道學者,到了19世紀更有平田篤

46　天台神道,指平安時代(794-1192)以日本天台宗教義為基礎的神道學說,認為釋迦牟尼是比睿山王的本體,以此論證神佛同體,有《一實神道記》等文獻。

47　兩部神道,指兩部習合神道,因以佛教真言宗教義為依據,「以佛法合於神道」,從鐮倉時代到室町時代(1192-1573),逐漸形成,有《天地麗氣集》等文獻。

胤(1776-1843)這樣極端復古的神道教鼓吹者。因此,在明治初年出現了「祭政一致」的強烈呼聲,也引起了著名的「神佛判然」事件。爲了說明日本文化的獨立性,爲了確立天皇制度的神聖性,神道必須擁有悠久的歷史並成爲一個獨立的宗教,與佛教劃開界線。

可是,這些歷史現象和宗教特性,在中國道教這裡是完全沒有過的,儘管神道教和天皇制度也許受中國道教影響,但是,我們要承認,在日本風土中生長的神道教、天皇制,他們自有更多日本文化的淵源,也自有它們全然不同於道教的命運。

結語　有關道教、神道教與天皇制的爭論背後

可是,仍然有很多日本學者不願意接受這種道教影響神道教和天皇制的說法。福井文雅一直在批評福永光司的說法,在後來的論文尤其是〈日本道教研究史和一些相關的問題〉中,他逐條反駁道教影響說。比如說,他認爲福永光司未能讀懂《古事類苑》和《群書類從》中的一些文獻。又說,據日本人淡船三海《唐大和尙東征記》,8世紀的日本政府拒絕了道教傳入,因而道教從來不像佛教那樣成爲組織的傳入日本。他認爲,現在列舉的若干道教內容因素,其實是一些日本很早就從中國接受的民間信仰,不能算在5世紀才形成的道教頭上[48]。他對法國學者接受

48　福井文雅,〈日本道教研究史和一些相關的問題〉,辛岩譯,載《世界宗教研究》(北京:世界宗教雜誌社),1996年第1期,頁129-140,特別參考頁133-134。

福永光司說法相當憤慨，甚至把這場筆仗打到了歐洲。1985年9月，他在法國巴黎召開的「日法多領域學術討論會」中的「道教與日本文化」論壇上，發表〈「天皇」號の成立についての問題點〉，既對法國學界受福永光司影響，認爲「天皇」稱號受到中國道教影響，而在推古朝成立的說法，表示相當不滿，也認爲施博爾(施舟人，Kristofer M. Schipper)認爲唐高宗已使用「天皇」一稱，故日本「天皇」稱號可能在持統朝(686-697)成立，而前此「天皇」記載應當是後來改正的說法十分不妥。他強調，在天皇稱號「成立」問題上，「西方的中國學研究者(除了少量美國學者)多持日本文化爲中國文化的模仿和影響之產物的觀點，因此，往往偏向於接受日本上代史上的中國道教影響說，如果這樣，我擔心會助長這種研究的傾向，因此希望區分『真正活的宗教性道教』和『只是作爲知識的道教』」[49]。他的意思仍然是，道教知識雖然被日本「借用」，但是，道教宗教卻不曾「影響」過日本。因爲道教和儒、佛不同，「從未有組織性的傳來，也沒有過祀奉道教神像的教團」，而「天皇」之稱也不能說是來自中國道教[50]。

　　也許關於道教、神道教和天皇制的歷史糾葛，要想得到確切的結論，還需要繼續發掘資料，還可能繼續爭論下去，但是，就像我在論文一開頭說到的，從學術史和思想史的角度看，在這一學術論爭中有以下三個啓示：

49　福井文雅，《中國思想研究と現代》，頁216-220。
50　福井文雅，《中國思想研究と現代》，第二章〈道教通觀〉，頁149。

第一，中日文化交涉史上的這一爭論，說明歷史性的學術課題背後，始終有現實性的政治因素，身處某一時代環境中的學者，很難避免當時政治、文化和社會環境的糾纏，因而具有問題意識的學術研究中，常常會帶有某種現實關懷的痕跡，學者在「道」與「史」之間，常常會出現很難抉擇的困境。

第二，不同國家的學者對於同一歷史有不同的立場、心情和思路，這很正常。今天我們面對日本的「中國學」，其實，首先需要把它看成「日本學」，從他們自己的政治史和學術史脈絡中，了解它的問題意識、思考立場、研究方法之由來，這樣，才能對「國外中國學」有真正的理解。

第三，在文化交涉史中，我們需要對異國文化和歷史有「同情地了解」，注意在看似相同的歷史現象中，找到彼此微妙的不同，並對這些不同處進行深入的發掘，切不可簡單進行比附。

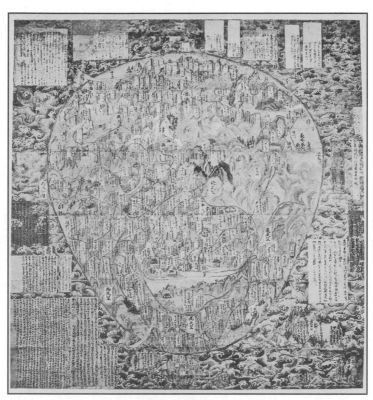

五天竺圖(貞治三年，1364)

第三編

理解亞洲與中國歷史的方法

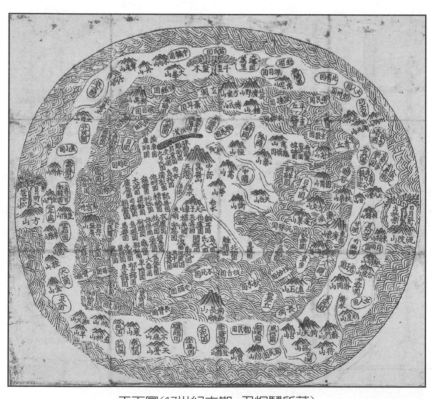

天下圖（17世紀末期，尹炯斗所藏）

第七章
邊關何處？
—— 從十九二十世紀之交日本「滿蒙回藏鮮」之學的背景說起

引言　問題的提出

　　很長時間裡我一直強調，即有關中國歷史和文化的學術史研究，既包括本國的研究，也包括域外的研究，都要注意三個關節點：第一，是要了解這些學術風潮的起伏變化背後的政治因素，儘管很多人認爲，現代學術的特徵就是學術與政治的「分化」，學術可以成爲獨立的領域，但我始終不相信這種「切割」可以如此「一刀兩斷」；第二，要注意這些學術研究的資料、焦點和方法的變遷，學術史和思想史不同的地方，就是它不能離開具體而專業的學問，去討論高尙而抽象的觀念，大判斷需要來自小結裏。爲什麼陳寅恪說要「預流」？因爲學術也如河流，一波才去一波隨，任何資料、焦點、方法的移動，都會引起歷史追溯、文化認同、傳統解說的更深刻變化；第三，是要注意這種學術在不同學術共同體之間的彼此較量和競爭，不僅早期歐洲東方學與日本東洋學有彼此較長論短的心態，中國學者，無論是沒有出洋的陳垣，還是深受西洋學

在這一節裡，我將從十九、二十世紀之交，即中國的晚清民初，也就是日本的明治大正之間中國、日本的學術史中，討論以下幾個問題。

術訓練的陳寅恪、傅斯年、胡適，都有非常深的「把漢學中心從法京(巴黎)和日京(京都)移回來」的想法。

在這一節裡，我將從十九、二十世紀之交，即中國的晚清民初，也就是日本的明治大正之間中國、日本的學術史中，討論以下幾個問題：

為什麼那個時代，原本聚焦於漢族中國歷史文化的日本東洋學界，會出現對中國四裔即滿(洲)、蒙(古)、回(疆)、(西)藏、(朝)鮮的強烈興趣？

這種學術史上的興趣，與日本政治背景有什麼關係？與歐洲東方學中的西域南海史地之學有什麼關係？

為什麼中國學界在那個時候，並沒有形成類似的學術興趣，與重建的民族國家相互呼應？原本興起的西北史地的關懷與對蒙古史的興趣，何以最終卻成為「絕域與絕學」？

一、晚清民初或明治大正之際：日本對「滿蒙回藏鮮」研究的興趣與東洋史學的形成

晚清民初也就是日本的明治大正時代，日本的東洋史學逐漸成型，中見立夫在一篇論文中說，「日本『東洋史學』學術領域之形成，大約在1894年至1904年這十年，即日清、日俄戰爭之間，這一形成期的時代背景——即向大陸帝國主義侵略初期——對此後東洋史學的展開，有極

大的影響」[1]。這是相當正確的，不過我試圖把東洋史學的「黎明期」稍稍擴大，把它放在1891-1915年，即整個晚清民初，即明治大正時期來討論，因爲完整地看這個日本與中國同樣激蕩的巨變時代，才能看到，這恰恰是日本政界有關「中國」論述的變化期，也是日本學界所謂「滿(洲)、蒙(古)、回(疆)、(西)藏、(朝)鮮」之學興起的關鍵時期，以此來對比同時代的中國學術史，日本有關「中國」和「周邊」的學術史變化及其政治史背景，就特別值得深思。

衆所周知，這一時期的日本學界對中國及周邊的研究，不僅涉及到環繞中國東南西北各方，而且涉及到各個民族和區域的歷史、宗教、語言、地理諸領域，幾乎可以說是全面覆蓋式的研究，簡略地說：

(一)正如和田清所說，明治以前的日本除了荻生觀、伴信友等少數人外，對於滿洲歷史和地理的研究相當薄弱，但是，從1894年即甲午戰爭那一年之後，日本軍隊參謀本部出版了《滿洲地志》，稍後，在學界又出現了如田中萃一郎的《滿洲國號考》(1903)，足立栗園、平田骨仙的《滿洲古今史》(1904)等等。在日本東洋學重要人物那珂通世、內藤湖

1　中見立夫，〈日本の東洋史黎明期にぉける史料への探求〉，載《清朝と東アジア—神田信夫先生古稀紀念論集》(東京，山川出版社，1992)，頁98。這個說法基本上是學界的共識，如小倉芳彥，〈日本にぉける東洋史學の發達〉，載《小倉芳彥著作集II》(東京：論創社，2003)，頁225-232。但這裡我們用賀昌群的說法，賀昌群認爲應當從1891年起到1915年，他把這一時期區分爲(一)明治二十四年(1891)至三十年(1897)，在這個時期，日本史獨立、東洋史成立，中國與朝鮮、蒙古、西藏史「等量齊觀」，(二)明治三十一年(1898)至大正四年(1915)，則「如朝花怒發」，形成東西京兩大相對之學風，滿蒙西域南海之學，大爲發達，遠遠超越了中國。見賀昌群，〈日本學術界之「支那學」研究〉，原載1933年10月26日天津《大公報·圖書副刊》第三期，收入《賀昌群文集》(北京：商務印書館，2003)，第一卷，頁447。

南、白鳥庫吉的推動下,「滿洲史的研究逐漸有大踏步的進展,特別重要的是,由白鳥庫吉博士設立的南滿洲鐵道株式會社的學術調查部」[2]。

(二)隨著日本對朝鮮的滲透和侵略,在學術界,也出現了大量關於朝鮮的論著,自林泰輔的《朝鮮史》(1892)、《朝鮮近代史》(1901)之後,有坪井九馬三、白鳥庫吉、池內宏、今西龍、原田淑人、藤塚鄰等的大量研究。1908年,白鳥庫吉向滿鐵總裁後藤新平建議設立滿鮮歷史地理調查機構,而在後來學術界中極有影響的學者,如箭內亙、津田左右吉、池內宏等,也加入了對滿洲和朝鮮歷史地理的調查。

(三)正如杉山正明所指出的,由於日本對於「蒙古襲來」的深刻記憶,對於蒙古的關注由來已久,但真正現代的蒙古歷史地理語言研究,卻是從那珂通世、桑原騭藏、白鳥庫吉開始的[3]。其中特別值得一提的是號稱日本東洋史學開山的那珂氏。1902年,東京文求堂曾出版他翻譯校定的洪鈞《元史譯文補正》,當他發現中國另有蒙古新史料後,便請文廷式和陳毅等代為搜尋,如《皇元聖武親征記》、《黑韃事略》、《雙溪醉隱集》、《元秘史李注補》等等,特別是他通過京都的內藤湖南得到文廷式所贈《蒙古秘史》抄本,更經過三年艱辛的研究,1907年出版了著名的《成吉思汗實錄》即《蒙古秘史》校定譯注本十二卷,一舉奠定日本對蒙古史的研究基礎,也刺激了日本學界對蒙古考察和研究的風氣。

(四)對西藏的研究也始於這一時期,隨著日本對於中國的新認識,

---

2 和田清,《東亞史研究(滿洲篇)》(東京:東洋文庫,1955),〈序文〉,頁1。
3 見杉山正明,《モンゴル帝國と大元ゥルス》(京都:京都大學出版會,東洋史研究叢刊之六十五,2004),序章〈世界史の時代と研究の展望〉,頁11。

學界和政界都意識到要對西藏有所了解，1901年日本政府的特務成田安輝曾經到達拉薩，蒐集了很多有關西藏的資料[4]，先一年即1900年，寺本婉雅(1872-1940)在北京擔任翻譯時，曾在黃寺和資福院發現藏文佛經，他誘使慶親王和那桐把這兩套藏文佛經賞給了他，這兩套後來分別收藏於東京大學(先是藏於皇宮)和大谷大學的藏文佛經，在日本引起很大反響，1901年11月，《帝國東洋學會會報》第一號專門刊登報道，說「這一稀有經典，是寺本氏多年苦心的發現」。而就在1901年，除了成田安輝外，著名的河口慧海(1866-1945)到達拉薩，攜回大量梵文、藏文文獻，包括梵文、藏文《大藏經》以及諸多資料[5]，此後陸續在東京和大阪報紙上發表入藏見聞，激起了日本對於西藏的極大好奇，特別是1909年在印度和英國出版英文版 *Three Years in Tibet*，更「滿足了處於『文明開化』、『富國強兵』時代日本人對於處於封閉狀態的西藏的好奇，在社會上引起很大反響」[6]。他不僅為日本研究西藏蒐集了大量文獻，而且培養了諸如池田澄達、阿部文雄等一批西藏研究學者，並從此在日本開創了對西藏歷史和文化的研究[7]。

（五）日本的西域(回疆)研究，當然是在歐洲學者的刺激下形成的，

4　成田安輝曾經有給外務省的秘密報告，後來很晚大約在1970-1971年才出版〈進藏日誌〉，載《山嶽》(65-66)，轉引自高山龍三，〈河口慧海〉，載江山波夫主編，《東洋學の系譜》I（東京：大修館書房，1992），頁81。

5　據說，包括佛像一百四十四件、佛畫二百六十一件、佛具三百八十五件、經版二十八件等等。

6　高山龍三，〈河口慧海〉，載江山波夫主編，《東洋學の系譜》I，頁78。

7　參看秦永章，《日本涉藏史：近代日本與中國西藏》（北京：中國藏學出版社，2005），頁54-98。

一方面受歐洲東方學的影響，明治大正之際的日本中國學家中，所謂「超越中國」的中國研究開始興起，一方面由於日本的崛起和所謂亞洲主義思潮的影響，日本學者的興趣重心也明顯從傳統漢族中國轉向所謂「滿蒙回藏鮮」，即中國周邊的歷史地理研究。

不過在較早時期，一方面是帶有古物掠奪性的「探險」，一方面是軍事與政治的「偵查」，這使他們很快採取措施深入新疆。1902年，大谷光瑞等沿著歐洲學者的路線，由西而東進入庫車、和闐，後來又陸續兩次進入新疆探險，此後曾在東京和京都出版《中亞探險》（東京，1912)和《西域考古圖譜》（京都，1915)，這才被稱爲「日本西域學的起點」。1905年，奉外務省的密令和軍部的指示，櫻井好孝到新疆一帶旅遊和考察，回到日本之後，則撰寫了關於內蒙和新疆的詳細報告[8]。而其他日本學者如前述白鳥庫吉，以及羽田亨、桑原騭藏和藤田豐八等，很早就在歐洲學者的影響下，開始了類似歐洲東方學的西域研究。他們對於漢文西域歷史與地理資料、新疆考古新發現、古代西域諸多語言文字的研究，使東西文化交流史與古代中國西域的宗教、藝術和文化，都有了很大進展。

回顧日本有關中國「周邊」的學術史，我們會發現，一方面受歐洲東方學的影響，明治大正之際的日本中國學家中，所謂「超越中國」的中國研究開始興起[9]，一方面由於日本的崛起和所謂亞洲主義思潮的影響，日本學者的興趣重心也明顯從傳統漢族中國轉向所謂「滿蒙回藏鮮」，即中國周邊的歷史地理研究。與此同時，儘管中國從19世紀起也逐漸對西北史地之學、蒙古歷史語言之學發生過關注，獲得豐碩成就，並且促使中

---

8 近來有人已經提到這一情節，詳見王柯，〈日本侵華戰爭與「回教工作」〉，《歷史研究》（北京：中國社會科學雜誌社)，2009年5期，頁88。

9 大體上說，1890年代以前，一般日本教育領域對中國史的介紹是用《十八史略》，而高等教育領域的中國歷史則是作為「漢學」的一部分，囿於中國漢文文獻範圍之中，不僅資料未能超越漢文文獻，空間未能拓展至傳統中國之外。但是，這種情況隨著明治維新之後的日本轉型，在漸漸發生變化，而變化最劇烈的，就是甲午戰爭之後。

國傳統考據學向國際近代歷史學初步轉向。但是，真正對於中國「周邊」的近代性歷史地理研究，卻是稍後在歐洲和日本的東方學(或東洋學)，即所謂「西域南海之學」或「滿蒙回藏鮮學」的刺激下，才較明顯地發展起來的[10]。

如果仔細觀察和對比日本東洋學界對「滿蒙回藏鮮」的興趣，和中國學界對「四裔之學」(或如傅斯年所謂「虜學」)的態度，我們可以看到那個時代背景下，兩國政治處境的巨大差異和兩國學界不同的歷史意識。

二、與歐洲爭勝：日本歷史學家對中國周邊的研究動機之一

在日本的東洋史學領域，那珂通世(1851-1908)的影響很深，他對於蒙元史和滿鮮史的興趣，影響了他對中國歷史的描述，特別影響到他對「中國」歷史的新觀念，即「中國」應當放置在「東洋」中研究的觀念[11]。據榎一雄追憶，大概在明治二十七、二十八年間(1894-1895)，也就是甲午戰爭爆發與馬關條約簽訂的那兩年，這種觀念在那珂通世那裡就已

10　如王國維因為譯伯希和《近日東方古語言學及史學上之發明與其結論》，了解到西洋學術的進步，讀藤田豐八《中國古代對棉花棉布的知識》，而了解東洋學者的研究，見《觀堂書劄》致羅振玉第九十六、第一一七。陳垣受伯希和、王國維的啟發，作〈火祆教入中國考〉、〈摩尼教入中國考〉及〈摩尼教殘經〉一、二，見《北京大學國學季刊》，第一卷第1號，第2號，第3號，1923年1月，4月，7月。

11　他的這一學術取向，雖然也受到中國方面的啟發，如他從陳毅和文廷式那裡了解到中國對於蒙元史料的發現和研究，但主要還是來自歐洲東方學的刺激和日本國權論的影響，參看《宮崎市定自跋集》(東京：岩波書店，1996)，頁22。

經明確[12]。而他的這一思路，不僅確立了日本東洋史學在大學中的學科地位，而且深刻地影響到後來的日本東洋學界（如被稱爲日本現代史學開創者之一的白鳥庫吉）。其後，如明治三十年(1897)出版的市村瓚次郎《東洋史要》，就特意把原名中的「支那」改成「東洋」，據說，這是「順應了當時學界和教育界的趨勢」[13]。什麼「趨勢」呢？據田中正美說，就是明治二十年代以來，特別是在甲午戰爭後，日本民族自信強化的背景下，「日本自覺地意識到自己作爲亞洲民族，代表了與西洋文明相對的東洋文明」的趨勢[14]。稍後，大正年間出版的桑原騭藏《中等東洋史》更在《總論》中論述把歷史敘述的範圍擴大到東亞、南亞和西亞的意義。「這是以前沒有的新學問」，用宮崎市定的話說，這一方面破除以中國爲中心的歷史敘述，「要解明東洋包含的所有民族的命運」，一方面破除以中國爲中心的文化觀念，「取東洋各民族完全沒有差別地平等的立場」。這促使日本學術界在制度上和觀念上，都形成了取代「中國史」的「東洋史」，而東洋史與中國史相當不同的一點，就是注意滿、蒙、回、藏、鮮，尤其是關注「西域」[15]。

我們看到，這一時期無論東京還是京都，相當多的日本學者具有這種研究興趣和趨向。其中，奠定日本明治時代東洋學的兩個重要人物、日本亞洲研究的兩大主要推手中，一個是東京帝國大學的白鳥庫吉

12　參看吉川幸次郎編，《東洋學の創始者たち》（東京：講談社，1976），頁22-23。

13　市村瓚次郎本人也曾經在1901年到北京對東大庫進行調查，特別發現了「朝鮮及西番諸國的國書」、「西藏尼泊爾等西番的文獻」以及「崇德七年朝鮮事件的文書」等等。

14　江上波夫編，《東洋學の系譜》I，頁29-30。

15　《宮崎市定自跋集》，頁24。

(1865-1942)，他就很自覺地要把中國研究擴大到周邊，並立志在這一方面「振興我國之東洋學，使之達到甚至超過世界水準」[16]。他本人關於突厥、烏孫、匈奴、粟特、康居以及朝鮮的研究都贏得了歐洲學界相當高的評價[17]，而且還在後藤新平的滿鐵支持下，成立了「滿鮮歷史地理調查部」，編輯了《白山黑水文庫》。而另一個是京都帝國大學的內藤湖南(1866-1934)，他也對滿洲、蒙古和朝鮮下了很大功夫，曾經蒐集了蒙文版《蒙古源流》、在瀋陽拍攝了四千餘張滿文老檔的照片，並以此編輯了《滿蒙叢書》。除了白鳥庫吉和內藤湖南之外，明治、大正、昭和時期陸續出現了著名的藤田豐八(1869-1928)、桑原騭藏(1871-1931)、箭內亙(1875-1926)、池內宏(1878-1953)、羽田亨(1882-1955)以及稍晚的石濱純太郎(1888-1968)、和田清(1890-1963)、神田喜一郎(1899-1984)、宮崎市定(1901-1995)等等，他們對於蒙古、朝鮮、安南、西域、西藏等等史地領域，都有相當多的研究，顯示了當時日本中國學的新潮流。這使得日本學者對於進入世界學術潮流相當自信，他們甚至覺得，日本人比中國人懂得西洋新方法，又比西洋人更善於閱讀東洋文獻，所以，日本才應當是

16　羽田亨在，〈白鳥庫吉の思出〉，見《東洋史研究》(京都：京都大學，1942)，第七卷第二、三號，頁83。白鳥庫吉在若干年後寫的《滿鮮史研究の三十年》中就說到，「為了不輸給歐美學者，我們建立了規模很大的東洋歷史學會，與實業家、政治家攜手，提倡根本的東洋研究的必要性，特別是當時歐美人在東洋研究方面，多在中國、蒙古、中亞，確實其中有非常權威的成就，但是，在滿洲和朝鮮研究上，卻尚有未開拓處，因此，我們日本人必須要在歐洲人沒有進入的滿洲、朝鮮的歷史地理方面，有自己的成果」。轉引自松村潤，〈白鳥庫吉〉，載江上波夫編，《東洋學の系譜》I，頁45-46。

17　如1900年他在《史學雜誌》(東京)第11卷4號上發表的《支那北部に據った古民族の種類に就いて》，全面考證了從月氏、匈奴、東胡起，到鮮卑、烏丸、蠕蠕、契丹、高車、回鶻、點戛斯、勿吉、室韋、女真等二十多個異族，引起很大的反響。

這是當年日本的學術潮流，這一潮流自有其學術史的特殊背景。從學術史的角度看，所謂日本這一學術趨向的現代性意味是很清晰的。

「東洋學」的前沿。這使得中國學者儘管不服氣，卻也不得不承認，「對於中國正統史事之研究，吾人當可上下其是非得失，相與周旋，至於西域、南海、考古美術之史的研究，則吾人相去遠矣」[18]。

這是當年日本的學術潮流，這一潮流自有其學術史的特殊背景。從學術史的角度看，所謂日本這一學術趨向的現代性意味是很清晰的。日本學界向來有一種觀念，日本理應比歐洲人更應當掌握解釋中國的主導權，他們承認，只是近代以來，在西域南海這些區域，由於文化、宗教、風俗上的距離遙遠，以及工具、資料和方法上的差異，歐洲人比日本人早了一步，這使得在理解「中國」上日本落後於歐洲[19]。有一個故事很有象徵性，據說桑原騭藏曾經從別人那裡聽說，法國學者沙畹不僅閱讀過《悟空行記》，而且在1895年就對這個唐代就到西域天竺達數十年的佛教僧人旅行記作過很好的譯注和考證，而日本學者包括他，卻連「悟空」這個名字都沒有聽說過，因此大受震驚和刺激，覺得必須迎頭趕上，和西人一較高下。因此，他們要努力通過和西方學術一致的工具、資料和方法，從事西方學界感興趣的領域、課題和問題，使用和西方科學相同或相似的，被標榜為

18　賀昌群，《日本學術界之「支那學」研究》，《賀昌群文集》第一卷，頁447。

19　日本學界受到歐美東方學影響，這是不言而喻的。比如，桑原騭藏在〈支那學研究者的任務〉一文中，作為學習的典範，他就列舉了一些西洋中國學家，如美國的Rockhill(研究西藏和蒙古佛教、文化、地理及研究《諸蕃志》、《島夷志略》等有關南海交通文獻)、英國的Phillips(研究荷蘭占領時期的台灣史及明代中國與南洋交通)、Wylie(精通蒙古文、梵文、滿文，研究傳教士對中國的影響)、Legge(研究和翻譯中國經典)、俄國的Bretschneider(研究蒙古時代)，並且檢討「我國(日本)最大的失誤，在於我國的支那研究，還沒有充分使用科學的方法，甚至可以質疑的是，也許還在無視這些科學的方法，然而，科學的方法並不只是西洋學問應當應用，毫無疑問，日本的支那學研究也是應當依據的」。《桑原騭藏全集》(東京：岩波書店，1968)，第一卷，頁591-594。

「中立」的所謂客觀主義立場，來促進日本「東洋學」的形成。而在研究的空間視野上，他們也極力仿效歐洲來自傳教士和人類學家的漢學傳統，把「中國學」變成「東洋學」[20]，即把領域逐漸從漢族中國，擴大到中國的周邊，並有意識地把它作爲與「西洋」相對的歷史空間來研究，一方面建立一個在歷史、文化、民族上，可以和「西洋」並立，叫作「東洋」的歷史論述空間，一方面又把日本從這個「東洋」裡抽離出來，成爲有兩個「他者」的「本國」。

所以，當那珂通世提出在日本「本國史」之外，分設「西洋史」和「東洋史」的時候，日本東洋學界，就逐漸把「東洋史」從「中國」擴大到「周邊」，「中止了日本歷來僅僅以中國史爲中心的偏狹，而必須包括東洋諸國、東洋諸民族的歷史」[21]。在明治大正時期，日本各種如《東洋哲學》等刊物的學術關注，白鳥庫吉等學者的學術訓練，和各個學者多選擇以滿、蒙、回、藏爲主的學術課題，都顯示了這種追求現代性、融入國際潮流的趨向[22]。

20　在討論白鳥庫吉的史學趨向時，桑田六郎、植村清二、石田幹之助曾說到白鳥庫吉的理念「不是中國史，而是東洋史」，參看前引吉川幸次郎編，《東洋學の創始者たち》，頁22。而中島敏在討論市村瓚次郎的時候，也特意講到他在明治三十年(1897)出版的《東洋史要》兩卷，是從「中國史到東洋史」，見江上波夫編，《東洋學の系譜》I，頁28、31。

21　江上波夫編，《東洋學の系譜》I，頁3。

22　這一潮流的參與者羽田亨曾經總結說，這一時期日本東洋學的進步，表現在(一)東方新的考古資料與諸文獻的研究(如闕特勤碑)、(二)古代語文的發現(如回鶻文、吐火羅文、西夏文)、(三)西域各國的人種的研究、(四)各種非漢族宗教文獻的新發現(如摩尼教經典)、(五)粟特文化對東方的影響、(六)回鶻文化的東漸。顯然，這些新研究遠遠超越了傳統「漢族中國」。羽田亨，〈輓近における東洋史學の進步〉，原載《史林》(1918)，第三卷一、二號，後收入羽田亨，《羽田博士史學論文集》(京都：同朋社，1957，1975)，頁635-653。

三、清國非國論：滿蒙回藏鮮學在日本興起的歷史背景和政治意味

　　然而，從政治史的角度看，這一學術轉向背後卻隱藏了很深的背景。明治以來，「國權擴張論」逐漸膨脹，日本民族主義以所謂「亞細亞主義」的表象出現，特別是在1894年甲午戰爭中擊敗清國之後，日本對於這個過去在亞洲最大的對手，重新採取一種俯視的眼光來觀察，對於中國以及周邊的領土要求也越來越強烈[23]。中野正剛(耕堂)曾經明確地以《大國、大國民、大人物——滿蒙放棄論を排す》為題，以傳統中國的歷史興衰來論證日本爭霸與擴張的必要性，他說中國變弱始於秦始皇築長城自保，他認為「我國乘新興機運，漸有台灣、並朝鮮，向滿洲與蒙古發展的曙光出現，若於朝鮮國境築長城，守四方，弱士氣，這豈非亡國之兆？」[24]其中最有影響的，就是不再把過去的清國即「中華帝國」看成是龐大的「一個」，而是借用歐洲流行的「民族國家」新觀念，把過去所謂的「中國」解釋成不同的王朝，這些王朝只是一個傳統的帝國，而實際的「中國」只應該是漢族為主體，居住在長城以南、藏疆以東的一個國家，而中國周邊的各個民族應當是文化、政治、民族都不同的共同體，所謂「滿(洲)、蒙(古)、回(疆)、(西)藏、(朝)鮮」，都只是中國之外的「周

23　參看市古宙三，《近代日本の大陸發展》(東京：螢雪書院，1941)，〈自序〉，頁1。
24　中野正剛，《我が觀たる滿鮮》(東京：政教社，1915)，頁335。

邊」[25]。

　　這種思想潮流，在當時的日本相當流行，並在當時形成一方面以日本為亞洲拯救者，試圖擴張日本空間，一方面試圖強化中國對外力量，但同時使中國限制在長城以南漢族區域的思想，比如當時得到近衛篤麿支持的東亞會和同文會，就以「文明論」即優勝劣汰論述日本在亞洲的主導權，又以「人種論」討論中國和日本的唇齒關係[26]，這使得日本文化界形成了應該以日本為「盟主」拯救東亞的野心，也形成了中國應當強化中央而放棄四裔的想法。日本近代思想的奠基者福澤諭吉，在明治三十一年(1898)曾發表過一篇〈十四年前の支那分割論〉的文章，文中回憶自己在1884年曾經指出，中國被列強分割的危險迫在眉睫，似乎不可避免，因此，已經現代化了的日本，為了自身安全要採取措施，參與分割的競爭[27]。這種想法在明治大正間相當流行，如1912年中島端發表的〈支那分割の運命〉，1917年酒卷貞一郎發表的〈支那分割論〉，都認為中國既不能逃脫專制的宿命，又無法避免被分割的前景。而著名的東洋史學家內藤湖南在1914年發表的著名文章〈支那論〉中，雖然極力反駁這一說法，

25　例如和田清在《支那及び支那人という語の本義について》(1942年1月與2月)中就認為「蒙古、滿洲、西藏在過去，與中國並非一國，人種不同，語言不同，文字和宗教也不同，風俗習慣也不同，歷史和傳統更是有差異，這從滿洲興起的大清帝國統一才歸到一起，沒有理由把這些一樣地說成是『支那』或『支那人』，這無需論證，不言自明」。見氏著，《東亞史論藪》(東京：生活社，1942)，頁202-203。

26　參看酒田正敏，《近代日本にぉける對外硬運動の研究》(東京：東京大學出版會，1978)，頁113；阪野潤治，〈東洋盟主論と脫亞入歐論──明治中期アジア進出論の二類型〉，載佐藤誠三郎等編，《近代日本の對外態度》(東京：東京大學出版會，1974)，頁39。

27　《福澤諭吉全集》，十六卷，頁204-207。

這種民族主義甚至是帝國主義的政治背景，恰恰啓發了學術領域的研究興趣，而這一學術領域的研究取向，又逐漸變成一種重新理解中國的普遍觀念

但也認爲中國的領土問題，要從政治實力角度考慮，如今應當縮小，所謂五族共和云云，只是空想的議論，不應成爲支配的想法，考慮到實際力量，寧可一時失去領土，達到內部的統一[28]。這種思潮正如日本學者所說，是「在日清戰爭爆發的刺激後（日本）國民對亞洲大陸越來越關心的背景下形成的，也是在日本作爲近代國家急劇上升的明治二十年代，日本作爲亞洲民族的自覺日益高漲，面對西洋文化，出現主張獨特的東洋文化的背景下形成的」[29]。這使得他們對滿洲、蒙古、回疆、西藏、朝鮮都產生了「有如國土」的感覺，可是，正是這種民族主義甚至是帝國主義的政治背景，恰恰啓發了學術領域的研究興趣，而這一學術領域的研究取向，又逐漸變成一種重新理解中國的普遍觀念[30]。

這種學術與政治的互相糾纏，在當時的日本相當普遍。舉一個典型的事例。1908年，在滿鐵總裁後藤新平的支持下，白鳥庫吉終於建立了「滿鮮歷史地理調查部」，這個機構不僅蒐集了大量有關滿洲和朝鮮的文獻，建立了「白山黑水文庫」，陸續出版了《滿洲歷史地理》（包括德文版）、《朝鮮歷史地理》，而且培養了一批著名學者，如稻葉岩吉、箭內

28　參看子安宣邦，《日本近代思想批判——國知の成立》（東京：岩波書店，2003），第Ⅱ部《他者への視線》，第一章第一節〈湖南と〈支那論〉〉，頁108。

29　江上波夫編，《東洋學の系譜》Ⅰ，頁3。

30　桑原騭藏在〈從東洋史看明治時代的發展〉（1913）一文中，曾經以「朝鮮合併」、「東亞稱霸」、「世界一等國家」、「文化的輸出」、「亞洲人的覺醒」爲標題回憶日本的崛起，傳達了當時日本學界的一種普遍興奮。見桑原騭藏，〈東洋史上より觀たる明治時代の發展〉，《桑原騭藏全集》第一卷，頁551-563。和田清也在〈我國滿蒙史研究的發展〉（1932）一文中說，對中國周邊研究的契機，恰恰就是在日本逐漸強盛，清國對周邊的權威衰落，外敵壓迫加劇的背景下出現的。和田清，〈我が國に於ける滿蒙史研究の發達〉，氏著，《東亞史論藪》，頁241-268。

亘、池內宏、津田左右吉、松井等、和田清、瀨野馬熊等人，影響了整個日本東洋學界的風氣。但是這一看上去是東洋史學界的事情，背後卻有政治思考在內，白鳥庫吉在《滿洲歷史地理》第一卷的序文中就坦率地說，「回顧六七年前，當收拾日俄戰爭的殘局，經營南滿之經濟，保護和開發朝鮮的重任歷史地落在日本國民身上時，我曾經倡說在學術上對於滿鮮的研究，乃是學界急務」。爲什麼呢？他認爲，一是因爲滿洲和朝鮮與日本有密切的關聯性，二是滿鮮如今漸漸從中國籠罩的鐵幕下向日本開放。正是出於這樣的動機，他推動了日本學界對滿洲、朝鮮和蒙古的研究，正如後藤新平說的，「必須明白日本人對東洋的特殊使命……歷史傳統習慣的調查，對於殖民政策是非常重要的，這一點必須有清醒的認識」[31]。而在1915年出版的《滿蒙研究彙報》第一號的「發刊辭」中，白鳥庫吉更清楚地說，滿蒙研究絕不是一個純粹的學術領域，「滿蒙對我（日本）而言，一爲北門之鎖匙，一爲東洋和平之保障，今滿洲蒙古爲（日本通向）歐亞聯絡之最捷徑，處於未來東西文明接觸圈內，我國國民豈可輕忽視之？況我於滿洲投入戰費二十億，人員犧牲則在五六萬以上」[32]。

　　順便指出，這種夾雜了學術與政治兩方意圖的歷史研究，在二戰前後繼續發展並在日本歷史學界形成帝國主義性質的戰略資源和論述話題，其中最有代表性的，是滿鮮歷史地理調查所編纂的十餘冊《滿鮮歷

31　鶴見祐輔曾經認爲，後藤新平對與滿鮮歷史地理調查視野的貢獻，使「日本民族進入其發祥地滿蒙及西伯利亞深處」，將在五十年、一百年後才能正確評價和認識到其在文化史上的重要地位。鶴見祐輔著，一海知義校訂，《後藤新平》（東京：藤原書店，2005），第四卷《滿鐵時代》，頁343、336-337。

32　《滿蒙研究彙報》，第一號（大正四年十一月一日），頁1。

史地理報告》，在1931年「九一八事件」發生之後，迅速洛陽紙貴，由於日本對中國東北的野心和興趣，這些報告書的價格居然暴漲到令人咋舌的「百金」，成了軍方和政界都需要的「情報」，這當然是後話了。

四、邊界還是周邊：如何從歷史與現實中界定中國

那麼，這一時期的中國學界的情況又如何呢？

和明治大正時期的日本學界一樣，隨著清中葉帝國邊界的最終形成，以及清中後期列強對中國邊疆的覬覦，所謂「四裔之學」特別是西北史地之學也逐漸興起。通過平定三藩(1636-1681)、準噶爾(1681-1760)和大小金川(1747-1776)，通過建立滿藏佛教信仰共同性維繫西藏，通過滿蒙聯姻對蒙古懷柔，在清代中葉已經基本形成疆域廣闊的帝國版圖[33]。由於西部疆域的拓展與西北邊界的始終動盪，不斷有軍事行動，頻頻有外交交涉，這一現實背景曾經刺激了學者們對西北地理、民族和歷史的關注，因為僅僅靠《史記・大宛列傳》、《漢書・西域傳》和《漢書・地理志》的那點記載，憑「鄒衍荒唐之論，山海傳聞之說」的那些記憶和想像

33　關於清帝國的疆域問題，參看拉鐵摩爾(Owen Lattimore)的《中國的亞洲內陸邊疆》（唐曉峰等中譯本，南京：江蘇人民出版社，2005）。近來，由於「新清史」等研究風氣的興起，歐美學者特別關注這一問題，如柯嬌燕(Pamela Kyle Crossley)、蕭鳳霞(Helen F.Siu)、蘇堂棣(Donald S.Sutton)等編的《在邊緣的帝國：前近代中國的文化、族群和國境》(*Empire at the Margins*：*Culture, Ethnicity and Frontier in Early Modern China*, University of California Press, 2006)；拉瑞(Diana Lary)編的《邊陲的帝國》(*The Chinese State at the Borders*, University of British Columbia Press, 2007)等等，均開始圍繞清帝國與邊疆問題進行討論。

19世紀中葉之後，這一既超越內地十八省空間，也超越三皇五帝、漢唐宋明的王朝史的「絕學」，一方面作為「考據之學」的自然延續，一方面作為「實用之學」的應時興起，逐漸成為學術新潮流。

來面對現實與危機，是遠遠不夠的了。因此，19世紀中葉之後，這一既超越內地十八省空間，也超越三皇五帝、漢唐宋明的王朝史的「絕學」，一方面作為「考據之學」的自然延續，一方面作為「實用之學」的應時興起，逐漸成為學術新潮流。特別是，當他們開始接觸域外的文獻資料與考察發現，這種學術趨向就激起了傳統學術的嬗變[34]。

在那個時代，一些敏感的學者們開始參與到西北地理、遼金蒙元史、域外文獻的譯讀、中亞各種宗教研究等國際性的課題中。就連後來對滿蒙回藏研究很深的日本學界，在明治時代起步時，都不得不借重中國人如張穆、何秋濤、李文田的著作。王國維所謂「道、咸之學新」的「新」，就是指這個時代學者逐漸進入乾嘉諸老所不曾涉及的新領域，他所說的「言經者及今文」，「考史者兼遼金元」，「治地理者逮四裔」，後兩條即與「西域」相關[35]。從此，這個新領域的關注空間已經不僅僅是傳統的「漢族中國」，而更重要的在於所謂的「西域」研究了[36]。

在心中尚無「外患」焦慮的時代，這些四裔之地或許還如齊召南所說，「馴鹿使犬之部，爝龍冰鼠之鄉，衣魚種羊驅象馴獅之國」，只是「理藩院統轄」之事[37]。但是，在現實中出現「邊界」爭端的時候，這些國家、民族和領土問題便會成為焦點。特別是在列強環伺、國將不國的情勢之下，「邊

34　參看下一章〈從西域到東海〉第一部分的介紹。

35　〈沈乙庵先生七十壽序〉，《觀堂集林》(上海：上海書店，影印本《民國叢書》第四編第93種)，卷二十三，頁26-28。

36　參看下一章〈從西域到東海〉。

37　齊召南，〈一統志外藩蒙古屬國書總序〉，引自譚其驤主編，《清人文集·地理類彙編》(杭州：浙江人民出版社，1986)，第一冊，頁277。

疆」本來就應當是政界和學界共同的焦慮。經歷了1840年代鴉片戰爭中國被迫開關，1870年代琉球被強行整編到日本，沙俄強占伊犁，1890年代英俄進入帕米爾地區，更加上甲午海戰後朝鮮和台灣被日本占領，如何界定「領土」和「邊界」已經是晚清不言而喻的關心焦點。

其實，早在19世紀中葉的龔自珍《西域置行省議》中，這種對外的焦慮就已經開始呈現[38]，而魏源為賀長齡編《皇朝經世文編》「兵政」一目中，也特別設「塞防」和「海防」，不僅考慮了「東南邊海」的防備，也考慮了西北邊疆的控制，已經有了近代國家的「邊疆」之意[39]。到晚清，這種「國家」和「邊疆」的焦慮已經越來越明顯，郭嵩燾曾指出，由於魏源在撰《海國圖志》時沒有看到這些新的國際變化，只是「以禁煙之故，所忌者英吉利」，所以，忽略了朝鮮、琉球、回部，如果現在再寫《海國圖志》，俄、日成為大患，西北回疆和東邊琉球朝鮮就「尤為大勢所必爭」，就更應當注意研究，寫入書中了[40]。晚清以來一系列有關邊疆的外交爭端，都曾經刺激過四裔史地之學[41]，汪之昌曾經以姚瑩的《康輶紀行》為

---

38 見《清經世文編》（北京：中華書局影印本，1992），卷八一《兵政一二》，頁1993-1996。

39 《清經世文編》，卷八〇《兵政一一》「塞防」卷首，即魏源所撰的〈答人問西北邊域書〉，文中討論了蒙古、回疆、衛藏等地，「大清國之北境，東起鴨綠江黑龍江，逾兩蒙古，西迄准部，衷二萬餘里，皆接俄羅斯界」，頁1962；參看《魏源集》（北京：中華書局，1976），上冊《明代食兵二政錄敘》，頁163。

40 郭嵩燾，〈書海國圖志後〉，譚其驤主編，《清人文集‧地理類彙編》，第七冊，頁494。

41 如所謂伊犁問題、帕米爾談判、間島爭端。曾紀澤對中西輿地圖所載伊犁與西北地理的研究，有助於清政府與俄國談判中，使伊犁南境一帶「全數來歸」；俄德荷奧公使許景澄、駐法參贊慶常留意西北邊疆地理，也幫助了清政府與英國討論帕米爾地區的主權；陳昭常、吳祿貞對東北的地理勘察與歷史研究，以及對朝鮮承文院文獻的調查，也幫助清政府在1909年與日本簽訂《圖門江中韓界務條款》（即「間島協約」）。參看郭雙林，《西潮激蕩下的晚清地理學》（北京：北京大學出版社，1999），第三章〈晚清地理學

例指出，姚瑩的撰述動機其實也與國家的邊疆有關：

> （姚氏）述經歷之險夷，識耳目所聞見，夫豈告勞苦，侈博異之所為？論乍雅而兼考西藏，因西藏而並及回疆，蓋西藏、回疆二地，為中國邊徼，自英夷規據印度，與我西藏逼處，回疆之杜爾伯特若、塔爾巴哈台等處，又與俄夷接壤矣。[42]

但是，令人不解的是，從事後學術史的角度來看，這種四裔史地之學並沒有與國際學術互相融彙與溝通，成為當時中國的新學術潮流，更沒有像日本「滿蒙回藏鮮」之學那樣，被整編到晚清的政治背景之中，與當時的民族國家重建的大勢相呼應。放大了說，即大清帝國現實的領土拓展原本應當使歷史地理研究空間拓展到「四裔」，但傳統中國延續的歷史意識卻始終把關注視野聚焦在「中土」。為什麼？這裡的原因相當複雜，如果容許我簡單地歸納，可能有兩方面原因：一方面，也許是由於清廷上下在巨大危機下自顧不暇，學術史上的這一潮流在晚清民初並沒有特別被政治家重視，成為重建中國的學術資源；另一方面，那種似乎只是為談判服務的史地之學與國家邊界外交的關聯太直接，沒有接受國際學術界的語言、考古與民俗調查等等新方法，發展為學術界的新趨向，因此，它始終是在少數學界精英中作為「絕域與絕學」，在小範圍作為

(續)————

研究與民族救亡〉，頁161-171。

42　汪之昌，〈書姚瑩康輶紀行後〉，譚其驤主編，《清人文集・地理類彙編》，第六冊，頁1061。

「博學」而流傳[43]。

　　毫無疑問，歷史研究本來就會涉及國家、民族與四裔，在那個時代的中國學術界，無論是康有爲、梁啓超還是章太炎、王國維，都曾注意到「國家」、「領土」與「歷史」的問題。道理很簡單，當大清帝國那個「無邊帝國」或「天朝大國」的想像，在西洋和東洋列強的威脅和打擊下破滅之後，人們會開始注意到一個擁有清晰邊境和自主主權的「國家」的意義[44]。歷史中國的敘述中是否應當包括周邊廣大區域？現實中國的政治版圖中，是否可以合法地涵括這些民族和疆土？這既是政治領域的大問題，也是學術世界的大課題。可是，晚清以來上至當局宰輔下至士夫學者，對「中國」歷史和「國家」邊界的認知都歧見紛紜。由於「海防西征，力難兼顧」，官僚集團中對朝廷應當經營西域還是經營海防就意見對立，李鴻章希望專力海防，覺得塞防撤回並不可惜，左宗棠則極力反對，覺得祖宗基業不可輕言放棄[45]。而晚清學界由於「國家」與「民族」認識分歧，也分爲以大清帝國疆域爲現代中國和以長城以南漢族中國爲現代

43　參看郭麗萍，《絕域與絕學》(北京：三聯書店，2007)一書的描述，此處用她的書名。

44　如梁啟超，《西疆建置沿革考序》說到「帕米爾千餘里之地拱手讓之俄人」，是應當歸咎於「吾國士夫暗於西北地理，故外交之間失敗至此」。原載《飲冰室文集》卷五六，引自譚其驤主編，《清人文集‧地理類彙編》，第三冊，頁537。

45　李鴻章曾經建議放棄乾隆以來的成法放棄西北而經營東南，試圖通過招撫回疆豪強，許以自治，來抵抗英國俄國的滲透，強化東南的海防；而左宗棠則強調維持祖宗成法，爲對抗俄國等列強而在新疆以傳統郡縣方式建省，通過中央對西北的控制抵制列強的領土欲望。這些政治策略的制定者，似乎都沒有充分考慮歷史、民族與地理的學術研究，因而也沒有啟動四裔史地之學成爲主流。參看茂木敏夫，〈清末にぉける「中國」の創出と日本〉，載《中國—社會と文化》(東京：中國社會文化學會，1995)，第四號，頁258-259。

中國的兩路：有人延續著大清的帝國空間的政治觀念，覺得清朝「開闢蒙古、新疆、西藏、東三省之大中國，二百年一體相安之政府」，畢竟是一個巨大的成就[46]，他們試圖把原來龐大的帝國人口與空間納入一個現代國家之中。而有人則受到清王朝壓力下滋生的反滿情緒和歐洲近代民族國家觀念的影響，只承認漢族所居的「十九行省」為「中國」，「中國歷史者，漢人之歷史也」，宣稱「西藏、回部、蒙古三荒服，則任其去來也」，甚至覺得對於中國來說，滿洲還不如日本近，「日親滿疏」[47]。在後來真正成為現代中國實際締造者那裡，甚至覺得為了革命成功，可以把滿、蒙之地統統送給日本，「中國建國在長城之內」[48]。

或許現實的政治事大，而周邊的學術事小，或許現實危機太深，根本顧不得四裔的歷史和地理。處於手忙腳亂中的大清帝國，上自皇帝中至大臣下至學者乃至反抗者，始終缺乏從歷史、文化、語言和種族的學術角度，去論證有關未來的「國家」和「邊界」合法性的自覺意識，更沒有自覺地把自己的學術放置在社會主流的聚焦點上。一直要到1930年代日本侵略的野心和行動日益明顯，讓中國政界和學界再次感到極大震

46　參看康有為，〈辯革命書〉，載湯志鈞編，《康有為政論集》（北京：中華書局，1981），上冊，頁487。梁啟超的現代中國民族國家觀念，也基本上是這一路子，認為未來中國應當包括所有帝國疆域內的不同種族。

47　參看章太炎，〈中華民國解〉和〈正仇滿論〉，分別載於《民報》第15號（1907年7月）和《國民報》第4期，轉引自《辛亥革命前十年間史論選集》第一卷，上冊，頁98-99，以及陶成章，〈中國民族權力消長論〉（1904），載湯志鈞編，《陶成章集》（北京：中華書局，1986），頁212。

48　參看楊天石，〈孫中山與「租讓滿洲」問題〉，載其《尋求歷史的謎底》（北京：首都師範大學出版社，1993），頁273。

撼，人們才開始意識到，在「四裔之學」中原來有如此深刻的背景和如此巨大的意義[49]。

　　這裡再提一下前面曾說到的一段後事。在1931年的九一八事變後，日本關於「滿洲」的研究興趣大大高漲，正是在這個時候，傅斯年專門寫了一部《東北史綱》。儘管傅斯年以提倡「史學即史料學」這種現代學術的觀念著稱，也與日本學者一樣相當關注「虜學」即所謂「四裔」的研究，但是在這部書中，他卻專門駁斥日本學者「滿蒙非中國論」（如白鳥庫吉、箭內亘、中山久太郎、矢野仁一等），尤其是反駁矢野1931年發表在《外交時報》的〈滿蒙藏は支那の領土に非る論〉，他堅持用「東北」而不用「滿洲」，認爲這是「專圖侵略或瓜分中國而造之名詞，毫無民族的、地理的、政治的、經濟的根據」[50]。而當時與傅斯年已漸生嫌隙的顧頡剛，1934年也同樣在〈禹貢・發刊詞〉上鄭重指出，這份關注地理的雜誌，是有現實關懷的，特別是「我們的東鄰蓄意侵略我們，造了『本部』一名來稱呼我們的十八省，暗示我們邊陲之地不是原有的，我們這群傻子居然承受了他們的麻醉」[51]。很顯然，不僅討論「東北」或者「滿洲」，包括討論「邊陲」西藏、新疆以及蒙古和朝鮮，中國和日本學者思考立場和研究策略往往大相徑庭，這無疑告訴我們文史研究尤其是歷史研究，不得不面對各自不同的學術策略與思想立場問題。正如我曾說的，「傳統文史的研究並不完全是一種『無國界』的普遍性科學，現代學術的轉型與民族國家重新界定始終

49　1915年即民國四年，曾經成立「全國經界局籌備處」，由蔡鍔為局長，並「設所編輯、分譯東西圖籍，詳溯中國經界源流」，轉引自《蔡松坡先生集》附錄〈蔡松坡年譜〉。

50　見《東北史綱》（北平：中研院歷史語言研究所，1932），頁3。

51　見《禹貢》第一期卷首。據葛劍雄說，這篇發刊詞是譚其驤所寫，由顧頡剛修改的。參見《悠悠長水：譚其驤前傳》（上海：華東師範大學出版社，1997），頁69。

研究「周邊」或所謂「虜學」，把傳統中國研究的視野擴大到周邊，了解「異族殊文」的歷史、文化和地理，不僅是對現代學術的追求，而且是在重新書寫和確認一個統一的「中國」。

同步，文史研究不是在破壞一種認同、一種觀念、一種想像，就是在建構一種認同、一種觀念、一種想像，特別是當你研究的是一個關於民族和文化的傳統時候，尤其如此」[52]。同樣，日本學界關於「滿蒙回藏鮮」的研究熱情，在學術史上是一種對現代學術的追求，在政治史上卻是一種重新建構「東亞新秩序」和「東亞新世界」的基礎，而在晚清民初中國學術史中，我們並沒有看到這樣明確的學術追求與政治傾向。可是事後反省的話，我們可以發現，研究「周邊」或所謂「虜學」，把傳統中國研究的視野擴大到周邊，了解「異族殊文」的歷史、文化和地理，不僅是對現代學術的追求，而且是在重新書寫和確認一個統一的「中國」。

52　參看本書，〈結論：預流、立場與方法〉。又，丁文江，〈中央研究院的使命〉曾經這樣闡發文史研究的意義，「中國的不容易統一，最大的原因是我們沒有公共的信仰，這種信仰的基礎，是要建築在我們對於自己的認識上，歷史與考古是研究我們民族的過去，語言人種及其他的社會科學是研究我們民族的現在，把我們民族的過去與現在都研究明白了，我們方能夠認識自己」，文載《東方雜誌》（上海），第三十二卷第二號(1935年1月16日)。

第八章

從「西域」到「東海」

—— 一個新歷史世界的形成、方法及問題

引言　文明交錯的空間：地中海、西域與東海

　　1949年，布勞岱爾(Fernand Braudel, 1902—1985)出版了他的名著《地中海與菲利普二世時期的地中海世界》，這部書討論的是1551年至1589年時期的地中海，這部書成為歷史學的名著，非常有影響。布勞岱爾為什麼要以「地中海」為一個歷史空間？人們為什麼會關注16世紀的地中海？這是因為地中海是一個種族、宗教、政治異常複雜的地域，埃及人、亞述人、波斯人、希臘人、羅馬人的交織，猶太教、基督教、伊斯蘭教的衝突，很長的歷史時間裡，由於海路作為交通渠道，使得環地中海形成了有關聯的「歷史世界」。在布勞岱爾研究的那段時間裡，包括土耳其和西班牙兩大帝國以及其他一些民族、宗教與文化，就是在這個舞台上互相交流與互相影響的，政治、宗教和文化在這一空間的交錯，使它成為歷史學家進行研究的絕好聚焦點。

　　和布勞岱爾的「地中海」一樣，中國歷史學家張廣達先生也指出，中

朝鮮、日本、中國以及越南不僅逐漸「由同而異」，從共享歷史傳統轉向彼此文化分離，而且更隨著大航海時代的到來，又加入了西方世界的因素，使得這個本來就和地中海、西域不同的文化區域，變得更加風雲詭譎莫測。

古「西域」也就是中亞一帶，也是當時世界上各種宗教、信仰、文化的交集處，僅以宗教而言，漢族中國的儒家與道教、南亞印度的佛教、西亞甚至歐洲的三夷教（景教、祆教、摩尼教），都在這裡留下痕跡，因此也可以把它看作是另一個「地中海」，儘管它不是經由海上交通，而是經過陸路彼此往來的[1]。這一說法很有意思，如果站在中國的立場和角度觀看「交錯的文化史」，「西域」這個區域即蒙元以前中國的左翼，確實是一個宗教、語言、文化交彙的陸上「地中海」，漢族文明在那裡與其他各種文明互相激蕩，因而使「西域」形成了一個極其錯綜的「歷史世界」。

然而，在蒙元之後來看「交錯的文化史」，那麼我以為，「東海」（也包括近世歐洲人經由海上途徑到達東亞的「南海」）即中國的右翼，也許是一個更值得關注的「地中海」或者說是一個新的「西域」，在這個歷史與文化錯綜交織的空間中，和本來就存在文化差異，逐漸「由異而同」的地中海和西域不同，朝鮮、日本、中國以及越南不僅逐漸「由同而異」，從共享歷史傳統轉向彼此文化分離，而且更隨著大航海時代的到來，又加入了西方世界的因素，使得這個本來就和地中海、西域不同的文化區域，變得更加風雲詭譎莫測。或許，對這個文化交錯的歷史世界的研究，不僅可以讓我們超越國境形成一個新的學術領域，而且它進入「近代」之後複雜的差異性和特殊性，或許，也可以給全球文明史增添一個新的模型？

1　參看張廣達，《文書、典籍與西域史地》（桂林：廣西師範大學出版社，2008），卷首〈自序〉。

一、西域：從近代歐洲東方學、日本東洋學的轉向，到敦煌的大發現

　　歐洲對於中國的全面研究，或許在「傳教士時代」已經開始。不過，大多數經由南海來到中國的傳教士記錄，主要還是以傳統漢族中國的歷史、宗教和語言為中心，儘管歐洲人對於中亞、南亞和西亞早有相當多的涉獵，但是，最初他們並沒有把「西域」作為一個完整的歷史世界來看待[2]。這種情況的根本改變要到19世紀，隨著崛起的歐洲列強對亞洲日益增長的興趣，也隨著歐洲人在西亞、中亞以及遠東地區「探險」式的考察熱，歐洲學者開始注意到中國的「周邊」，研究的視野陸續拓展至後來所謂的滿、蒙、回、藏，對中國的研究資料也開始超越漢文文獻，廣泛涉獵各種中亞、南亞和西亞的資料[3]。當時，西洋的一些學者與探險家

2　儘管有劉應(Claude Visderou，1656-1737)這樣很早就注意研究塞外民族歷史和語言，注意到漢文史料中關於匈奴、突厥、契丹、蒙古的記載的人，但是，大多早期的歷史研究仍然「東方是東方，西方是西方」，對於中國歷史、文化和語言，主要還是借用傳統中國文獻來描述，例如，馮秉正(Joseph Anne Marie de Moyriac de Movilla, 1669-1748)的十二卷《中國通史》基本上是以中國的《通鑒綱目》、《續通鑒綱目》為基礎，儘管「此書一出，為不識中文之歐人增添了無數有關中國史的知識，推動歐洲中國學日新月異」，但他的中國史認識仍然是依據漢族中國的角度和立場來觀看的。即使是他們超出漢族中國描述蒙古歷史，如宋君榮(Antoine Caubil, 1689-1759)編纂的《蒙古史》，仍然是借用清代邵遠平之《元史類編》(即《續宏簡錄》)。參看石田幹之助，《歐人の支那研究》(東京：共立社現代史學大系第八卷，1932)，頁206。

3　如1826-1828年出版的 *Heinrich Julius von Klaproth*(1788-1830)《亞細亞文學、歷史、語言雜稿》中，就有關於《蒙古源流》的研究，有關於滿族、台灣、阿富汗等語言的研究，有關於琉球、和闐、日本的研究；1829年巴黎出版的《新亞細亞雜纂》(*Nouveaux Melange Asiatiques*)中，就出現了對周達觀《真臘風土記》的研究，出現了根據《文獻通

除了對亞洲腹地的「實地探險」之外，他們也開始了對各種亞洲資料的「文獻探險」[4]。隨著新文獻的大量出現，所謂「東方研究」無論在語言文字、空間範圍、歷史現象還是關注焦點上，都開始超越了漢族中國，擴展到了「周邊」，尤其是，在他們的研究視野中，漸漸形成了現在所說的「西域」這個歷史世界[5]。

隨著西洋學術與思想進入東洋，這種「超越中國」的中國研究也開始在明治以後的日本興起。大體上說，1890年代以前，一般日本中等教育領域對於中國史的介紹，是用《十八史略》，而高等教育領域的中國歷史，則是作為「漢學」的一部分，仍然圍於中國文獻範圍與傳統中國觀念之中，不僅資料未能超越漢文文獻，空間未能拓展至傳統中國之外，立場亦未能超出作為東鄰的日本。但是這種情況隨著明治維新之後的日本轉型，也在漸漸變化，上一章裡說到，在這一方面，那珂通世《支那通史》四卷五冊有指標性意義[6]。這部「一改中國傳來之舊史籍，易之以西

考•四裔考》對西藏的研究，出現了對蒙元時代的畏兀人塔塔統阿、蒙古人速不歹的研究，特別值得注意的是，還出現了根據伊斯蘭文獻進行的蒙古史研究等等。參看莫東寅，《漢學發達史》(北平：文化出版社，1949；此據上海書店重印本，1989)，七《十九、二十世紀》，頁93-110。此外，人們熟悉的如雷慕沙(Abel Remusat, 1788-1832)，就著有《塞外民族語言考》、《法顯傳譯注》等。

4　如斯坦因(Marc Aurel Stein, 1862-1943)、伯希和(Paul Pelliot, 1878-1945)、大谷光瑞(おおたにこぅずい，1876-1948)等。

5　「西域」雖然是漢代文獻中就已經有的地理辭彙，但是，作為一個有意識地連接各國歷史、語言和宗教來研究的歷史世界，卻是近代的事情。

6　三宅米吉、宮崎市定等人在追憶那珂通世的時候曾經指出，從來中等學校的中國史教科書，多以《十八史略》、《元明史略》、《清史舉要》等等，這些史籍一方面是中國史，一方面是漢文學，固然十分重要，但是它們與歐洲歷史教材相比，體裁和編纂旨趣大相徑庭。參見三宅米吉，〈文學博士那珂通世君傳〉，《文學博士三宅米吉著述集》(東

洋式的理解天下大勢方式」的著作，在最前面概論中國地理、人種、東西交通時，就用了作為最新知識的歐洲文獻，而他對於蒙古史的興趣，也影響了他對中國歷史的認識和描述[7]。這一思路深刻地影響到後來的日本學者，如被稱為日本現代史學開創者之一的白鳥庫吉等，據榎一雄後來追憶，白鳥庫吉在高中讀書時就受到這一啓發，後來這位日本亞洲研究的重要推手白鳥，就很自覺地要把中國研究擴大到周邊，並在這一方面，立志「使日本的東洋史研究超越西洋學界之上」[8]。其後，在明治三十年出版的市村瓚次郎的《東洋史要》、大正年間出版的桑原騭藏《中等東洋史》，都表現了這一學術上「空間放大」的努力，在日本形成了「東洋史」取代「中國史」的趨勢，正如上一節所說，東洋史與中國史相當不同的一點，就是在歷史上的漢族中國之外，注意滿、蒙、回、藏、鮮，尤其是關注「西域」[9]。

其實在清代中期與晚期，中國有關西北史地之學也開始崛起。在前一章裡我也曾經說過，在清代，一方面西部的疆域大大拓展[10]，但另一方面西

（續）————————

京：目黑書店，1929），上卷，頁295-296。

7 參看《宮崎市定自跋集》，頁22。又，參看中見立夫，〈元朝秘史渡來のころ〉，載《東アジア文化交涉研究（別冊4）》（大阪：關西大學文化交涉學教育研究據點，2009年3月），頁3-26。

8 吉川幸次郎編，《東洋學の創始者たち》，頁22-23。羽田亨在〈白鳥庫吉の思出〉中也說，「振興我國之東洋學，使之達到甚至超過世界水準，乃是白鳥庫吉博士的心願」。見《東洋史研究》（京都：京都大學，1942），第七卷第二、三號，頁83。

9 《宮崎市定自跋集》，頁24。這是一個學術大趨勢，像藤田豐八（1869-1928）就在大正年間，關注重心由「南海史」向「西域史」轉變，因此，稍後更出現了像石濱純太郎（1888-1968）、和田清（1890-1963）、神田喜一郎（1899-1984）等學者。參看前一章，〈邊關何處〉的詳細討論。

10 正如魏源《聖武記》卷九「嘉慶川湖陝靖寇記一」所說，「國家極盛於乾隆六十年，版輿生齒倍雍正，四夷賓服逾康熙」。

北又始終不平靜，不僅對內軍事行動不斷，對外又頻頻有外交交涉，這刺激了對西北地理、民族和歷史的關注[11]。因此，到了19世紀中葉，這種既超越內地十八省空間，也超越三皇五帝歷代王朝歷史的「絕域與絕學」，一方面作為「考據之學」的自然延續，一方面作為「實用之學」的應時興起，逐漸成為學術潮流。特別是，當他們開始接觸域外的考古發現與文獻資料，這種學術趨向就激起了傳統學術的嬗變。以蒙古史為例，在錢大昕以後曾有邵遠平《元史類編》、魏源《元史新編》、曾廉《元書》之作，到了晚清，洪鈞修《元史譯文證補》，屠寄修《蒙兀兒史記》，就務求蒙古在歷史中固有之分際，擴大蒙元史之範圍。如屠寄引用資料，便遠遠超出傳統漢文史料，有高麗史料、雲南史料、西域史料，尤其是採用了各種外文史料，如施特哀丁《蒙兀全史》、撒難薛禪《蒙兀源流》、多桑《蒙古史》、美國米亞可丁《蒙古史》等[12]。在那個時代，一些學者們開始參與到如突厥三大碑（暾欲穀碑、闕特勤碑、毗伽可汗碑）的考釋[13]、蒙元文獻的譯讀[14]、唐代三夷教即火祆教即波斯瑣羅亞斯德教（Zoroastrianism）、景教和摩尼教的研究

---

11 例如康熙年間，圖理琛假道俄羅斯出使土扈爾特，撰《異域錄》，乾隆年間，七十一赴新疆，撰有《西域聞見錄》等。

12 參看杜維運，〈屠寄傳〉，載其《歷史的兩個境界》（台北：東大圖書公司，1995），頁118-120。

13 突厥三大碑即暾欲穀碑、闕特勤碑、毗伽可汗碑，據說是1890年芬蘭人A.Geikel在蒙古鄂爾渾河東岸和碩柴達木（Khoshoo-tsaydam）發現的，另一種說法是1889年俄國學者雅德林采夫（N.Yadrintsev）發現的，由丹麥哥本哈根大學教授，比較語言學家湯姆森（Vilhelm Thomsen, 1842-1927）根據A.Geikel的報告在1892年最先解讀，並出版了《鄂爾渾碑銘譯解》（*Deciphered Orkhon Inscriptions*）。中國學者如沈曾植，雖然不懂突厥文，但根據西洋的釋讀，加上自己豐富的唐代文獻知識，給予歷史的解釋，也作出了貢獻。

14 如何秋濤、張穆、李文田、沈曾植對於《皇元聖武親征錄》的校正等。

資料多藏在域外、
文獻涉及語言繁多、歷史宗
教來源成分繁雜、歷史
地域偏向西側，迫使學
界不得不超越乾嘉諸老
的治學方法，面向國際
學界的挑戰，開出一個
新天地。

等等國際性的課題中[15]。在中國學術的現代轉型中，無論在視野、工具、文獻上看，這都是一個巨大變化，王國維所謂「道、咸之學新」的「新」，就是指這個時代學者逐漸進入乾嘉諸老所不曾涉及的新領域，這個新領域的關注空間已經不僅僅是傳統的「漢族中國」，而更重要的在於所謂的「西域」了。

特別應當指出的，是所謂中國20世紀四大發現之一的敦煌文書的大發現，更大大促進了「西域」研究，這些千餘年之前古文獻，不僅吸引了學界的注意力，而且也由於資料多藏在域外、文獻涉及語言繁多、宗教來源成分繁雜、歷史地域偏向西側，迫使學界不得不超越乾嘉諸老的治學方法，面向國際學界的挑戰，開出一個新天地。所以，當時中國歷史學的領袖人物傅斯年和陳寅恪都看到了這個新趨勢，傅斯年曾在宣言式的〈歷史語言研究所之工作旨趣〉中，簡單明瞭地呼籲，中國研究要「將來一步一步西去，到中央亞細亞」；而陳寅恪則委婉地表達，「默察當今大勢，吾國將來必循漢唐之軌轍，傾其全力經營西北，則可以無疑。考自古世局之轉移，往往起於前人一時學術趨向之細微，迨至後來，遂若驚雷破柱，怒濤振海之不可禦遏」，把研究西域和經營西北彼此鈎連，暗示了這一波學術趨勢的發展路向[16]。

15　火袄教（即波斯Zoroastrianism即瑣羅亞斯德教）研究，在中國，最早曾有文廷式《純常子枝語》中提到，也許是看到外國的研究。摩尼教的研究，最早是蔣斧在1909年發表的〈摩尼教流行中國考略〉，參看林悟殊，〈摩尼教研究之展望〉，載《新史學》（台北：新史學雜誌社，1996），第七卷第一期。

16　傅斯年，〈歷史語言研究所工作之旨趣〉，《傅斯年全集》（台北：聯經出版公司，1980），第四冊，頁1304-1306。陳寅恪，〈朱延豐〈突厥通考〉序〉，《寒柳堂集》（北京：三聯書店，2001），頁163。

二、東海：傳統文明在東亞近世的交錯與分離

不過，西域作爲文化交會的空間，主要是在中古，蒙元之後，雖然也有陳誠(1365-1457)出使西域，但畢竟時過境遷。不妨舉一個例子，17世紀初，葡萄牙人鄂本篤(Bonoit de Goes, 1562-1607)曾試圖不經由習慣的海路，而從中亞尋找從歐洲探訪北京的陸路，儘管他最後到達了中國，但是在他的記錄中留下的是「愈前行，危險與疲勞漸增……道路既危險，復有盜賊之虞」，在這一路上，他不僅「始終與盜賊、水災、山嶺、風雪相爭鬥」，而且缺少水源和食品的戈壁沙漠，也讓他吃盡了苦頭[17]。

道路暢通交流便繁盛，渠道壅塞來往就困難。鄭和七下西洋象徵著東海海路的逐漸興盛，而鄂本篤的經歷則象徵著西部交流的漸漸淡出。因此，「西域」作爲亞洲語言、文化和宗教交融中心的歷史，在蒙元時代以後差不多即告一段落。其實，自從唐宋兩代中國西北絲綢之路相繼被吐蕃、契丹、西夏、女真、蒙古遮斷，而「背海立國」的宋代逐漸把重心移向東南之後，儘管有蒙元時代橫跨歐亞，但毋庸置疑的是，或寬闊或狹窄或交錯或寧靜的「東海」，似乎漸漸取代「西域」，成爲元明以後中國更重要的交流空間，同時也因爲政治、經濟與文化上的種種原因，日本、朝鮮、琉球、越南以及中國等等，在這個空間上演了彼此交錯與互相分離

17　見費賴之編，馮承鈞譯，《在華耶穌會士列傳及書目》(北京：中華書局，1995)，上冊，頁100。

的複雜歷史，這使得「東海」成為一個相當有意義的歷史世界。

對於東亞海域(包括南海)的研究，其實一直就有。隨著十六、七世紀以後葡萄牙、荷蘭等國的東進，以耶穌會士為主的歐洲傳教士東來以及稍後列強對於南海和東海諸區域的滲透和占領，這種研究逐漸展開，而新興的人類學(或者也可以說是民族志)、比較語言學、比較宗教學更刺激了這種「異文化研究」的興盛[18]。儘管歐洲漢學界影響較大的學問，一直是在「西域」，即吐蕃、波斯、爪哇、真臘、安南、蒙古、占城、高昌、印度、吐谷渾、黎軒、罽賓，重點研究的宗教是火祆教、摩尼教、景教、佛教以及後來的天主教和基督教，最多引證典籍是《諸蕃志》、《魏略西戎傳》、《瀛涯勝覽》、《真臘風土記》、《玄奘傳》、《元秘史》、《長春真人西遊記》、《宋雲行紀》、《使印度記》等等[19]，但是，隨著東印度航路發現後歐人東航到達日本、朝鮮、中國大陸和台灣、越南與菲律賓等等地方[20]，隨著研究時段下移至明、清，19世紀中葉以後，從「南海」到「東

18　僅僅以亞洲文會1850-1860年代的演講為例，就有相當多對東亞海域的考察，如1858年邠和(Robert Swinhoe)就講《台灣旅行記》、衛三畏(S W.Williams)講《日本》、1859年敏體呢(M C.de H Montigny)講《從長崎到上海》、不詳人講《一封來自日本的信》、1861年安科特恩(H M.Ship Actaeon)講《朝鮮沿海考察記》、甘覓仁(J M.Esq Canny)講《庫頁島考察記》、1865年巴斯琴(Bastian)講《古代東埔寨遺跡》、勃朗(Revd Brown)講兩次《一則來自日本手稿之譯文》、1866年衛三畏(S W.Williams)講《中國與琉球之關係》等等，參看王毅，《皇家亞洲文會北中國支會研究》(上海：上海書店出版社，2005)附表，頁182-186。

19　可以參看馮承鈞所譯《西域南海史地考證譯叢》(北京：商務印書館，1995，1999)，第一卷、第二卷、第三卷，其中第一、二卷原為自1926年以來陸續翻譯的法國中國學家的論著1-9種，第三卷為後來輯在一起的六種專書和論文。

20　《歐人の支那研究》第六章，即〈「東印度航路の發現と歐人の東航、宣教師の支那研究と支那學の成立」〉，頁138-257。

明治以後的日本學界，由於「國權擴張論」的膨脹，一半源於「大亞洲主義」政治思潮的影響，一半出自歷史學的學術新興趣，對於中國「四裔」出現了異乎尋常的熱情。

海」的文化、歷史、宗教、地理、習俗，也開始進入歐洲東方學者的中心視野[21]。

然而，把「東海」作為一個彼此關聯的歷史世界來研究，在環東海諸國學界的發展狀況卻不盡相同。也許，中國由於在歷史敘述方面自給自足，常常會忽略「周邊」，所以這一領域的研究起步較晚。但是，由於日本在自國的文獻記錄、文化源流、政治交涉、貿易往來各方面的歷史敘述中，都不能不涉及中國、朝鮮、琉球，因此，在日本學界，「東亞海域」、「東亞」、「東北亞」等等詞語會常常出現。特別是明治以後的日本學界，由於「國權擴張論」的膨脹，一半源於「大亞洲主義」政治思潮的影響，一半出自歷史學的學術新興趣，對於中國「四裔」出現了異乎尋常的熱情，對環東海的朝鮮、琉球、台灣以及南部的越南、北部的庫頁島等等都有格外的關注[22]。正如日本學者所說，「在日清戰爭爆發的刺激下，（日本）國民對亞洲大陸越來越關心，這一歷史觀念是在日本作為近代國家急劇上升的明治二十年代，面對西洋，日本作為亞洲民族的自覺日益高漲，面對西洋文化，出現主張獨特的東洋文化的時代思潮的背景下，逐漸形成的」[23]。在上一章裡我已經說過，所謂滿、蒙、回、藏、鮮之學在日本明治和大正年間非常興盛，例如對滿洲，自從1908年白鳥庫吉向

21　如衛三畏、C S. Leavenworth 在 *Journal of the North China Branch of the Royal Asiatic Society* 上發表的有關琉球的研究，Maspero、Pelliot、Aurousseau、Gaspardone 1920年代在 *Asia Major* 上所發表的關於安南研究的論文。參看貝德士（M S.Bates）編，《西文東方學報論文舉要》（南京：金陵大學中國文化研究所，1933）。

22　關於這一問題，請參看上一章〈邊關何處〉中的分析。

23　江上波夫編，《東洋學の系譜》I，頁3。

滿鐵總裁後藤新平建議設立調查部，此後日本學術界中，如箭內亙、津田左右吉、池內宏等都加入了對滿洲的調查。而對朝鮮，則隨著日本勢力的西進，出現了大量關於朝鮮的論著，自林泰輔的《朝鮮史》(1892)、《朝鮮近代史》(1901)之後，就有坪井九馬三(1858-1936)、白鳥庫吉、今西龍(1875-1932)、池內宏(1878-1952)、小倉進平(1882-1944)、原田淑人(1885-1974)等的大量研究。應該說，這一潮流一直要到稍後幾十年，大約在1920年代之後，才漸漸影響到中國。

不過，那個時代對於滿洲、朝鮮、台灣、日本、琉球等地區，以及南海諸區域的研究，仍然較多是孤立的個案，還沒有很自覺地把它當作「東亞海域」一個整體，考察其在歷史與文化上的關聯與互動[24]。但是，近年來隨著超越「國別史」的呼聲越來越高，「超國家」的「地域史」成為新的學術趨向，其中，日本對東亞海域的研究越來越興盛，例如關於「朝貢貿易體制」的研究有了新進展也有了新回應（濱下武志、岩井茂樹），以寧波、廣州、長崎等地為中心的海上貿易研究也相當有成績（如大庭修、松浦章、小島毅），而「從亞洲思考」的理論和方法在日本學界的流行，也刺激了這一研究典範（如溝口雄三、平石直昭），而在中國學界，也開始漸漸關注這一領域的研究，嘗試著把「東亞海域」看成是一個新的「歷史世界」，那麼，「東亞海域」能夠成為一個新的歷史世界嗎？關於東亞海域的研究能夠提供一個新的研究典範嗎？

24　儘管日本學術界一直有從「東洋史」到「アジア史」（亞洲史）的研究傳統，但是，最初還並不是以「東亞海域」及其周邊為一個自足的歷史世界。

三、研究重心與研究方法：西域研究與東海研究之異同

我們看到，「西域」之學的興起，曾經給國際學界帶來了思想與學術的若干變化。如果允許我簡單概括的話，那麼這些變化是，第一，它把以王朝疆域爲基礎的中國史，轉變爲東洋史或亞洲史，它超越了傳統漢族中國範圍，拓展了中國研究的文獻、語言、歷史與文化的空間，並在民族國家的政治史之外，重新建立了一個超越民族國家的「文明史」框架，使得「疆域」、「王朝」、「政治」不再是敘述歷史的絕對指標。第二，在這種研究視野中，宗教、語言、民族、文化的衝突與融合成爲重要的新內容，歷史、文獻、藝術、語言之學成爲重要的新工具，共同問題的形成使它成爲具有國際性的新領域。第三，由於這一新學問研究的是一個超越傳統中國的新空間，這促使文獻資料範圍巨大擴張，而這種文獻資料的擴張，又使得各種中亞西亞南亞的語言文字之學成爲必須的工具，「寫本」特質（包括傳播途徑、書寫方法、鑒定技術）成爲重要的研究點，同時，民俗調查和遺址考古也成爲發現新材料的必然途徑。正如1923年王國維在剛剛創刊的《北京大學國學季刊》第一卷第一號上所譯的伯希和（Paul Pelliot）〈近日東方古言語學及史學上之發明與其結論〉所說，這十幾年來歐洲東方學「智識愈豐富，其方法愈進步」，這種「豐富」與「進步」主要就是「古物學與古語學之復興，所得自較前人爲優」[25]。所謂古

25　伯希和著，王國維譯，〈近日東方古言語學及史學上之發明與其結論〉，載《北京大學

物學即考古學，所謂古語學則是中亞南亞甚至西亞各種語文的知識，顯然，這些新知識和新研究遠遠超越了傳統「中國」的空間、歷史、文化、典籍和語言。

正如前面所說，無論西洋、東洋還是中國，這一新的歷史領域與新的研究方法都具有非常複雜的背景、意圖和立場。由於淡化甚至超越民族國家的現實邊界和政治領土，隱含了歐洲與日本對於重新界定「中國」的疆域，重新書寫中國的「歷史」的政治意圖。儘管古代王朝以及現代中國，確實因為天朝大國的自大，遺留了「朝貢體制」或「冊封體制」的想像，但是，近代以來中國的落後與衰敗，不僅導致了日本對於滿洲與朝鮮、俄人對於蒙古與回疆、英人對於西藏、法人對於安南的領土要求，也特別容易引發對於「中國」的重新界定[26]。但是，如果我們暫且擱置政治的意圖與背景，僅僅從學術研究的方法論角度看，這種超越漢族中國政治、語言、歷史和文化邊界的西域研究的意義之一，就是傅斯年所說的，它促成了史料的擴充和工具的改進，也就是促進了學術的進步[27]。

（續）————————————

國學季刊》，第一卷第一號，頁146。

26　對於「中國」的重新界定，不始於今日，在日本是在明治時代就已經開始了的，追隨西方民族與國家觀念和西方中國學逐漸形成日本中國學研究者，對於中國「四裔」如朝鮮、蒙古、滿洲、西藏、新疆有格外的關注，而不再把中國各王朝看成是籠罩邊疆和異族的同一體，這一趨向發展到二戰時期，最典型的例子就是矢野仁一的《近代支那史》（弘文堂書房，1923）、《大東亞史の構想》（東京，目黑書店，1944）。參看本書〈緒論：重建「中國」的歷史論述〉。

27　日本學者桑原騭藏《中等教育東洋史教科書》之「近世史摘要」中就說到，「歐人勢力漸壓東方，英人占印度，法人占安南、柬埔寨，俄人占西伯利亞、中亞，亞洲大部已為歐人占領，即今尚存者中國，亦在各國勢力競爭圈中」，亞洲真正獨立並可以與西洋列強

那麼，「近世東海」的研究呢？毫無疑問，任何區域研究在方法上都有共通性，無論研究「西域」還是研究「東海」，我們都會發現，一旦超越傳統民族國家的中心區域與傳統歷史，超越當代民族國家的政治邊界和歷史論述，很多新資料、新視角、新手段、新問題就會紛紛出現。像研究西域的時候，各種被發掘出來的語言、宗教、歷史、藝術資料，不僅在挑戰著我們原有的知識、工具與方法，而且在豐富著我們此後的視野、理論和領域。同樣，在研究東海的時候，也會出現同樣的學術變局，原來似乎很陌生的文獻開始被用在解釋中，各種歷史的新線索開始變化著我們觀看歷史的焦距。

不過，除了「中古」與「近世」、「寫本」與「印本」、「左翼」和「右翼」這些明顯差異之外，和「西域」研究相比，在「東海」研究中似乎還有若干值得注意的問題。

第一，與多種相異宗教與文化一直互相激蕩、彼此角逐的「中古西域」不同，「近世東亞」的宗教與文化似乎出現一個差異很大的趨向，不是來自各個區域的宗教和文化在這個空間中彼此覆蓋和皴染（如歷史上佛教、祆教、摩尼教與伊斯蘭教在西域的來來往往和此進彼退），而是從原本看似同一的傳統與文化中逐漸出現了離心獨立（如近世日本、朝鮮、越南與中國在文化的漸行漸遠）。換句話說，由於西域研究之重心在中古，而東海研究之重心則應當在近世，因此，西域研究需要關注「重

（續）————————

　　並峙的國家只有日本，因此要由日本重新梳理亞洲歷史，並重新整頓亞洲秩序。轉引自
　　《宮崎市定自跋集》，頁29。

疊」，而東海研究則需重視「分化」。對於「東海」這一區域來說，更值得關注與研究，也是更加複雜的文化交錯，卻是在「近世」，也就是在蒙、漢、滿交替統治中國的時代中，原來看似有同一性的「東亞」或者「東亞海域」的文化出現了「糾纏而且分離」的現象。

我們應當看到，首先，與「地中海」不同，在「東海」這個同樣依賴海路彼此聯繫的空間裡，儘管有著類似佛教和儒家這樣共同尊奉的宗教與思想，但是，卻始終缺乏一個類似基督教那樣，超越國家(王朝)、皇權(君主)之上，作爲彼此認同基礎和聯繫紐帶的共同宗教，因此，這個區域很難在國家之外，形成超越國家的文化共同體；其次，與「西域」也不同，「東海」也不是一個各種民族、宗教和語言的邊界時常移動，因而成爲彼此混融、互相衝突的空間，由於各個民族、宗教和語言大體各守邊界，加上它們原本就有一些共享的典籍、文字和宗教，因此，歷史學家應當關注的文化變遷，卻是這些文化認同基礎的崩潰。這倒是西域甚至地中海都沒有的歷史變化，也正是這一現象的延續，導致了近代東亞各國認同與文化的變遷[28]。

第二，中古西域雖然有來自南亞、西亞(甚至更西)、北亞和東亞的文化，但是畢竟各種宗教、語言與典籍彼此角逐，即使是最強盛的漢唐中國及儒家學說，在那裡也不可能橫掃一切，成爲壟斷和籠罩的文明，這

28　不僅是東北亞朝鮮、中國和日本，也包括越南，它在15世紀逐漸形成與大明國「北國」相對應的「南國意識」，雖然他們仍然保存了對中國的文化認同，但是卻滋生了對北國的政治不認同，參看桃木至朗，〈「中國化」と「脫中國化」──地域世界のなかのベトナム民族形成史〉，載大峰顯等編，《地域のロゴス》(東京：世界思想社，1993)，頁73-77。

一特殊的文化交涉現象，使得考古發掘、比較語言、歷史地理、寫本鑒定等等方法，以及民族、宗教、藝術等領域成爲最重要，正如石田幹之助在回憶羽田亨的時候說到的，由於敦煌、高昌、龜茲、於闐遺址的發現，流沙墜簡、敦煌文書的問世，由於廢寺石窟塑像壁畫的重見天日，如何靈活地運用語言學知識，如何充分使用新的殘簡佚籍，如何全面地掌握西洋的新材料和新方法，成爲陳寅恪所說的學者是否能夠「預流」的必要條件[29]。可是，十六、七世紀以前，「中華文化」或者說是「漢字文化」曾經有過籠罩性的影響，而十六、七世紀之後，尤其是經歷了鴉片戰爭的大清國、經歷了黑船事件的日本國，和經歷了江華島事件的李朝朝鮮，包括同時的越南等等，又都在一個純粹外來的、更加強大的西方文化，以及無所不在的「現代性」的影響之下，經歷了重新「從鎖國到開國」的歷程。因此，研究近世東亞海域，比起研究「中古西域」來，更複雜和更重要的理論、工具和方法，不是掌握各種語言文字、宗教歷史、寫本壁畫，而是需要更複雜的和更多元的視角、立場和觀念。由於「近世東海」周邊諸國，很多文獻原本均由漢文書寫，各種宗教學說大體共享，文獻資料多有印刷流傳，因此，對於新語言、新發掘、新資料的依賴並不是那麼多。

但是，近世東亞海域研究卻有不易注意的「暗礁」：一是研究者如何超越國家疆域，形成「東海」這個歷史世界？東亞海域周邊各個國家大

29　石田幹之助，《歐美における支那研究》中所收〈我國における西域史研究〉中對羽田亨的介紹，頁316-317。

近世東亞海域的研究卻不同，歷史研究者不僅很難擺脫歷史記憶與感情糾葛，也常常受制於現實國家與政治的立場。東亞海域周邊諸國顯然各有各的歷史記憶，也各有各的政治立場。

體長久存在，疆域也大體固定，文化也相對延續，這不僅造成了歷史、文化、宗教和政治的相對穩定性，也構成了各自文化認同與政治認同的空間邊界，因此，「國家」(或者「王朝」)的歷史意義很濃。如何既承認「國家歷史」的存在，同時又看到環東海文化交流在深層給各區域造成影響，是一個需要斟酌和需要平衡的問題。二是因為曾經共享傳統，它造成各個國家文化的表面相似，研究者如何改變過去習慣於「同文同種」的歷史觀念，細心剔理各自「古層」和「低音」中的差異，探討彼此的不同，這是需要認真考慮的；三是因為諸國都遭遇到西方的衝擊，因此，在這一區域歷史的研究中，更需要深入研究回應西方「衝擊」時各國的不同「反應」，這些不同「反應」背後的原因，以及各自不同的現代性問題。這些恐怕都是「中古西域」研究中所不曾遇到的問題[30]。

第三，如果說對「中古西域」的研究，彷彿是面對一些古老的典籍和一個寂靜的遺址，雖然會有思古之幽情，但已不存在感情的波瀾。可是，近世東亞海域的研究卻不同，歷史研究者不僅很難擺脫歷史記憶與感情糾葛，也常常受制於現實國家與政治的立場。東亞海域周邊諸國顯然各有各的歷史記憶，也各有各的政治立場。比如，朝貢體系中是宗主國還是進貢國？在戰爭中是侵略者還是被侵略者？在現代化進程中是先進一方還是落後一方？在這裡，不同的記憶和立場始終會影響到對歷史的觀察，在關於歷史起源(如檀君、天皇、黃帝的爭論)、國家疆域(如

30　參看葛兆光，〈十九世紀初葉面對西洋宗教的朝鮮、日本與中國——以「黃嗣永帛書」為中心〉，載《復旦學報》，2009年第3期。

高句麗、琉球、安南之歸屬）、文化交流（如蒙古襲來與倭寇擾邊）等等方面，這些意識、立場、感情都會摻入，使這種超越國家疆域的東海區域研究帶有太多的非學術因素，那麼，在「東亞海域」研究中，在超越「國家歷史」的同時，應當如何超越這種「國家感情」？

結論

預流、立場與方法

—— 追尋文史研究的新視野

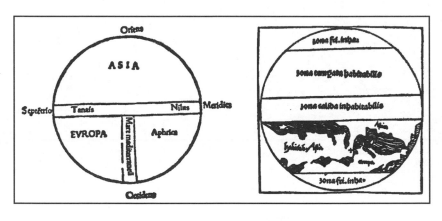

歐洲中世紀的T.O圖和帶圈圖

引言　學術史告訴我們什麼？

現代中國學術史研究在20世紀90年代曾經成為「顯學」，不過，回顧學術史的意義，並不僅僅在於面對不如人意的當下學界，發一些思古之幽情，也不僅僅在於見賢思齊，表彰幾個學界前輩的高風亮節，甚至不僅僅是建立學統，描述或總結某些學人的學術成就。我總覺得，在人文學科尤其是文史領域中，學術史需要討論的，一是傳統學術在西潮與東風的鼓蕩下，是如何轉型成為所謂現代學術的；二是這種來自西方的所謂現代學術，在現代中國政治、文化和知識語境中，是如何形塑出中國的學術觀念與方法的；三是現代學術在資料、方法、工具和觀念上，如何重新詮釋了古代中國，並影響到對於現代中國的想像和設計。從學術史角度說，這三個問題至為關鍵，因為它決定了我們對於既往學術史的回顧，是否能夠讓我們了解學術發展脈絡如何延伸，使我們對於未來學術的潮流和取向有所自覺。

很多人都注意到，20世紀20年代到30年代，是中國現代學術史上一個重要時期。我曾經在很長時間裡，特別關注這一時期中兩個辦得最成功的研究機構，一個是1925年成立的清華學校研究院，就是僅僅辦了四年卻影響深遠的所謂「清華國學院」；一個是1928年成立的中央研究院歷史語言研究所，就是傅斯年所開創，後來遷到台北的所謂「史語所」。這兩個研究機構之所以能夠成為典範，我想，除了當時中國學術正處在從傳統向現代轉化的關鍵時期、外在相對平穩的社會環境恰好給了學術

界一個契機，以及各自擁有一批兼通中西的學者外，從學術的角度看，有以下三方面原因：

第一，他們始終站在現代國際學術前沿，不僅在研究領域上把握了國際學界的關注點，而且在方法和工具上始終與國際學界同步。像王國維對西北地理和蒙元史的關注和以兩重證據法研究上古史，像李濟推動科學的考古包括他的山西考古和後來的安陽殷墟發掘，像陳寅恪研究「殊族之文，塞外之史」，教授西人之東方學目錄，以及作敦煌文書的多語文考證，像趙元任的語音學和方言調查，還有傅斯年所念念不忘的「虜學」，這些選題、材料和方法都是當時的前沿，就連梁啓超對於歷史研究法的闡釋和對於佛教史的研究，也吸收了國際學術界的很多新思路和新成就，這就是陳寅恪講的，進入了「世界學術之新潮流」即國際學術研究問題、材料和方法的主流[1]。

第二，不僅僅是「預流」，中國學者的中國研究必然不能簡單等同於國外學者的「漢學」，它必須逐漸建立中國的立場、問題和方法。在經歷了晚清民初整體向西轉的大潮之後，在西方的學科制度和研究意識全面侵入中國現代學術界的時候，他們始終堅持以「中國」爲中心的研究立場，他們不是在稗販西方知識，而是在試圖重新詮釋中國，甚至提出，要使對於中國的解釋權重新回歸中國，像梁啓超的近三百年學術史研究、

1　陳寅恪，《陳垣〈敦煌劫餘錄〉序》：「一時代之學術，必有其新材料與新問題。取用此材料，以研求問題，則爲此時代學術之新潮流。治學之士，得預於此潮流者，謂之預流（借用佛教初果之名），其未得預者，謂之未入流。此古今學術史之通義，非彼閉門造車之徒，所能同喻者也。敦煌學者，近日世界學術之新潮流也。」《金明館叢稿二編》（北京：三聯書店，2001），頁266。

王國維的古史新證、李濟的中國考古，都在試圖拿回對於古代中國的解釋權。當時史語所提倡的歷史研究，有相當清楚的大理想和大方向。據說，主其事的傅斯年的目的，就是「以歷史研究所為大本營，在中國建築『科學的東方學正統』，這一號召是具有高度的鼓舞性的……(傅)他是這一運動理想的領導人，他喚醒了中國學者最高的民族意識」[2]。很多年以後，李濟《感舊錄》裡還說到這一點，「當時學術界(對外人文化侵略)普遍存在著『不滿』和『不服氣』的情緒，要反對這種文化侵略，只有自己去搜集去研究，直到中央研究院成立後，才站在國家學院的地位，把學術界這種情緒導入了正軌」[3]，所以，傅斯年在宣言式的〈史語所工作之旨趣〉最後，要大聲疾呼「我們要科學的東方學之正統在中國」[4]。也許這種說法有一些學術民族主義，但是它卻促進了現代中國學術之獨立，這可能恰恰是這兩個研究機構成功的基礎。

第三，僅僅有充分國際化的預流和相對自覺的中國立場，可能還不夠，清華學校研究院和歷史語言研究所之所以能夠成為影響現代中國學術研究的重鎮，還得益於「地利」。我所謂的地利，是說那個時代恰恰在中國不斷出現了新資料。像殷墟甲骨、敦煌文書、居延漢簡和大內檔案等所謂四大發現，都在那個時代的新思路和新眼光下被使用起來，並且

2　傅樂成，《傅孟真先生年譜》(台北：傳記文學社，1964)，頁28-29。

3　李濟，《感舊錄》(台北：傳記文學社，1967)，頁72-75；轉引自陶英惠，〈抗戰前十年的學術研究〉，載《抗戰前十年國家建設研討會論文集》(台北：中研院近代史研究所，1985二版)，上冊，頁77。

4　傅斯年，〈歷史語言研究所工作之旨趣〉，載《歷史語言研究所集刊》，第一本第一分，1928。

在文史研究的工具和資料上，特別重視考古發現的證據、多種語言的對比、邊緣資料的使用，在文史研究的視野上，關注四裔歷史、並試圖與國際學術界討論同樣的話題，在文史研究的方法上，重視社會科學的方法、極力將語言學與歷史學聯結。

給重新理解歷史提供了堅實的基礎。也許有人會指出，甲骨和敦煌都是20世紀初的發現，並不是20世紀20年代的事情，但是，新史料需要有新眼光才能在研究領域中發酵，而甲骨卜辭和敦煌文書要到20世紀第二個和第三個十年，才超越和結合傳世的歷史文獻，真正使用在歷史的重新理解上，因而它不是史料的量的增加，而是歷史的質的變化。

總之，當年清華學校研究院和歷史語言研究所以殷商甲骨研究上古史、以漢簡和敦煌文獻研究中古史、以大內檔案研究近世史，追蹤新史料開拓新領域，在文史研究的工具和資料上，特別重視考古發現的證據、多種語言的對比、邊緣資料的使用，在文史研究的視野上，關注四裔歷史、並試圖與國際學術界討論同樣的話題，在文史研究的方法上，重視社會科學的方法、極力將語言學與歷史學聯結。這些「新」風氣、「新」方法，挾「科學」之名義，借「西學」之影響，又隱含著爭東方學「正統」的立場，所以一下子就站在了國際的前沿，使得這兩個研究機構成為中國學界乃至國際學界引人矚目的中心。

這些年，無論在國內還是國外，我常常在圖書館翻閱當年國外的中國學期刊，深深感到那個時代中國文史研究的國際影響力，那個時代的國外中國學家，不像現在某些人那樣，覺得中國的論著不足以觀，不得不常常翻譯和介紹中國學者的著作。舉一個例子，像日本京都大學至今仍然出版的著名學術刊物《東洋史研究》，從1935年創刊的第一卷起就頻繁地關注中國學術的新進展，像聞一多的高唐神女說研究、《禹貢》派的歷史地理學、柯紹忞的《新元史》、孟森的「七大恨」研究、陳寅恪的各種論著、郭沫若的先秦天道觀研究以及陶希聖、朱希祖、傅斯年、顧

頡剛、全漢昇、陳夢家等等的動態。就是在七七事變以後的交戰狀態下，日本學者也仍然介紹了羅根澤和顧頡剛的《古史辨》、陳垣的《南宋初河北新道教考》等等[5]。這個時候，中國的文史研究絕不亞於任何地區的中國學，傅斯年念念不忘的爭回中國學正統，似乎很有成功的希望，而陳寅恪痛心疾首的「群向東鄰受國史，神州士子羞欲死」[6]，經過那個時代人的努力，狀況也許並沒有那麼嚴重。

那麼，現在的中國文史學界應當如何應對「世界學術之新潮流」，它將在什麼地方走自己的路呢？以下陳述的，只是我個人的想法而已。

一、國際視野：從「虜學」到「從周邊看中國」

八十多年前，梁啓超在《中國史敘論》中，曾經把中國歷史區分爲中國之中國、亞洲之中國和世界之中國三個階段，分別對應「上世史，自黃帝以迄秦統一」、「中世史，自秦統一至清代乾隆之末年」、「近世史，自乾隆末年以至於今日」。這個分法很有意思，也可以作種種解讀，像許倬雲

5　日本人在20世紀30年代相當注意中國的研究，包括一些相當左傾的研究，如東亞同文會辦的《支那》，在二十二卷第二號、三號、四號(昭和六年二月至四月)，曾連載賴貴富譯，郭沫若著，《支那奴隸制度について》(上，頁54-62)(中，頁79-90)(下，頁69-78)，在二十一卷第六號(昭和五年六月)又譯有被稱為「中國共產派之巨頭」的甘乃光的《先秦經濟思想の一考察》(頁45-63，同卷九號續完)。此外，關於這一方面的情況，還可以參看今崛誠二，〈北京の學界それから〉，《東洋史研究》(京都：京都大學，1944)，第8卷5-6號，頁98-101。

6　陳寅恪，〈北大學院己巳級史學系畢業贈言〉，載《陳寅恪文集·詩集》(北京：三聯書店，2001)，頁19。

就說，這是以種族的交涉與競爭爲著眼點，也隱隱以封建、帝制及立憲三種政體作爲三個時代的主要政治形態[7]。不過，在這裡我想以「中國的自我認識」爲中心，也把以往的中國歷史分成三個階段。

第一個階段可以稱作「以自我爲中心的想像時代」。這個時代的中國，由於對外交通的困難、漢文明傳統的強大和外來文明無法形成巨大衝擊，換句話說，在沒有巨大的「他者」的情況下，中國彷彿處於一個沒有鏡子的時代，這形成了以自我爲中心的「天下觀念」（對於周邊的鄙視和傲慢）和以自我爲宗主的「朝貢體制」（儘管從宋代起，情況便發生變化）。我們可以從古代所謂的九州、五服記載，「北狄、南蠻、東夷、西戎」的說法，《王制》所謂的「五方之民」，以及古代的天下地圖和《朝貢圖》中看到[8]，儘管實際的世界地理知識早已經超越了漢族中國，但是，在觀念的天下想像中，人們仍然習慣地以自我爲中心，想像一個處在天下之中的「中國」。

但是，自從晚明西洋人逐漸進入東方以來，特別是晚清西洋人的堅船利炮迫使中國全面向西轉之後，中國人認識「自我」，開始有了一個巨大的「他者」（The Other）即西方，從此進入第二個階段即「一面鏡子的時

---

7 許倬雲，〈尋索中國歷史發展的軌跡〉，載其《江渚候潮汐》（一）（台北：三民書局，2004），頁159-160。按：這個分期方法與日本當年的中國史著作是否有關系？明治三十一年出版的桑原騭藏，《中等東洋史》是以（一）上古期：漢族膨脹時代（到秦統一），（二）漢族優勢時代（從秦漢到唐末），（三）蒙古族最盛時代（從北宋和遼到明末），（四）歐人東漸時代（從清代至今）。

8 參看本書第一章〈山海經、職貢圖和旅行記中的異域記憶〉。又，參看傅斯年與顧頡剛討論戰國人對於世界的想像一信，載《語言歷史研究所週刊》（廣州：國立中山大學，1927年11月8日），第一集第二期。

代」，這個時代正如列文森(Joseph R.Levenson)所說，從天下到萬國，實際上是一個很大的變化[9]。由於在西方這個「他者」的映照下，中國人才開始了對中國的重新認識，這當然是一個巨大的進步。然而，這種重新認識是以「西方」，而且僅僅是一個似乎同一的「西方」爲鏡像的。無論是晚清所謂「中體西用」還是「西體中用」的爭論，無論是李大釗、陳獨秀還是梁漱溟等人的中西文化比較觀念，無論是五四時代以西方爲對照重新解讀中國的思潮和魯迅以後的「中國國民性」剖析，還是一直蔓延到80年代的「文化熱」討論，其實都是在這一面鏡子下的自我認識。

可是，我們現在要問，這面鏡子是正確的鏡子還是一面哈哈鏡呢？它是認識自己的唯一鏡子嗎？它難道能夠全面地讓我們自我認識嗎？就像我們在理髮室裡修剪頭髮的時候，僅僅靠眼前的那面鏡子是不夠的，還必須「菱花前後照」才能看到後腦勺，那麼，我們是否還需要一面或多面西方之外的鏡子呢？可是，我們從來很少明確而自覺地認識到，作爲「他者」，自己周邊的日本、朝鮮、越南、印度、蒙古與自己有什麼不同，人們始終覺得，他們似乎還是自己文化的「邊緣」，並不善於用這些異文化眼光來打量自己。可是，真的是這樣嗎？我總覺得，中國與「西方」的差異對比，只能在大尺度上粗略地看到自我特徵，而那些看似差異很小，甚至曾經共享一個文化傳統的不同國度的比較，才能真正認識細部的差異，才能確認什麼才是「中國的」文化。因此，在今天這個全球化看似普遍同

9　列文森(Joseph R. Levenson)，《儒教中國及其現代命運》(鄭大華等中譯本，北京：中國社會科學出版社，2000)，第一部分第七章指出，「近代中國思想史的大部分時期，是一個使『天下』成爲『國家』的過程」，頁87。

質的時代，恰恰也許我們有可能進入第三個時代，即「在多面鏡中認識自我的時代」。《宋高僧傳》卷五記載唐代華嚴大師法藏有一個著名的設計，他曾經面對學者「取鑒十面，八方安排」，就是在上下八方各懸鏡子，面面相對，中間安一佛像，用炬光照耀，於是交影互光，重重映照。當然，我們想做的，並不是法藏的「佛法無盡，彼此交互」，讓「學者因曉剎海涉入無盡之義」，而是像拍立體電影一樣，用多台攝影機從四面八方拍攝，然後組合起一個立體的中國。因而，從周邊看中國，重新確立他者與自我，換句話說就是，從周邊各個區域對中國的認識中，可能我們會重新認知歷史中國、文化中國和政治中國。

關於這個問題的思想史意味，這裡無法詳細討論。從文史研究的角度，我更想討論這一研究方向的學術史意義。

如果我們回顧中國學術史，在某一個角度上說，中國學術國際化和現代化的第一波，似乎可以上溯到清代中葉對於西北地理和蒙元史的研究。自從錢大昕以後，由於考據學發展的內在理路(考據領域的拓展和延伸)和國情變化的外在背景(嘉道以後國際形勢的變化)，人們開始意識到西北地理、遼金及蒙元史研究，在超越漢族中國傳統空間上的意義。首先，它不再僅僅是考據學家所涉獵的「漢語」、「漢族」和「漢文獻」；其次，研究範圍也不僅僅是考據學家們熟悉的儒家世界和傳統經典；再次，他們研究的內容已經不僅僅局限在政治史的範圍中。不妨看一下蒙元史的研究，在錢大昕以後，曾有邵遠平《元史類編》、魏源《元史新編》、曾廉《元書》以及洪鈞《元史譯文證補》之作，到了屠寄在晚清時期修《蒙兀兒史記》，就務求蒙古在歷史中固有之分際，擴大蒙元史之範圍。他引用資料

遠遠超出傳統漢文史料，有高麗史料、雲南史料、西域史料，尤其是採用了外文史料[10]。前面說到，在那個時代以後，中國學者其實已經參與到國際學術話題之中，如對突厥三大碑的考釋、對蒙元文獻的譯讀、對唐代火祆教即波斯瑣羅亞斯德教(Zoroastrianism)、景教和摩尼教的研究等等國際性的課題中，就連傲慢的俄國人，對沈曾植考釋突厥碑也只好刮目相看，「譯以行世，西人書中屢引其說，所謂總理衙門書者也」[11]。

當晚清民初的中國，在政治、經濟和文化上「被迫」日益進入國際的時候，學術界也發生了相當深刻的變化。正如前面所說，進入20世紀20年代前後，中國出現了一批最好的學者，他們不僅視野開闊，而且相當敏銳，無論是從哲學、文學而入史學的王國維，還是並未出洋卻深諳國際學術潮流的陳垣，無論是主張全盤西化的胡適，還是恪守中國文化本位的陳寅恪，在學術上都在努力地「預流」，即進入「世界學術之新潮流」。恰好這個時候有所謂「四大發現」，尤其是敦煌文書的發現和研究，我們知道，當時王國維考證過敦煌的文獻、陳垣編過《敦煌劫餘錄》，胡適和陳寅恪更是研究敦煌文書的大家，這些努力便促成了中國學術國際化的第二波[12]。這是由於，第一，「胡語文獻」刺激了語言學和歷史學的結合，比如陳寅恪以梵文、藏文和漢語對勘敦煌文獻；第二，敦煌出土的原

10　參看前引杜維運，〈屠寄傳〉，載其《歷史的兩個境界》，頁118-120。

11　王蘧常，《沈寐叟先生年譜》(台北：臺灣商務印書館，1977)。

12　陳寅恪在1942年寫的《朱延豐〈突厥通考〉序》中，其實已經感覺這一波學術與清代西北史地之學的關聯，並預見這一學術趨勢的發展，他說「惟默察當今大勢，吾國將來必循漢唐之軌轍，傾其全力經營西北，則可以無疑。考自古世局之轉移，往往起於前人一時學術趨向之細微，迨至後來，遂若驚雷破柱，怒濤振海之不可禦遏」。見其《寒柳堂集》(北京：三聯書店，2001)，頁163。

始文獻刺激了對傳世文獻的懷疑和辨證，如胡適對禪宗文獻的考證；第三，敦煌這一非政治、宗教與文化中心區域所保存的不同語言的文獻，引起了對中外交通、文化接觸的研究興趣；第四，各種非政府文書和非儒家文獻的出現，引起了對經濟史（如敦煌寺院經濟）、宗教史（如三夷教、佛教和其他宗教）、地方史（如歸義軍、吐蕃、西域）的重視，促使歷史研究領域傳統的重心和邊緣的彼此移動。

那麼，第三波究竟是什麼呢？我不敢斷言，但我以為「從周邊看中國」這一課題，也許在某種程度上可以刺激學術史的變化。

首先，我注意到前兩波的學術史變動中，關注的空間都在西北，與傳統的絲綢之路重疊，卻比較少地注意到東邊，比如日本、琉球、朝鮮、越南等等，可是，事實上這些區域所存的有關中國的文獻相當豐富，過去，吳晗先生曾經在《李朝實錄》中輯出十幾冊有關中國的珍貴史料[13]，其實遠不止這些，比如韓國景仁文化社影印的《韓國歷代文集叢書》近三千巨冊，絕大多數是漢文書寫，大致相當於明清時代的史料；而韓國東國大學校林基中教授和日本京都大學夫馬進教授分別編輯的《燕行錄全集》和《燕行錄全集日本所藏編》一百零六冊，幾乎五萬頁的資料基本上是明清兩代朝鮮人對於中國的觀察和記錄；朝鮮通信使在日本的多種日記和詩文，也記錄了大量日本和朝鮮人對於中國的觀察、想像和評價，而日本江戶時代在長崎和其他地方接待清帝國船隻的各種記錄，以及所謂唐通事的資料，像著名的《華夷變態》、《唐通事會所日錄》、《古

13　吳晗編，《朝鮮李朝實錄中的中國史料》（北京：中華書局，1962）。

288　宅茲中國：重建有關「中國」的歷史論述

今華夷通商考》等等，以及大量有待發掘的史料，都呈現著已經分道揚鑣的日本對中國的冷眼旁觀[14]，至於在越南留下的一些文獻如所謂「漢喃文獻」，也保留了相當多有關中國的記載。俗話說，「當局者迷，旁觀者清」，也許這些資料能夠讓我們「跳出中國，又反觀中國」，了解中國的真正特性。

其次，近代以來我們習慣了東西文化對比，從最初以時間先後而論優劣的「西學中源」說，到以道器不同而論本末的「中學爲體西學爲用」說，再到五四時代以來的「東西文化」論爭和「全盤西化」與「中國文化本位」之爭，最後到如今的「東方主義」或「後殖民主義」理論，在討論中國文化的時候，都是在「西方」這個巨大而朦朧的「他者」背景下立論的，冰炭不同、冷熱迥異，讓人看起來似乎很清晰，但是，這個看似清晰的文化描述中，卻包含了相當朦朧的內容。追問下去，究竟這個「西方」是哪個「西方」，這個「東方」是哪個「東方」？因此，也許以看似文化差異不大的周邊爲「他者」，倒更能看出它們與「自我」那些細微卻又至關重要的文化差異來。比如，表面上同樣信仰朱熹之學，但是固執地恪守朱子學說不動搖的朝鮮兩班士人，和沒有科舉制度的日本儒家學者，以及在滿清王朝的考據學和異族文化雙重影響下的中國士大夫，是很不一樣的，在各種文獻中常常看到朝鮮人對於清帝國學術和思想的譏諷，都能看到朝鮮和日本人因爲蔑視中國文明淪喪而自稱「中華」，看看這種差

14　像一般記載中國風土人情和普通知識的寺島安良《和漢三才圖會》(1712)、中川忠英編的《清俗記聞》(1799)、岡田玉山的《唐土名勝圖會》(1805)等等，它們背後的眼光和態度，也相當值得注意。

異，就能夠更清楚地理解這個「東方」或者「東亞」，其實，並不是岡倉天心想像的「一個」[15]。

再次，正如傅斯年在〈歷史語言研究所工作之旨趣〉中所說的，史料的擴充和工具的改進，其實就是學術的進步。他說，(一)凡能直接研究材料，便進步；凡間接的研究前人所研究或前人所創造之系統，而不繁豐細密的參照所包含的事實，便退步。(二)凡一種學問能擴張他研究的材料便進步，不能的便退步。(三)凡一種學問能擴充他作研究時應用的工具的則進步，不能的則退步[16]。1928年的時候，他覺得，「虜學」很重要，中國學術界「多不會解決史籍上的四裔問題的」，在邊疆民族史地和中外關係史研究方面落後於外國的東方學家，在匈奴、鮮卑、突厥、回紇、契丹、女真、蒙古、滿洲等問題上，就不曾像歐洲人那樣注意，所以，亟須擴展研究的史料和使用的工具，借鑒比較歷史和語言的方法。而且，他曾經設想中國研究，「將來一步一步西去，到中央亞細亞」，又設想在廣州建「南洋學」中心，認為「南洋學應該是中國人的學問」。這是一個絕大的判斷，前面我們提到中國學術國際化的第一波和第二波，正是像他所說，在一步一步西去，從敦煌、安西到中亞，重心在西北（雖然偶爾也南下）。可是，第三波是否應當轉身向東呢？

1938年，胡適在瑞士的Zurich代表中國第一次參加國際歷史學大會，在題為〈近年來所發現有關中國歷史的新資料〉（Recently Discovered

---

15　岡倉天心，〈東洋の理想〉，龜井勝一郎、宮川寅雄編，《岡倉天心集》（東京：筑摩書房《明治文學全集》38，1968），頁6-7。

16　傅斯年，〈歷史語言研究所之工作旨趣〉，《傅斯年全集》第四冊，頁1304-1306。

Material for Chinese History)的英文論文中，提到當時他所想到的有關中國史最重要的史料，包括當時被稱作大發現的甲骨卜辭、敦煌卷子、大內檔案以及禁書逸書，而與這些大發現並列的，就是「日本朝鮮所存中國史料」[17]。可是，近七十年過去了，除了吳晗後來在《李朝實錄》中輯的資料之外，似乎有關中國的朝鮮漢文資料，尚沒有特別好的整理和研究，至於日本有關中國的資料如長崎唐通事的資料，更很少看到人充分使用。當然，這個學術史的大趨勢，並不是我能夠預料的，不過，如果逐漸轉身面向這個「周邊」，將使得過去我們所不夠重視的上述歷史資料和周邊各種語言，成為新的領域和新的工具，套一句經濟學界常用的術語，也許，它將成為學術「新的增長點」[18]。

二、中國立場：與域外中國學的比較

毫無疑問，注意「中國」的周邊並不是中國文史學界的專利，甚至不是中國學者的發明[19]，比中國學者更早，歐洲和日本的學者從19世紀末

17　〈胡適致傅斯年〉(1938年9月2日)，王汎森輯，〈史語所藏胡適與傅斯年來往函劄〉，載《大陸雜誌》(台北)，第九十三卷第三期，頁11，1996年9月。

18　這一研究新領域的開拓，我以為引出的學術史變化，有可能是(A)語言學的重新重視、(B)非漢族的宗教史的重視、(C)不得不參考外國文獻與研究論著、(D)重新界定與認識「中國」和「他國」、(E)學術和文化之民族主義與世界主義問題。在這一點上，其實東洋和西洋學者已經有一些做得很好了。參看Colin Mackerras：*Western Images of China*, Oxford University Press, 1989。又可參看荒野泰典、石井正敏、村井章介等編，〈自意識と相互理解〉，載《アジアのなかの日本史》(東京：東京大學出版會，1993)，第四冊。

19　比如宮崎市定在1943年就寫有《中國周邊史總論》，討論到朝鮮、滿洲、蒙古、土耳其

20世紀初就已經開始了有現代學術意味的「中國周邊研究」，他們在這些研究中使用了歷史學、文獻學、考古學和語言學的綜合方法，取得了相當大的成就。比如，法國的沙畹(E.Chavannes)、伯希和(P.Pelliot)、費瑯(G.Ferrand)、馬伯樂(H.Maspero)等等。雖然通常我們都把他們稱作「漢學家」，他們的關注中心確實也都在中國，但是，他們的研究範圍卻常常涉及四裔，從馮承鈞所譯的《西域南海史地考證譯叢》三大冊中可以看到，題目常常出現的地名，是吐蕃、波斯、爪哇、真臘、安南、蒙古、占城、高昌、印度、吐谷渾、黎軒、罽賓，常常出現的宗教，是火祆教、摩尼教、景教、佛教以及後來的天主教和基督教，而常常出現的典籍，則是《諸蕃志》、《魏略西戎傳》、《瀛涯勝覽》、《真臘風土記》、《玄奘傳》、《元秘史》、《長春真人西遊記》、《宋雲行紀》、《使印度記》等等[20]。

　　受到歐洲的影響，明治以來學術近代轉型後的日本中國學家更是關注所謂「滿蒙回藏」以及中國周邊。從兼治朝鮮與蒙古史的那珂通世以後，明治、大正到昭和年間的日本學者，相當多的有這種關注中國四裔的趨向。著名的如白鳥庫吉、藤田豐八、桑原騭藏、箭內亙、池內宏、羽田亨、和田清等等，對於蒙古、朝鮮、安南、西域、西藏等等史地領域，都有相當出色的研究。其中，奠定日本明治時代東洋學的重要人物白鳥庫吉，

(續)————————

　　　斯坦(即古西域、今新疆)、西藏、印度支那半島。且不論其對「中國」的理解，他提倡的研究，在聚焦中心和研究目的上，顯然與我們不同。見《宮崎市定全集》(東京：岩波書店，1992)，第19冊，頁149-162。

20　《西域南海史地考證譯叢》(北京：商務印書館，1995，1999)第一卷、第二卷、第三卷，其中第一、二卷原為馮承鈞自1926年以來陸續翻譯的法國中國學家的論著1-9編，第三卷為後來輯在一起的六種專書和論文。

他關於突厥、烏孫、匈奴、粟特、康居以及朝鮮的研究，都贏得了歐洲學界相當高的評價，顯示了當時日本中國學的新潮流。這使得日本學者對於進入世界學術潮流相當自信，他們甚至覺得，日本人比中國人懂得西洋新方法，又比西洋人更善於閱讀東洋文獻，所以，日本才應當是「東洋學」的前沿。這一潮流的參與者羽田亨曾經總結這一時期日本東洋學在考古、文獻、語文問題上的進步，他說，明治大正年間日本東洋學的發展，「不僅在美術史、風俗史、歷史地理上的研究數量不少，更由於中亞所發現的史料，使得中國歷史事實被闡明得更多……從上述取向可見，如果從事中國史特別是塞外地方的歷史研究，晚近學者可以向何方努力，學術的大趨勢究竟會走向何方」，其中他特別提到了「第一武器」即語言知識在新研究中的意義[21]。這使得中國學者儘管不服氣，卻也不得不承認，「對於中國正統史事之研究，吾人當可上下其是非得失，相與周旋，至於西域、南海、考古美術之史的研究，則吾人相去遠矣」[22]。

這是當年席捲歐美、日本以及中國的國際學術潮流。看起來，這一潮流有它的同一性，似乎是世界一致的風尚。不過，仔細考察就知道，無論在歐洲還是在日本，這一趨向自有其政治史和思想史的特殊背景。

21　羽田亨曾經總結說，這一時期日本東洋學的進步，表現在(一)東方新的考古資料與諸文獻的研究(如闕特勤碑)，(二)古代語文的發現(如回鶻文、吐火羅文、西夏文)，(三)西域各國的人種的研究，(四)各種非漢族宗教文獻的新發現(如摩尼教經典)，(五)粟特文化對東方的影響，(六)回鶻文化的東漸。見其〈輓近における東洋史學の進步〉，原載《史林》(1918)，第三卷一、二號，後收入羽田亨，《羽田博士史學論文集》，頁635-653。

22　賀昌群，〈日本學術界之「支那學」研究〉，原載1933年10月26日天津《大公報‧圖書副刊》，第三期，收入《賀昌群文集》，第一卷，頁447。

以和中國最為密切的東鄰日本為例，如果說，從學術史上來說，它是學術近代化與國際化的推動所致，充分表現了它的現代意味，那麼，從思想史的角度來說，這一學術風氣中恰恰在看似純粹的學術取向、學術方法和學術話題背後，隱藏了日本對於中國的某種特殊意圖。

從學術史的角度看，所謂日本這一學術趨向的現代意味是很清晰的。這一趨向導致了日本對於中國研究的傳統出現了危機，過去對於中國的傳統認識似乎被顛覆，過去理解中國的習慣方法被改變，正如子安宣邦所說的，既因為研究方法的現代性而充滿對傳統中國學術的輕蔑，引起「支那學」的自負，也由於西洋學術方法的盛行，顛覆了傳統學術，導致了危機意識，「這一危機意識，是由支配了近代日本學術制度的西歐近代人文科學而來的」[23]。但是，它促成了日本中國學的現代形態。明治以來，自認為與中國有久遠關係的日本理應比歐洲人更能夠掌握解釋中國的主導權，因此，它努力通過(一)和西方學術一致的工具、資料和方法，(二)從事西方學界感興趣的領域、課題和問題，並且(三)採取和西方科學相同或相似的，被標榜為「中立」的客觀主義立場，在研究方法上，促進日本「東洋學」的形成，而在研究視野上，他們也極力效仿歐洲來自傳教士和人類學家的漢學傳統[24]，把「中國學」變成「東洋學」，即把領

23　子安宣邦，《日本近代思想批判──國知の成立》(東京：岩波書店「岩波現代文庫：學術110」，2003)，頁115。

24　桑原騭藏在〈支那學研究者的任務〉一文中，作為學習的典範，他列舉了一些西洋中國學家，如美國的Rockhill(研究西藏和蒙古佛教、文化、地理及研究《諸蕃志》、《島夷志略》等有關南海交通文獻)、英國的Phillips(研究荷蘭占領時期的台灣史及明代中國與南洋交通)、Wylie(精通蒙古文、梵文、滿文，研究傳教士對中國的影響)、Legge(研究和翻譯中國經典)、俄國的Bretschneider(研究蒙古時代)，並且檢討「我國(日本)

域逐漸從漢族中國，擴大到中國的周邊，並有意識地把它作爲與「西洋」相對的歷史空間來研究[25]，一方面建立一個在歷史、文化、民族上，可以和「西洋」並立，叫作「東洋」的歷史論述空間，一方面又把日本從這個「東洋」裡抽離出來，成爲有兩個「他者」的「本國」。所以，當那珂通世提出在日本「本國史」之外，分設「西洋史」和「東洋史」的時候，日本東洋學界，就把「東洋史」從「中國」擴大到「四裔」，「中止了日本歷來僅僅以中國史爲中心的偏狹，而必須包括東洋諸國、東洋諸民族的歷史」[26]。明治大正時期，日本各種如《東洋哲學》等刊物的學術關注，白鳥庫吉等學者的學術訓練，和各個學者多選擇以滿、蒙、回、藏爲主的學術課題，都顯示了這種追求現代性、融入國際潮流的趨向[27]。

　　然而正如第七章所說，從思想史的角度看，這一學術轉向背後卻隱藏了很深的政治背景。明治以來逐漸膨脹的日本民族主義，以所謂「亞細亞主義」的表象出現，日本對於過去在亞洲最大的對手中國，重新探

（續）————

最大的失誤，在於我國的支那學研究，還沒有充分使用科學的方法，甚至可以質疑的是，也許還在無視這些科學的方法，然而，科學的方法並不只是西洋學問應當應用，毫無疑問，日本的支那學研究也是應當依據的」。《桑原騭藏全集》（東京：岩波書店，1968），第一卷，頁591-594。

25　白鳥庫吉的志向，就是要使日本的東洋學，超過歐洲，所以他在若干年後寫的《滿鮮史研究的三十年》中，就說到，「爲了不輸給歐美學者，我們建立了規模很大的東洋歷史學會，與實業家、政治家攜手，提倡根本的東洋研究的必要性，特別是當時歐美人在東洋研究方面，多在中國、蒙古、中亞，確實其中有非常權威的成就，但是，在滿洲和朝鮮研究上，卻尚有未開拓處。因此，我們日本人必須要在歐洲人沒有進入的滿洲、朝鮮的歷史地理方面，有自己的成果」。轉引自松村潤，〈白鳥庫吉〉，載江上波夫編，《東洋學の系譜(1)》，頁45-46。

26　江上波夫編，《東洋學の系譜》I，頁3。

27　參看第七章〈邊關何處〉的討論。

取一種俯視的眼光來觀察。其中，最有影響的就是不再把過去的「中華帝國」看成是龐大的「一個」，而是借用歐洲流行的「民族國家」新觀念，把過去所謂的「中國」解釋成不同的王朝，這些王朝只是一個傳統的帝國，而實際的「中國」只應該是漢族爲主體，居住在長城以南、藏疆以東的一個國家，而中國周邊的各個民族應當是文化、政治、民族都不同的共同體[28]。自從明治時代「國權擴張論」的膨脹，借了安全和利益的名義，對於中國以及周邊的領土要求越來越強烈。因此，在明治時代的日本中國學研究者，對於中國「四裔」出現了異乎尋常的熱情，對朝鮮、蒙古、滿洲、西藏、新疆都有格外的關注，而不再把中國各王朝看成是籠罩邊疆和異族的同一體。正如日本學者所說，「在日清戰爭爆發的刺激下，（日本）國民對亞洲大陸越來越關心，這一歷史觀念，就是在日本作爲近代國家急劇上升的明治二十年代，面對西洋，日本作爲亞洲民族的自覺日益高漲，面對西洋文化，出現主張獨特的東洋文化的時代思潮的背景下形成的」[29]。當時，這種民族主義的政治行爲，啓發了學術領域的研究興趣，而這一學術領域的研究取向，又逐漸變成一種理解中國的普遍觀念[30]。這種觀念一直發展到二戰前後，便在日本歷史學界形成熱門話題，其中最有代表性的，是前面幾次提到的矢野仁一《近代支那史》。矢野認爲，

28　例如和田清在1942年的〈支那及び支那人という語の本義について〉一文中就說「蒙古、滿洲、西藏在過去，與中國並非一國，人種不同，語言不同，文字和宗教也不同，風俗習慣也不同，歷史和傳統更是有差異，這從滿洲興起的大清帝國統一才歸到一起，沒有理由把這些一樣地說成是『支那』或『支那人』，這無需論證，不言自明」。《東亞史論藪》，頁202-203。

29　江上波夫編，《東洋學の系譜》I，頁3。

30　參看第七章〈邊關何處〉一節的論述。

中國不能稱爲所謂民族國家，滿、蒙、藏等原來就非中國領土，如果要維持大中國的同一性，根本沒有必要推翻滿清王朝，如果要建立民族國家，則應當放棄邊疆地區的控制，包括政治上的領屬和歷史上的敘述[31]。

學術史上的國際視野和現代方法，與思想史上的民族立場和論述策略，在這裡糾纏不清。那麼，現在我們討論「從周邊看中國」，是否也會遇到這種問題？也許可以說遠一些，這涉及到一個有關傳統學術研究的根本問題，就是傳統文史研究的意義究竟在哪裡？我覺得，除了給人以知識的饗宴，訓練人們的智力之外，一個很重要的意義就是建立對國族（是文化意義上的國家，而不是政治意義上的政府）的認知，過去的傳統在一個需要建立歷史和形塑現在的國度，它提供記憶、凝聚共識、確立認同。美國學者芭芭拉‧塔克曼（Babara W.Tuchman）在《從史著論史學》（*Practicing History*）中在提到以色列爲什麼對考古有特別的興趣時，說「一個民族爲了覺得自己是國家，不但必須有獨立和領土，並且還要有歷史」[32]。如果說，明治時代的日本學界，無論是有意還是無意地把中國放在東洋，把東洋的各個民族歷史文化放在和中國同等的位置，加以重視和研究，雖然吻合現代的民族國家平等觀念，但又隱含了對中國的政治意圖，那麼，我們現在提倡「從周邊看中國」，又如何確立我們自覺的

---

31 前引矢野仁一，《近代支那史》（京都：弘文堂書房，1923）。在1943年第二次世界大戰的關鍵時刻，矢野更在廣島大學的系列報告中，便提出了超越中國，以亞洲爲單位的歷史敘述理論。見其《大東亞史の構想》（東京：目黑書店，1944），參看頁31以下。又，關於這一時期日本中國學研究與日本民族主義政治的關係，還可以參看當時東亞研究所編，《異民族の支那統治史》（東京：大日本雄辯會講談社，1944-1945）。

32 芭芭拉‧塔克曼（Babara W.Tuchman），《從史著論史學》（*Practicing History*）（梅寅生譯，台北：久大文化公司，1990），頁165。

問題意識與獨立的研究立場呢？

這裡應當強調，我提倡「從周邊看中國」，並不是打算重拾過去歐洲東方學和日本對滿蒙回藏鮮學的學術興趣。從純粹學術的角度看，他們對日本、朝鮮、琉球、越南、蒙古、印度等等地區歷史文化的研究，我們可以歸入「區域研究」之中，這種研究可能有超越現代的「民族國家」的空間限制的意義，使歷史文化空間超越政治領屬空間，從而認識歷史與文化交流和接觸的真相；然而，我們提倡的「從周邊看中國」卻是聚焦中國史，在「中國」這個近世形成的文明空間和現代已經成型的政治國家，仍然在文化上和政治上強有力地籠罩的情況下，以中國這個「民族國家」為中心的歷史研究，依然有它的意義。

我在〈緒論〉中說到，超越民族國家，從民族國家中把歷史拯救出來，這是以歐洲歷史為背景的後現代思路，在中國未必行得通。為什麼？一方面中國和歐洲不同，中國的政治疆域和文化空間是從中心向邊緣瀰漫開來的，即使不說三代，從秦漢時代起，「車同軌，書同文，行同倫」，語言、倫理、風俗和政治的同一性就開始把這個空間逐漸凝固起來，特別是在宋代，由於國際形勢的變化，其實已經形成了中國獨特的近世「民族國家」，這與歐洲認為「民族原本就是人類歷史上晚近的新現象」不同[33]；另一方面中國和日本也不同，日本的單一民族、語言、文化，

33　比如霍布斯邦（Eric J.Hobsbawm），《民族與民族主義》（李金梅中譯本，台北：麥田出版社，1997），頁8，他已經注意到這「是源於特定地域及時空環境下的歷史產物」，所以，在討論到民族國家的語言問題時，他也說到「不過中國的情況是一大例外」，頁75。

傳統文史的研究並
不完全是一種「無國
界」的普遍性科學，現
代學術的轉型與民族國
家重新界定始終同步，
文史研究不是在破壞一
種認同、一種觀念、一
種想像，就是在建構一
種認同、一種觀念、一
種想像。

與其在範圍明確的空間重疊，因此，在形成近代民族國家的過程中，不會有民族、空間、文化和語言的複雜問題，而中國卻在近代民族國家的建立中，始終要在傳統王朝的延長線上，繼承變動的又是傳統的遺產。因此，把中國的傳統帝國與現代國家區分為兩個時代的理論，並不符合中國歷史，也不符合中國的國家意識觀念和國家生成歷史。在中國，並非從帝國到民族國家，而是在無邊「帝國」的意識中有有限「國家」的觀念，在有限的「國家」認知中保存了無邊「帝國」的想像，近代民族國家恰恰從傳統中央帝國中蛻變出來，近代民族國家依然殘存著傳統中央帝國意識，從而是一個糾纏共生的歷史。

傳統文史的研究並不完全是一種「無國界」的普遍性科學，現代學術的轉型與民族國家重新界定始終同步，文史研究不是在破壞一種認同、一種觀念、一種想像，就是在建構一種認同、一種觀念、一種想像，特別是當你研究的是一個關於民族和文化的傳統時候尤其如此。按照當時的認識，它是一個「公共的信仰」，也是一個「認同的基礎」。當年丁文江發表〈中央研究院的使命〉一文，曾經這樣闡發文史研究的意義，「中國的不容易統一，最大的原因是我們沒有公共的信仰，這種信仰的基礎，是要建築在我們對於自己的認識上，歷史與考古是研究我們民族的過去，語言人種及其他的社會科學是研究我們民族的現在，把我們民族的過去與現在都研究明白了，我們方能夠認識自己」，他的結論是「用科學方法研究我們的歷史，才可造成新信仰的基礎」[34]。所謂「(我們)民族

34　文載《東方雜誌》(上海)，第三十二卷第二號(1935年1月16日)。

的過去」、「(我們)民族的現在」和「(我們的)公共的信仰」,常常並不能共享。因此,同樣研究周邊的歷史文化,「中」與「外」是不同的,如果說他們關注的是「周邊」,而我們關注的卻是「中國」。

或許,關注東亞、中亞、西亞、南亞是一百年前歐美、日本學術界的時尚。或許,超越民族國家,把各個不依國界的區域當作研究空間,是當今的風氣。但是,理論雖然不是陳酒越舊越值錢,但也絕不是時裝越新越好銷。當「歷史上的中國」仍然是一個有關文明和傳統的意義空間的時候,重建以周邊(日、韓、越、印、阿、藏、蒙等)為「他者」的新參照系統,來認識歷史意義上的文化中國,既可以使傳統歷史與文化的研究具有確立認同之意義,也可以使人們可以清晰地區分一個移動的歷史中國和一個現實的政治中國。同時,我們從「周邊」的反應來觀察一個歷史上文化與傳統曾經不斷變化的「歷史中國」,其實,也是試圖對「現實中國」自身有一個新認識。正如我在前面說的那樣,也許現在是一個「需要多面鏡子的時代」,周邊各個區域長期以來對於中國這個「龐大的他者」的不同認識,可能恰恰是多面洞燭細微、使中國認識更加準確的鏡子。與這些和中國親密接觸、看上去有些「同質」的文明體相比,那個「異質」性似乎太大的「西方」,似乎只是一面朦朧含糊的銅鏡,雖然看得見整體中國文化的輪廓,卻怎麼也看不清具體文化中國的細部。

三、交錯的文化史:不必劃地為牢

關注的重心在中國,也試圖以「中國的」文化和歷史作為研究的主

要領域，但並不是說，我們想劃地為牢，把視線集中在傳統中國的自我認識上。中國文史學界也需要研究中國以及周邊各個文明體在文學、宗教、學術、藝術等等方面的彼此互動。以前，比較宗教學的創始人繆勒(F.Max Müller)引用過歌德的一句名言，「只知其一，便一無所知」(He who Knows one, Knows none)，這對於我們永遠是一句箴言，儘管作為中國學者，「從周邊看中國」是我們的研究重心，但了解彼此文化之間的交錯同樣應當關注。古代禪師有一句話說，「一波才動萬波隨」，近世中國和周邊的關係也是這樣，只是我們不希望把這種接觸、交錯和影響，變成一種簡單而呆板的「牛比馬大，馬比羊大、羊比貓大」式的比較，而是希望透過文學、宗教、學術、藝術以及語言的具體接觸史，看看這一文化的大鏈條，究竟是怎樣一環扣一環地連接起來的。

　　1940年，宮崎市定在〈東方的文藝復興和西方的文藝復興〉中曾經提出一個假設，在15至16世紀的歐洲，很多繪製聖母的形象，例如香奇博物館藏15世紀聖母像、安格蘭夏倫敦(Enguerand Charonton)與讓・貝來阿爾(Jean Perreale)的聖母像等，可能已經受到了東方觀音形象的影響，如瓜子形的長橢圓臉，合十的動作等等。此後，還有人指出，正是因為觀音和聖母形象的如此接近，當日本長崎的天主教徒受到迫害轉入秘密之後，來自中國泉州製作的陶瓷觀世音像尤其是童子拜觀世音像，就曾經替代了聖母瑪利亞的塑像，被心中仍然嚮往天主的日本信徒膜拜[35]。而1943

35　宮崎市定，〈東洋のルネッサンスと西洋のルネッサンス〉，《宮崎市定全集》第19冊，頁33-36；中譯本〈東方的文藝復興和西方的文藝復興〉，載中國科學院歷史研究所編譯組譯，《宮崎市定論文選集》(商務印書館，1965)，下卷，頁60。

在近世中國與周邊，知識、思想和信仰彼此關聯，形成或隱或顯的大鏈條的例子很多。

年，方豪先生則寫過一篇文章，討論「跨越十字架」這種來自日本禁抑天主教信仰的「蹈繪」方式，是怎樣傳入中國，影響雍正以後的清帝國，並被中國的官府用來作爲考驗中國信教者的方法[36]。在這兩個例子中，「聖母形象」和「蹈繪考驗」就貫穿了若干個有趣的文化史鏈條。

其實，在近世中國與周邊，知識、思想和信仰彼此關聯，形成或隱或顯的大鏈條的例子很多，我們不妨再看三例。第一個涉及宗教史和藝術史，關於明代中國國家祭典尤其是文廟祭祀孔子的樂舞。根據比利時學者鍾鳴旦的研究，萬曆年間的宗室朱載堉在《樂律全書》中曾經對於這些樂舞有過富於創造力的闡述和改造，雖然它未能真正在國家祭典上得到實現，但是卻遠傳到歐洲，因爲它引起了耶穌會士法國人錢德明(Joseph Marie Amiot, 1718-1793)的注意。最早的一批有關朱載堉的舞蹈圖示被收錄在 *Mémoires concernant l'histoire, les sciences, les arts, les moeurs, les usages, etc. des Chinois*(Paris：Nyon, 1780)一書中，而且他還把總數超過1400頁的朱載堉舞蹈圖示的繪本送到了歐洲[37]。究竟這些整齊有序規模龐大的國家樂舞以及它背後的儒家涵義，對歐洲有什麼影響，還需要研究；無獨有偶，同樣是萬曆年間，國家對於文廟祭祀儒家先祖孔子的樂舞，曾經由一個歸依了天主教的著名學者李之藻(1565-1630)進行修訂，他的《泮宮禮樂疏》(1618、1619)前幾章討論鄉校(即泮宮)中

36　方豪，〈清代禁抑天主教所受日本之影響〉，1943年發表，後收入《方豪文錄》(北平：上智編譯館，1948)，頁47-66。

37　鍾鳴旦(Nicolas Standaert)： "Ritual Dances and Their Visual Representations in the Ming and the Qing," *The East Asian Library Journal* (Princeton Univ.) XII,1 (Spring 2006), pp. 68-181.

的聖祠，對於祭器、祭典上的音樂和頌歌都有記載和討論，而且其中記載了三套、每套32個姿勢的大夏舞。然而，更有趣的是，李之藻的《泮宮禮樂疏》中記載的樂舞，又在1672年，被明亡以後流亡到日本的虔誠儒家學者朱舜水，作爲基本依據，用來爲水戶藩德川家圀制定祭孔典禮，因而成爲後來日本孔廟祭祀樂舞的格局[38]。從一個樂舞傳播的過程中，我們似乎可以看到文化接觸中的「東山鐘鳴，西山磬應」現象。第二個涉及朝鮮天主教傳教史和政治史。在李朝朝鮮，18世紀末19世紀初雖然有像李承熏這樣受過北京的西洋傳教士湯士選(Alexander Gouvea)的洗禮，帶了宗教書籍、十字架、天主教繪畫等回國的朝鮮天主教徒，在兩班階層中開始傳教活動，但是，另外一個重要的宗教領袖，居然是來自中國蘇州的中國人周文謨(Jacques Vellozo)，是他奉湯士選之命，「約會邊境，扮作驛夫，晝伏夜行，混入國都，多年匿置，爲伊等之渠帥」[39]，而且進入上層政治圈，向正祖大王的庶弟之子常溪君的妻子宋氏、媳婦申氏傳教，並深得宋氏信仰，而宋氏即後來在1849年即位的哲宗的祖母。在這樣的活動中，他把天主教在朝鮮的傳教演變成了一個國際性的政治活動[40]，而且事涉西洋、清帝國、朝鮮王國三方，並在某種程度上激起了後來影響極大的「辛酉大教難」，而這一事件在後來，則間接影響了嘉慶十

38　參看林俊宏，《朱舜水在日本的活動及其貢獻研究》第四章(台北：秀威資訊科技出版，2004)，頁200-209。

39　這是朝鮮李朝政府在嘉慶六年歲末(1802)給清廷報告中的話，見李晚秀，《輶車集》，載林基中編，《燕行錄全集》(韓國，東國大學校韓國文學研究所，1992)，第六十卷，頁533-540。

40　參看浦川和三郎，《朝鮮殉教史》(東京：國書刊行會，1973)關於這一事件的研究。

視種不不得有和外彷一形而視長
野程能能辦了國的邊界以且彷期
。度出護護我界界了線地由「鐵以
上境照沒各管，
上境照沒各管，
限這有簽各自各壁各界自各不，
制也簽證自己的壘自的地，段僅我
了許證就的的，為各畫，文們
我在沒絕研研形的地中史，的
們某簽對究究成各為國哲各
的種證界也界了自牢和各管

年(1805)清帝國對天主教傳教的嚴厲禁令[41]。第三個來自朝鮮赴清帝國賀歲使和赴日本通信使的資料，對於取代明帝國的大清帝國的文化和政治，到底朝鮮人如何看？面對日本德川時代的文化，朝鮮人究竟採取什麼態度？政治上和文化上逐漸強盛起來的日本人對於中華文化的發源地中國和轉運地朝鮮，究竟是什麼態度？在現存數以百計的《燕行錄》和有關詩文集中，我們可以看到朝鮮人懷著對大明帝國的感情、對傳統中華文明的崇敬和對朱子學說的執著，他們對清帝國相當蔑視和失望，這促成了朝鮮朱子學說的延續和堅守；而通過朝鮮通信使的日記和詩文，我們又知道他們在面對日本的時候，儘管在政治上對日本的虎視眈眈相當緊張和不安，但是在文化上又以「中華文明」代言人自居，對於日本有著一種無端的自負和傲慢；而日本人呢？通過現存大量的《唐風說書》、唐通事資料等等，我們知道通過長崎這個通商窗口，通過對大量到達長崎的清國商人的訊問和調查，通過各種唐船舶來的書籍，他們對於中國的政治、經濟、軍事以及文化狀況有了相當了解，因而在政治和文化上都對當時的清帝國漸漸形成了一直延續到近世的偏見和輕視[42]。

　　長期以來，我們的文史哲各個學科，不僅彷彿「鐵路警察，各管一段」似地各自畫地為牢，形成了各自的邊界和壁壘，而且由於中國和外

41　參看葛兆光，〈鄰居家的陌生人——清中葉朝鮮使者眼中北京的西洋傳教士〉，載《中國文化研究》，2006年3期，頁1-12。

42　參看葛兆光，〈從朝天到燕行——17世紀中葉後東亞文化共同體的解體〉，載《中華文史論叢》，2006年1期，總81期；葛兆光，〈地雖近心漸遠——17世紀中葉以後的中國朝鮮和日本〉，載《台灣東亞文明研究學刊》（台灣大學人文社會高等研究院，2006年6月），第三卷第一期，總第五期。

國的研究界限，使得我們的研究彷彿也像有了國界和海關一樣，不辦護照沒有簽證就絕不能出境，這也許在某種程度上限制了我們的視野。可是，自古以來，尤其是近世的中國和周邊，就算是嚴厲的海禁時期也罷，彼此的來往是很多的，文學、宗教、學術、藝術等等，常常並不需要護照和簽證，自己就越境出界，構成交錯的圖景。只是需要注意的是，文化河流漫堤而出順勢流到各個區域，這個時候，它會隨著地勢高低起伏的變化，改變流向，或急或緩，有時候積成大湖，有時候變成急流，一些看似相同的宗教、思想、學術和藝術，在不同區域生根，卻會結出不同的果實，全看各地的風土適宜如何。比如同是程朱理學，當它在清帝國受到考據學的挑戰和科舉制的庇佑，從而既在知識上失去了權威性，又在思想上失去了生命力，越來越成為僵化的教條和虛偽的包裝時，在李朝朝鮮，理學卻被士大夫真誠而堅決地捍衛著。為什麼？很簡單，因為朝鮮當時有「兩班制度」，就是在朝鮮人中，只有世家子弟才有參加科舉的權力，由於只有世家子弟可以參加科舉考試，就形成了一個不大流動的特權階層，由於特權階層的自豪和自負，使他們對屬於自己的文化和經驗捍衛特別固執，而理學就是他們自認為純正正統的學問。可是在德川時代的日本，正如日本學者渡邊浩所指出的，由於日本沒有科舉制度，士人不可能全靠這一學問安身立命，因而理學並不能成為絕對的和普遍的意識形態，由於日本本身的民眾文化並不具備如此講究日常道德和倫理秩序的傳統，因而理學雖然經由藤原惺窩和林羅山等提倡而成為德川時代

的上層思想，但是卻無力滲透到生活世界[43]。同樣是朱子學說，在三個不同的文化背景下，卻命運如此不同。因此，我很贊同思想史理論家斯金納(Quentin Skinner)的說法，他說，需要討論的不是懸置在抽象半空中的，而是落實在語境中的思想(Ideas in Context)[44]。由於各自語境也就是風俗、觀念、組織和宗教等等生活世界的不同，傳來的文學、宗教、藝術和學術也顯出不同的面貌來。

四、結語：新資料、新方法和新典範──文史研究的展望

2000年秋天我到歐洲訪問，曾經在荷蘭萊頓大學漢學院參觀了他們關於荷蘭人早年在日本長崎繪製的各種圖像與日本開國時期的圖像資料，也和主持其事的著名學者許理和(Erich Zürcher)交談。這一經驗給我印象很深，使我聯想到美國斯坦福大學的胡佛研究中心有關中國近現代文獻的收藏，想到日本東京大學的史料編纂處和東洋文化研究所的中國繪畫資料庫等等。我們知道，在文史研究領域，任何一個有意義的研究，都是從發現新資料開始的。在中國，最近幾十年裡有大家所熟知的包括馬王堆、張家山、郭店、上博、走馬樓一直到里耶、懸泉置的戰國秦漢竹簡的發現，也有包括陸續發現的石刻資料的蒐集，還有由於研究視野轉變

43　渡邊浩，〈日本德川時代初期朱子學的蛻變〉，中文本，載《史學評論》（台北，1983），
　　第五期，頁205。
44　（英）瑪利亞‧露西亞‧帕拉蕾絲─伯克編，《新史學：自白與對話》（彭剛中譯本，北京：
　　北京大學出版社，2006），頁271。

之後，日益顯出重要性的民衆日常生活資料的引進，將來還會有「周邊」關於中國的歷史資料的研讀。資料彷彿是建樓的基礎，沒有一個堅實的基礎，就好像在沙上建房。我以爲，中國的文史研究機構，當然需要在資料庫的建設上下功夫，第一，盡可能蒐集和保存新的文獻資料，這是「預流」的基礎條件；第二，研究文史的文獻資料不局限於傳統的經典，也包括民間資料，不局限於文字文獻，也包括圖像與影像，不局限於中國的資料，也包括外國的資料，這是「拓寬文史研究視野」的必須；第三，盡可能形成一個自己的有特色的資料庫，因爲天下文獻資料太多，沒有什麼研究中心可以包羅無遺。

當我們有了新資料之後，如果還有新的方法，這些新資料將會向我們提出很多過去沒有想到的新問題。無論這些問題將來被證實，還是被證偽，它都將引起學術研究典範的新變化。就像甲骨卜辭的發現，經過王國維〈先公先王考〉等論文的考釋，形成了地下資料與傳世文獻互證的兩重證據法[45]；就像敦煌禪宗文獻的發現，經過胡適〈荷澤大師神會傳〉等論文的闡發，形成了對教內文獻「攀龍附鳳」的懷疑，剝開了子孫炮製傳燈系譜的僞飾一樣。新資料刺激起對新方法的需求，新方法又引出一個新典範的建立，這是一個必然的，也是最容易出現的學術新變。

最後，我想再回顧一下現代中國的學術史。當1902年梁啓超寫下《新史學》和《論中國學術思潮變遷之大勢》這些不同於傳統中國歷史學的

---

45 關於王國維，〈殷墟卜辭中所見先公先王考〉的學術史意義，參見葛兆光，〈日本藏〈殷虛卜辭中所見先公先王考〉手稿跋〉，載《九州學林》(香港城市大學出版社，2003)，新一期。

著作,宣告新的研究典範的開端時,也許他主要依靠的資源是西洋和東洋近代歷史學的啓迪[46];而1919年胡適寫下《中國哲學史大綱》上卷,成爲中國哲學研究的「開山」,並成爲新的典範的時候,也許他主要也是用的西方哲學研究的模式[47]。他們之所以可能開創新典範,一方面是因爲晚清民初中國學術大轉型時期的特殊條件,即傳統的文史研究剛好由於外來的新觀念和新方法的衝擊而來了一個大轉向,他們適逢其時,一下子就站在了學術潮流的前列,但另一方面,他們也恰好順應了當時中國需要建立自己的學術統緒和文化解釋,以樹立自己的民族自信心的契機,所以,他們看來只是學術的研究,卻介入了民族國家重建的主流[48]。我們現在是否能有這樣的時代機遇和國際潮流?我不敢作無根據的預言,正如我一開始說的,真正成爲後來學人可以效仿的典範的學術成就,卻是在四大發現之後,1920年代到1930年代,清華學校研究院和歷史語言研究所以殷商甲骨研究上古史、以漢簡和敦煌文獻研究中古史、以大內檔案研究近世史,追蹤新史料開拓新領域,在文史研究的工具和資料上,在文史研究的視野上,在文史研究的方法上,都努力推陳出新。這些

46　梁啓超《新史學》、《論中國學術思潮變遷之大勢》,見《梁啓超全集》(北京:北京出版社,1999),第三卷,頁736-753,頁561-615。

47　余英時,〈學術思想史的創建及流變〉指出胡適的這部書「在於超越乾嘉各家個別的考證成就,把經史研究貫連成有組織的系統,運用的是西方哲學史研究方法。甚至本書最後還進行明顯的評判部分──即以實驗主義觀點來批判古人的學說」,因此,胡適此書是「典範」(paradigm),這個所謂的「典範」,就是內容是中國的,形式和概念上是取西方的。見《古今論衡》(台北,1999),第三輯,頁68-69。

48　所以梁啓超反覆說,學術思想尤其是歷史學與民族主義精神有關,是愛國心之源泉,能夠促進國民團結和群治進化。見《新史學》,載《梁啓超全集》,第三卷,頁736;又,《論中國學術思潮變遷之大勢》,同上,頁561。

現在的中國大陸的文史學界，是否能夠在這個國際國內形勢越來越複雜的背景下重新出發，對傳統中國文史有新的研究，不僅成為新的「國際學術潮流」的預流者，而且成為對中國文史有新詮釋方式的研究基地呢？

「新」資料、「新」方法、新「典範」，伴隨著他們面對新世界而產生的新問題，開出了中國文史研究的新局面。正如前面我們看到的陳寅恪《陳垣〈敦煌劫餘錄〉序》所說的，「一時代之學術，必有其新材料與新問題。取用此材料，以研求問題，則為此時代學術之新潮流。治學之士，得預於此潮流者，謂之預流（借用佛教初果之名），其未得預者，謂之未入流」。正是因為「預流」，這兩個研究機構才成為中國學界乃至國際學界引人矚目的中心。

差不多七十年過去了，清華學校研究院已經成為歷史，雖然被學術史的熱心者常常提起，但是往往只是作為針砭當下學術體制的樣板，四大導師也好像是遙遠的學術史上不可企及的背影；而中研院歷史語言研究所則遷到了台北，研究中國的傳統文史之學的學術群體漸漸縮小。那麼，現在的中國大陸的文史學界，是否能夠在這個國際國內形勢越來越複雜的背景下重新出發，對傳統中國文史有新的研究，不僅成為新的「國際學術潮流」的預流者，而且成為對中國文史有新詮釋方式的研究基地呢？

參考文獻

基本文獻
近人論著

基本文獻

《十三經注疏》，北京中華書局影印本，1980。

《史記》，以下二十四史，均用北京中華書局標點本。

《明太祖實錄》，台北中研院歷史語言研究所校印本，1962。

趙汝愚編，《宋朝諸臣奏議》，北大中古史中心點校本，上海古籍出版社，
　　　　1999。

《宋元方志叢刊》，北京：中華書局影印本，1990。

陳公亮，《嚴州圖經》，《叢書集成初編》本，上海：商務印書館，1936。

《(萬曆)湖州府志》，收入《四庫存目叢書》史部191冊。

《(正德)嘉興志補》，收入《四庫存目叢書》史部185冊。

《(正德)大同府志》，收入《四庫存目叢書》史部186冊。

《(嘉靖)仁和縣志》，收入《四庫存目叢書》史部194冊。

《(嘉靖)河間府志》，收入《四庫存目叢書》史部192冊。

《(嘉靖)撫州府志》，《中國方志叢書》本，台北：成文出版社，1989。

《(嘉靖)惟揚志》，《天一閣藏明代方志選刊》本，上海：上海古籍書店，
　　　　1981。

《光緒朝朱批奏摺》，北京：中華書局，1996。

汪榮寶，《法言義疏》，北京：中華書局，1996。

《四庫全書總目》，北京：中華書局影印本，1981。

袁珂，《山海經校注》，上海：上海古籍出版社，1980。

艾儒略著，謝方校釋，《職方外紀校釋》，北京：中華書局，1996。

道宣撰，範祥雍點校，《釋迦方志》，北京：中華書局，1983。

費信，《星槎勝覽》，《續修四庫全書》第742冊影印古今說海本。

鞏珍，《西洋番國志》，《續修四庫全書》第742冊影印知聖道齋抄本。

何喬遠，《閩書》，福州：福建人民出版社，1994。

黃省曾著，謝方校注，《西洋朝貢典錄校注》，北京：中華書局，2000。

黃衷，《海語》，影印《四庫全書》本，第594冊。

季羨林等校注，《大唐西域記校注》，北京：中華書局，1985。

黎則撰，武尚清校，《安南志略》，北京：中華書局，1995。

劉斧，《青瑣高議》，上海：上海古籍出版社，1983。

羅曰褧，《咸賓錄》，北京：中華書局，2000。

馬歡，《瀛涯勝覽》，《續修四庫全書》第742冊影印陳眉公家藏密笈本。

田汝蘅，《留青日劄》，上海：上海古籍出版社，1992。

汪大淵著，蘇繼廎校釋，《島夷志略校釋》，北京：中華書局，1981。

王士點、商企翁編，《秘書監志》，杭州：浙江古籍出版社，1992。

吳自牧，《夢粱錄》，濟南：山東友誼出版社，2001。

嚴從簡，《殊域周咨錄》，《續修四庫全書》本，第735冊。

葉德輝，《書林清話》，北京：中華書局，1959。

葉盛，《水東日記》，北京：中華書局，1980。

耶律楚材撰，向達校注，《西遊錄》，北京：中華書局，1981。

游朴，《諸夷考》，《續修四庫全書》本，第742冊。

于慎行，《穀山筆塵》，北京：中華書局，1984。

俞樾，《茶香室叢鈔》，北京：中華書局，1995。

趙汝適著，楊博文校釋，《諸蕃志校釋》，北京：中華書局，1996。

章潢，《圖書編》，影印《四庫全書》本。

真人元開撰，汪向榮校注，《唐大和上東征傳校注》，北京：中華書局，1979。

鄭若曾，《籌海圖編》，鄭州：河南教育出版社，1994。

周達觀撰，夏鼐校注，《真臘風土記校注》，北京：中華書局，1981。

周密，《癸辛雜識》，北京：中華書局，1988。

周去非，《嶺外代答》，影印《四庫全書》本。

周致中撰，陸峻嶺校注，《異域志》，北京：中華書局，1981。

《大正新修大藏經》，台北：新文豐出版公司影印本。

《全唐文》，上海古籍出版社影印本，1990。

《宋文鑒》，北京：中華書局，1992。

賀長齡編，《清經世文編》，北京：中華書局，1992。

葛士濬編，《皇朝經世文編續編》，台北：文海出版社影印本，1979。

石介，《徂徠石先生文集》，北京：中華書局，1984。

歐陽修，《歐陽修全集》，北京：中華書局，2001。

邵雍，《伊川擊壤集》，四部叢刊縮印本。

李覯，《李覯集》，北京：中華書局，1981。

蘇轍，《欒城集》，北京：中華書局，1990。

周孔教，《周中丞疏稿》，《四庫存目叢書》影印明刻本，史部64冊。

鄭若曾，《鄭開陽雜著》，影印文淵閣《四庫全書》本。

謝杰，《虔台倭纂》，《玄覽堂叢書續集》，影印明萬曆刊本，台北：正中書

局，1985。

魏源，《魏源集》，北京：中華書局，1976。

賀鑄，《賀先生書牘》，都門刻本，1920（引者按：刻本年代或當在1921年以後）。

《近代中國對西方列強認識資料彙編》，台北：中研院近代史研究所，1986。

王先謙，《清王葵園先生先謙自定年譜》，台北：臺灣商務印書館，1978。

翁同龢，《翁同龢日記》，北京：中華書局，1993。

李毓樹主編，《近代史料叢書彙編》第一輯，台北：大通書局。

楊家駱主編，《中日戰爭文獻彙編》，台北：鼎文書局，1973。

張枬、王忍之編，《辛亥革命前十年間時論選集》，北京：三聯書店，1977。

何如璋等撰，《甲午以前日本遊記五種》，長沙：岳麓書社，1985。

章太炎，《太炎文錄初編‧別錄二》，收入《章太炎全集》第四卷，上海：上海人民出版社，1985。

章太炎《訄書》重訂本，收入《章太炎全集》第三卷，上海：上海人民出版社，1985。

汪康年，《中國自強策》，收入《汪穰卿遺著》，民初排印本，出版地不詳。

───，《汪康年師友書劄》，上海：上海古籍出版社，1986。

楊度，《楊度集》，長沙：湖南人民出版社，1986。

李大釗研究會編，《李大釗文集》，北京：人民出版社，1997。

《時務報》，北京：中華書局影印本，2010。

《清議報》，北京：中華書局影印本，2006。

大庭修編，《安永九年安房千倉漂著南京船元順號資料》，《江戶時代漂著

唐船資料集》五，關西大學東西學術研究所資料集刊13-5，1990。

———，《寶曆三年八丈島漂著南京船資料》，《江戶時代漂著唐船資料集》一，關西大學東西學術研究所資料集刊13-1，1985。

田中謙二、松浦章編，《文政九年遠州漂著得泰船資料》，《江戶時代漂著唐船資料集》二，關西大學東西學術研究所資料集刊13-2，1986。

松浦章編，《寬政元年土佐漂著安利船資料》，《江戶時代漂著唐船資料集》三，頁351-352，關西大學東西學術研究所資料集刊13-3，1989。

藪田貫編，《寬政十二年遠州漂著唐船萬勝號資料》，《江戶時代漂著唐船資料集》六，關西大學東西學術研究所資料集刊13-6，1997。

林鵝峰，《華夷變態》，東洋文庫叢刊第十五，東京：東方書店，1981再版。

《學びの世界——中國文化と日本》，京都大學綜合博物館，2002。

林基中編，《燕行錄全集》，首爾：東國大學校韓國文學研究所，1992。

———，《燕行錄選集》，首爾：成均館大學校，1960。

影印標點《韓國文集叢刊》，首爾：韓國民族文化推進會影印本，1990-2001。

吳晗，《朝鮮李朝實錄中的中國史料》，北京：中華書局，1980。

王圻編，《三才圖會》，上海：上海古籍出版社影印本，1988。

王庸，《明代海防圖籍錄》，收入《中國地理圖籍叢考》，上海：商務印書館，1947，1956。

北京圖書館善本特藏部編，《輿圖要錄：北京圖書館6827種中外文古舊地圖目錄》，北京：北京圖書館出版社，1997。

曹婉如等編，《中國古代地圖集》，北京：文物出版社，1990-1998。

聶崇正主編，《清代宮廷繪畫》（故宮博物院藏文物珍品全集），香港：商務

印書館，1996。

李化龍：《全海圖注》，北京圖書館藏明萬曆十九年(1591)刊本。

周敏民編，《地圖中國》，香港：香港科技大學圖書館，2003。

《近世の京都圖と世界圖》，京都：京都大學附屬圖書館，2001。

莊吉發：《謝遂〈職貢圖〉滿文圖說校注》，台北：國立故宮博物院，1989。

《海外遺珍（繪畫）》，台北：國立故宮博物院，1985。

《故宮人物畫選萃》，台北：國立故宮博物院，1976。

近人論著

A

艾爾曼(Benjamin Elman)著，趙剛譯，《從理學到樸學》，南京：江蘇人民出
　　版社，1995。

艾瑞克・霍布斯邦(Eric Hobsbawm，一譯霍布斯鮑姆)著，李金梅譯，《民
　　族與民族主義》，台北：麥田出版社，1997。

艾田蒲(Rene Etiemble)著，許鈞、錢林森譯，《中國之歐洲》，鄭州：河南人
　　民出版社，1992。

B

芭芭拉・塔克曼(Babara W.Tuchman)撰，梅寅生譯，《從史著論史學》(*Prac-
　　ticing History)*，台北：久大文化公司，1990。

班納迪克・安德森(Benedict Anderson)撰，吳睿人譯，《想像的共同體：民

族主義的起源與散布》(*Imagined Communities: Reflections on the Origin and Spread of Nationalism*),台北:時報文化出版公司,1999。

坂野潤治,《東洋盟主論と脫亞入歐論—— 明治中期アジア進出論の二類型》,載佐藤誠三郎等編,《近代日本の對外態度》,東京:東京大學出版會,1974。

貝德士(M S.Batcs)編,《西文東方學報論文舉要》,南京:金陵大學中國文化研究所,1933。

貝塚茂樹,《孫文と日本》,東京:講談社,1967。

本山幸彥,《明治二十年代における政論に表現する國家主義》,載坂田吉雄編,《明治前半期の國家主義》,東京:未來社,1958。

彼得・李伯賡(Peter Riebergen)著,趙復三譯,《歐洲文化史》(*Europe A Cultural History*),香港:明報出版社,2003。

濱下武志著,朱蔭貴等譯,《近代中國的國際契機—— 朝貢貿易體系與近代亞洲經濟圈》,北京:中國社會科學出版社,1999。

伯希和撰,馮承鈞譯,《四天子說》,載《西域南海史地考證譯叢》三編,北京:商務印書館重印本第一卷,1995。

伯希和撰,王國維譯,《近日東方古言語學及史學上之發明與其結論》,載《北京大學國學季刊》,第一卷第一號。

C

《蔡松坡年譜》,《蔡松坡先生遺集》附錄,台北:文星書店,1962。

陳家秀，「區域研究與社會經濟史之關聯──探討宋代成都府路」，台北：
　　台灣大學歷史研究所博士論文，1993。

陳尚勝等著，《朝鮮王朝(1392-1910)對華觀的演變──〈朝天錄〉和〈燕行
　　錄〉初探》，濟南：山東大學出版社，1999。

陳學霖，《宋史論集》，台北：東大圖書公司，1993。

陳寅恪，《金明館叢稿二編》，北京：三聯書店，2001。

───，《陳寅恪文集‧詩集》，北京：三聯書店，2001。

───，《寒柳堂集》，北京：三聯書店，2001。

陳垣，《中國現代學術經典‧陳垣卷》，石家莊：河北教育出版社，1996。

───，《明季滇黔佛教考(外宗教史論著八種)》，石家莊：河北教育出版
　　社，2000。

───，《火祆教入中國考》、《摩尼教入中國考》、《摩尼教殘經》一、二，
　　分見《北京大學國學季刊》，第一卷第1號、第2號、第3號，1923年1
　　月、4月、7月。

Colin Mackerras. *Western Images of China*, Oxford University Press, 1989.

D

Diana Lary ed. *The Chinese State at the Borders*, University of British
　　Columbia Press, 2007.

丁文江，《中央研究院的使命》，載《東方雜誌》，第三十二卷第二號。

渡邊浩，《中國與日本人的「日本」觀》(影印本)，北京：中國社會科學院日
　　本研究所主辦國際研討會論文，2002年9月7日。

———，《日本德川時代初期朱子學的蛻變》，載《史學評論》，第五期。

杜維運，《屠寄傳》，載《歷史的兩個境界》，台北：東大圖書公司，1995。

杜贊奇(Prasenjit Duara)撰，王憲明譯，《從民族國家拯救歷史：民族
　　主義話語與中國現代史研究》(*Rescuing History from the
　　Nation,Questioning Narratives of Modern China*)，北京：社會科學
　　文獻出版社，2003。

杜正勝，〈新史學之路——兼論臺灣五十年來的史學發展〉，載《新史學》，
　　十三卷三期。

———，〈中國古代社會多元性與一統化的激蕩——特從政治與文化的交
　　涉論〉，載《新史學》，十一卷二期。

———，〈舊傳統與新典範〉，載《慶祝中研院歷史語言研究所成立七十五
　　周年演講會文集》，台北：中研院歷史語言研究所，2003年12月22
　　日。

E

Edward Soja. *Postmodern Geographies: The Reassertion of Space in Critical
　　Social Theory*, London, Verso, 1989.

Evelyn S Rawski(羅友枝). *The Last Emperors: A Social History of Qing Im-
　　perial Institutions*, Berkeley: University of California Press,1998.

——— "Presidential Address: Reenvisioning the Qing: The Significance of
　　the Qing Period in Chinese History," *The Journal of Asian Studies,*
　　55, No. 4(Nov. 1996).

F

方豪，〈清代禁抑天主教所受日本之影響〉，收入《方豪文錄》，北平：上智
　　　編譯館，1948。

費賴之編，馮承鈞譯，《在華耶穌會士列傳及書目》，北京：中華書局，
　　　1995。

馮承鈞譯，《西域南海史地考證譯叢》，北京：商務印書館，1999。

馮客(Frank Dikotter)撰，楊立華譯，《近代中國之種族觀念》(*The Discourse
　　　of Race in Modern China*)，南京：江蘇人民出版社，1999。

菲利普‧艾倫(Phillip Allen)編，薛詩綺等譯，《古地圖集精選—— 透視地
　　　圖藝術與世界觀的發展》，台北：貓頭鷹出版社，2001。

傅柯(Michel Foucault)撰，嚴鋒譯，《權力的眼睛》，上海：上海人民出版社，
　　　1997。

傅樂成，《漢唐史論集》，台北：聯經出版公司，1977，1995。

———，《傅孟真先生年譜》，台北：傳記文學社，1964。

傅斯年，〈歷史語言研究所工作之旨趣〉，載《歷史語言研究所集刊》，第一
　　　本第一分，1928。

———，《東北史綱》，台北：中研院歷史語言研究所，1932。

福澤諭吉，《福澤諭吉全集》，東京：岩波書店，1959。

G

岡倉天心，《東洋の理想》，載龜井勝一郎、宮川寅雄編，《岡倉天心集》，

　　　　　東京：筑摩書房，1968。

高橋正，〈混一疆理歷代國都之圖再考〉，載《龍谷史壇》，第56、57號合刊
　　　　　號(1966)。

———，〈混一疆理歷代國都之圖續考〉，載《龍谷大學論集》，第400、401
　　　　　合併號(1973)。

葛兆光，《七世紀至十九世紀中國的知識、思想與信仰——中國思想史》，
　　　　　第二卷，上海：復旦大學出版社，2000。

———，《古地圖與思想史》，載《二十一世紀》，2000年10月號。

———，《互爲背景與資源——以近代中日韓佛教史爲例》，載《中國典籍
　　　　　與文化論叢》，第七輯(2002)。

———，《葛兆光自選集》，桂林：廣西師範大學出版社，1997。

———，〈鄰居家的陌生人——清中葉朝鮮使者眼中北京的西洋傳教士〉，
　　　　　載《中國文化研究》，2006年3期。

———，〈十九世紀初葉面對西洋宗教的朝鮮、日本與中國——以「黃嗣永
　　　　　帛書」爲中心〉，載《復旦學報》，2009年第3期。

宮紀子，《モンゴル帝國が生んだ世界圖》，日本經濟新聞出版社，2007。

宮崎市定，《自跋集：東洋史學七十年》，東京：岩波書店，1996。

———，《日本古代》，收入《宮崎市定全集》，東京：岩波書店，1992。

———，《中國周邊史總論》，載《宮崎市定全集》，東京：岩波書店，1992。

———，《東洋のルネッサンスと西洋のルネッサンス》，載《宮崎市定全
　　　　　集》，東京：岩波書店，1992(中譯本《東方的文藝復興和西方的
　　　　　文藝復興》，載中國科學院歷史研究所編譯組譯，《宮崎市定論

文選集》下卷，〔北京：商務印書館，1965〕）。

龔予等編，《中國歷代貢品大觀》，上海：上海社會科學出版社，1992。

溝口雄三、濱下武志、平石直昭和宮島博史編，《アジアから考ぇる》，東京：
　　　東京大學出版會，1993-1994。

古屋哲夫，《近代日本のアジア認識》，東京：綠蔭書房，1996。

桂島宣弘，《思想史の十九世紀：他者としての德川日本》，東京：ぺりかん
　　　社，1999。

郭麗萍，《絕域與絕學》，北京：三聯書店，2007。

H

鶴見祐輔著，一海知義校訂，《後藤新平》，東京：藤原書店，2005。

海野一隆著，王妙發譯，《地圖的文化史》，香港：中華書局，2002。

———，《地圖に見る日本：倭國、ジパング、大日本》，東京：大修館書店，
　　　1999。

和田清，《東亞史論藪》，東京：生活社，1942。

賀昌群，《賀昌群文集》，北京：商務印書館，2003。

黑住真：《日本思想とその研究―― 中國認識をめぐって》，載《中國―社會
　　　と文化》，第十一號，東京：東京大學，1996。

黃現璠，《宋代太學生救國運動》，上海：商務印書館，1936。

荒野泰典、石井正敏、村井章介編，《アジアのなかの日本史》，東京：東京大
　　　學出版會，1992。

荒野泰典，《近世日本と東アジア》，東京：東京大學出版會，1988，1992。

J

J.B. Harley. David Woodward ed. *The History of Cartography*, Vol, 2, Book, 2：
　　Cartography in the Traditional East and Southeast Asian Societies,
　　The University of Chicago Press, 1994.

吉川幸次郎編，《東洋學の創始者たち》，東京：講談社，1976。

江上波夫編，《東洋學の系譜(1)》，東京：大修館書店，1992。

今西龍，《朝鮮古史の研究》，東京：國書刊行會，1970。

今崛誠二，〈北京の學界それから〉，載《東洋史研究》，第8卷5-6號。

酒田正敏，《近代日本にぉける對外硬運動の研究》，東京：東京大學出版
　　會，1978。

K

康納頓(Paul Connerton)著，納日碧力戈譯，《社會如何記憶》(*How Societ-
　　ies Remember?* Cambridge University Press,1989)，上海：上海人民
　　出版社，2000。

柯能(Victor G. Kiernan)撰，陳正國譯，《人類的主人：歐洲帝國時期對其
　　他文化的態度》(*The Lords of Human Kind: European Attitudes to
　　Other Culture in the Imperial Age*)，台北：麥田出版，2001。

L

拉鐵摩爾(Owen Lattimore)著，唐曉峰譯，《中國的亞洲內陸邊疆》，南京：

江蘇人民出版社，2005。

李濟，《感舊錄》，台北：傳記文學社，1967。

李明仁，〈中國史上的征服王朝理論〉，台灣歷史學會編，《認識中國史論
　　　　文集》，台北：稻鄉出版社，2000。

利奇溫著，朱杰勤譯，《十八世紀中國與歐洲文化的接觸》，北京：商務印書
　　　　館，1991。

梁庚堯，《南宋城市的社會結構》（上），載《大陸雜誌》，八十一卷四期。

———，《南宋的社倉》，載《史學評論》，第四期，台北：華世出版社，
　　　　1982。

梁啓超，《亞洲地理大勢論》，《新民叢報》（影印本）第4號，1902年3月。

———，《梁啓超全集》，北京：北京出版社，1999。

烈維(S.Levi)撰，馮承鈞譯，《大藏方等部之西域佛教史料》，載《西域南海
　　　　史地考證譯叢》九編，北京：商務印書館重印本第二卷，1995。

列文森(Joseph R. Levenson)著，鄭大華譯，《儒教中國及其現代命運》，北
　　　　京：中國社會科學出版社，2000。

林俊宏，《朱舜水在日本的活動及其貢獻研究》，台北：秀威資訊科技出
　　　　版，2004。

林悟殊，《摩尼教研究之展望》，載《新史學》，第七卷第一期。

劉爲，《清代中朝使者往來研究》，哈爾濱：黑龍江教育出版社，2002。

劉子健，《兩宋史研究彙編》，台北：聯經出版公司，1987。

柳詒徵，《中國文化史》下冊，上海：東方出版中心，1996。

羅蘭·巴特(Roland Barthes)撰，孫乃修譯，《符號禪意東洋風》，香港：商務

印書館，1992。

羅志田，《民族主義與近代中國思想》，台北：東大圖書公司，1998。

呂春盛，〈關於大陸學界「歷史上的中國」概念之討論〉，載《台灣歷史學會
通訊》，第二期。

M

馬建春，〈元代東傳回回地理學考述〉，載《回族研究》，2002年1期。

瑪利亞‧露西亞‧帕拉蕾絲—伯克編，彭剛譯，《新史學：自白與對話》，北
京：北京大學出版社，2006。

茂木敏夫，〈清末にぉける「中國」の創出と日本〉，載《中國—— 社會と文
化》，第四號。

孟席斯(Gavin Meizies)撰，鮑家慶譯，《1421—— 中國發現世界》(*1421: The
Year China Discovered the World*)，台北：遠流出版公司，2003。

彌永信美，《幻想の東洋》，東京：青土社，1987。

莫東寅，《漢學發達史》，北平文化出版社，1949；上海：上海書店重印本，
1989。

末木文美士，《「連帶」か「侵略」か—— 大川周明と日本のアジア主義》，
載末木文美士、中島隆博編，《非‧西歐の視座》，東京：大明堂，
2001。

Morris Rossabi ed. *China among Equals*：*The Middle Kingdom and Its
Neighbors, 10th –14th Centuries*, University of California Press,
Berkeley, 1983.

N

Nicolas Standaert. "Ritual Dances and Their Visual Representations in the Ming and the Qing," *The East Asian Library Journal* (Princeton Univ.) XII,1 (Spring 2006).

鳥井裕美子，〈近世日本のアジア認識〉，載溝口雄三等編，《交錯するアジア》，東京：東京大學出版會，1993。

P

Pataricia Buckley Ebrey. *Confucianism and Family Rituals in Imperial China*, New Jersey: Princeton University Press, 1991.

Peter K Bol(包弼德). "The Multiple Layers of the Local: A Geographical Approach to Defining the Local," 第九屆「中華文明的二十一世紀新意義」學術研討會論文，上海：復旦大學，2004年4月8日。

平石直昭，〈近代日本の「アジア主義」〉，載溝口雄三、濱下武志、平石直昭和宮島博史合編，《近代化像》，東京：東京大學出版會，1994。

Ping-ti Ho(何炳棣). "The Significance of The Ch'ing Period in Chinese History," *Journal of Asian Studies*, 26, No. 2, (1967)pp. 189-195.

Ping-ti Ho. "In Defense of Sinicization: A Rebuttal of Evelyn Rawski's Reenvisioning the Qing," *Journal of Asian Studies*, 57，No. 1, (1998), pp.123-155；中文本，〈捍衛漢化：駁伊芙琳・羅斯基之〈再觀清代〉〉，載《清史研究》，2000年第三期。

浦川和三郎，《朝鮮殉教史》，東京：國書刊行會，1973。

Q

錢穆，《中國文化史導論(修訂本)》，北京：商務印書館，1994。

秦永章，《日本涉藏史——近代日本與中國西藏》，北京：中國藏學出版社，2005。

R

饒宗頤，《中國史學上之正統論》，上海：遠東出版社，1996。

Richard J.Smith(司馬富). *Chinese Maps,* Hong Kong： Oxford University Press, 2000.

任達(Douglas R. Reynolds)著，李仲賢譯，《新政革命與日本：中國，1898-1912》(*China, 1898-1912: The Xinzheng Revolution and Japan*)，南京：江蘇人民出版社，1998。

Robert Hartwel(郝若貝). "Demographic, Political and Social Transformation of China 750-1550"；*HJAS*, 42(1982), pp. 355-442.

S

薩義德(Edward W. Said)著，王宇根譯，《東方學》(*Orientalism*)，北京：三聯書店，1999。

杉山正明，《モンゴル帝國と大元ウルス》，京都：京都大學出版會，東洋史研究叢刊之六十五，2004。

山內弘一，《洪大容の華夷觀について》，載《朝鮮學報》，一百五十九輯。

桑兵，《國學與漢學》，杭州：浙江人民出版社，1999。

桑原騭藏，《支那學研究者の任務》，載《桑原騭藏全集》第一卷，東京：岩
　　　　波書店，1968。

申叔，《亞洲現勢論》，載《天義》，11、12卷合冊，1907年11月30日。

施堅雅(G. William Skinner)編，葉光庭等譯，《中華帝國晚期的城市》，北
　　　　京：中華書局，2000。

史景遷(Jonathan D.Spence)撰，阮叔梅譯，《大汗之國—— 西方眼中的中
　　　　國》(*The Chan's Great Continent : China in Western Minds*)，台北：
　　　　臺灣商務印書館，2000。

市古宙三，《近代日本の大陸發展》，東京：螢雪書院，1941。

石田乾之助，《歐人の支那研究》(現代史學大系第八卷)，東京：共立社，
　　　　1932。

矢野仁一，《近代支那史》，京都：弘文堂書房，1923。

————，《大東亞史の構想》，東京：目黑書店，1944。

松村潤，《白鳥庫吉》，載江上波夫編：《東洋學の系譜(1)》，東京：大修館
　　　　書店，1992。

宋榮培，《韓國儒學近百年の概況》，載《中國——社會と文化》，第十四
　　　　號，東京：東京大學，1999。

宋恕，《宋恕集》，北京：中華書局，1993。

孫寶瑄，《忘山廬日記》，上海：上海古籍出版社，1983。

孫中山，《孫中山全集》，北京：中華書局，1984。

T

台灣歷史學會編,《認識中國史論文集》,台北:稻鄉出版社,2000。

譚其驤,《兩千一百多年前的一幅地圖》,載《馬王堆漢墓研究》,長沙:湖南人民出版社,1979。

湯開建,《中國現存最早的歐洲人形象資料——東夷圖像》,載《故宮博物院院刊》(北京故宮博物院),2001年第1期。

陶英惠,《抗戰前十年的學術研究》,載《抗戰前十年國家建設研討會論文集》上冊,台北:中研院近代史研究所,1985。

陶晉生,《宋遼關係史研究》,台北:聯經出版公司,1983。

桃木至朗,《「中國化」と「脫中國化」——地域世界の中のベトナム民族形成史》,載大峰顯等編,《地域のロゴス》,京都:世界思想社,1993。

田中正美,《那珂通世》,載江上波夫編,《東洋學の系譜》,東京:大修館,1992。

V

V H. Mair. "Old Sinitic Myag,Old Persian Magus and English 'Magian'," *Early China*, Vol: 15, 1990.

W

丸山真男著,區建英譯,《福澤諭吉與日本近代化》,上海:學林出版社,

　　　　1992。

王代功，《清王湘綺先生闓運年譜》，台北：臺灣商務印書館，1978。

王汎森輯，〈史語所藏胡適與傅斯年來往函劄〉，載《大陸雜誌》，第九十三
　　　　卷第三期。

王遽常，《沈寐叟先生年譜》，台北：臺灣商務印書館，1977。

王賡武，《王賡武自選集》，上海：上海教育出版社，2002。

王國維，《觀堂集林》，《民國叢書》，第四編第93種。

———，〈東洋史要序〉，《東洋史要》卷首，北京：東文學社，1899。

王柯，〈日本侵華戰爭與「回教工作」〉，載《歷史研究》，2009年第5期。

王謇，《宋平江城坊考》，南京：江蘇古籍出版社，1999。

汪前進、胡啓松、劉若芳，〈絹本彩繪大明混一圖研究〉，載《中國古代地圖
　　　　集(明代)》，北京：文物出版社，1997。

王晴佳，《臺灣史學五十年》，台北：麥田出版社，2002。

汪榮祖，〈太炎與日本〉，載《章太炎研究》，台北：李敖出版社，1991。

王曉秋，《近代中日關係史研究》，北京：中國社會科學出版社，1997。

王毅，《皇家亞洲文會北中國支會研究》，上海：上海書店出版社，2005。

王庸，《中國地理學史》，上海：商務印書館，1938。

王志弘，〈後現代的空間思考——愛德華・索雅思想評介〉，載《流動、空間
　　　　與社會》，台北：田園城市文化，1998。

魏而思(John E.Wills)撰，宋偉航譯，《1688》(*1688 : A Global History*)，台北：
　　　　大塊文化，2001。

韋思諦(Stephen Averill)撰，吳喆、孫慧敏譯，〈中國與「非西方」世界的歷史

研究之若干新趨勢〉,《新史學》,十一卷三期,台北,2000。

五井直弘著,姜鎮慶、李德龍譯,《中國古代史論稿》,北京:北京大學出版社,2001。

武田清子,〈國家、アジア、キリスト教〉,收入《正統と異端の「ぁいだ」》,東京:東京大學出版會,1976。

X

西川長夫,《國民國家論の射程》,東京:柏書房,1998。

西島定生,《日本の國際環境》,東京:東京大學出版會,1985。

西島定生,《中國古代國家と東アジア世界》,東京:東京大學出版會,1983。

小倉芳彥,〈日本にぉける東洋史學の發達〉,載《小倉芳彥著作集Ⅱ》,東京:論創社,2003。

小島毅,〈東亞的海域交流與日本傳統文化的形成── 以寧波爲焦點開創跨學科研究〉,日本文部省科學研究費平成十七年度特定領域研究申請書(未刊),2004年11月。

小路田泰直,《日本史の思想:アジア主義と日本主義の相克》,東京:柏書房,1997。

蕭啓慶,〈元朝的統一與統合── 以漢地、江南爲中心〉,載《中國歷史上的分與合學術研討會論文集》,台北:聯經出版公司,1995。

信夫清三郎著,周啓乾譯,《日本近代政治史》,台北:桂冠圖書公司,1990。

邢義田，《古代中國及歐亞文獻、圖像與考古資料中的「胡人」外貌》，未刊
　　　影印稿。

薛福成，《薛福成選集》，上海：上海人民出版社，1987。

許倬雲，〈尋索中國歷史發展的軌迹〉，載《江渚候潮汐》（一），台北：三民書
　　　局，2004。

Y

嚴紹璗，《二十世紀日本人的中國觀》，載《日本學》，第三輯。

楊志玖，〈元代西域人的華化與儒學〉，載《中國文化研究集刊》，第四輯，
　　　上海：復旦大學出版社，1987；收入《陋室文存》，北京：中華書
　　　局，2002。

姚大力，〈中國歷史上的民族關係與國家認同〉，載《中國學術》，總十二
　　　輯，北京：商務印書館，2002。

野原四郎，〈大アジア主義〉，載《アジア歷史事典》，第六卷，東京：平凡社，
　　　第七版，1971。

伊藤之雄，《日清戰前の中國・朝鮮認識の形成と外交論》，載古屋哲夫編，
　　　《近代日本のアジア認識》，東京：綠蔭書房，1996。

伊原弘、小島毅編，《知識人の諸相——中國宋代を基點として》，東京：勉
　　　誠出版社，2001。

《異民族の支那統治史》，東京：大日本雄辯會講談社，1944-1945。

羽田亨，〈白鳥庫吉の思出〉，載《東洋史研究》，第七卷第二、三號。

羽田亨，〈輓近における東洋史學の進步〉，收入《羽田博士史學論文集》，

京都：同朋社，1957，1975。

余英時，〈學術思想史的創建及流變〉，載《古今論衡》，第三輯。

Z

張廣達，《文書、典籍與西域史地》，桂林：廣西師範大學出版社，2008。

張光直，《中國青銅時代》，北京：三聯書店，1999。

張啓雄，〈中華世界帝國與近代中日紛爭〉，載蔣永敬等編，《近百年中日關
　　　　係論文集》，新店：中華民國史料研究中心，1992。

趙矢元，〈孫中山的大亞洲主義與日本的大亞洲主義〉，載《中日關係史論
　　　　文集》，哈爾濱：黑龍江人民出版社，1984。

織田武雄，《地圖の歷史—— 世界篇》，東京：講談社，1974。

芝原拓自，〈對外觀とナショナリズム〉，載芝原拓自、豬飼隆明、池田正博
　　　　編：《對外觀・日本近代思想大系12》，東京：岩波書店，1996。

鄭孝胥，《鄭孝胥日記》，北京：中華書局，1993。

中見立夫，〈元朝秘史渡來のころ〉，載《東アジア文化交渉研究（別冊4）》，
　　　　關西大學文化交涉學教育研究據點，2009年3月。

中見立夫，〈日本の東洋史黎明期にぉける史料への探求〉，載《清朝と東ア
　　　　ジア・神田信夫先生古稀紀念論集》，東京：山川出版社，1992。

中野正剛，《我が觀たる滿鮮》，東京：政教社，1915。

周佳榮，〈近代中國的亞洲觀〉，載鄭宇碩主編，《中國與亞洲》，香港：商
　　　　務印書館，1990。

周質平，〈胡適筆下的日本〉，載《胡適叢論》，台北：三民書局，1992。

竹內好編，《アジア主義》，《近代日本思想大系》第9種，東京：筑摩書房，
　　　1963。

朱瑞熙等，《遼宋西夏金社會生活史》，北京：中國社會科學出版社，1998。

子安宣邦，《日本近代思想批判──國知の成立》，東京：岩波書店，2003。

後　記

　　這篇後記裡是一些必要的說明和感謝。

　　本書中的各章大都曾以單篇論文的方式在刊物上發表過。其中最早的是寫於2002年年初的〈想像的和實際的：誰認同亞洲？〉，最晚的一篇是2009年年末寫成的〈邊關何處〉，前後差不多經歷了八年時間。其中，〈緒說：重建關於「中國」的歷史論述〉曾經有一個刪節本發表在《二十一世紀》2005年8月號（總第90期，香港中文大學），第一章〈「中國」意識在宋代的凸顯〉發表在《文史哲》2004年第1期，第二章〈山海經、職貢圖和旅行記〉收錄在《明代文學與思想中的主體意識》（台北：中研院文哲所，2003），第三章〈作爲思想史的古輿圖〉則綜合了我歷年來從思想史角度研究古地圖的論文，發表於《東亞歷史上的天下與中國觀念》（國立台大出版中心，2007），而附錄〈謎一樣的古地圖〉，則有一個刪去了所有注釋的文本，發表在2008年7月31日的《南方周末》「文化版」。第四章〈西方與東方，或者是東方與東方——清代中葉朝鮮與日本對中國的觀感〉，發表在《九州學林》三卷2期（香港城市大學出版社，2005），第五章即前面提到的〈想像的和實際的：誰認同亞洲？〉，發表在

《台大歷史學報》第30期上，第六章〈國家與歷史之間——從日本關於中國道教、日本神道教與天皇制度關係的爭論說起〉發表於《中國社會科學》2009年第5期，第七章〈邊關何處〉寫得最晚，將發表在2010年的《復旦學報》第三期，而第八章〈從「西域」到「東海」——一個新歷史世界的形成、方法與問題〉，則是一個會議發言，已刊於《文史哲》2010年1期。至於最後一篇〈結論：預流、立場與方法〉，原來是我為復旦大學文史研究院成立典禮而寫的報告稿，有一個刪節本發表在《復旦學報》2007年2期上。我要感謝這些學術刊物發表我的論文，也感謝他們允許我把它們編輯成書。需要說明的是，因為這些章節原來是以單篇論文形式在各刊物上發表的，各篇之間不免有重複雜沓、不相照應的地方，因此，我在編入此書時，盡可能地作了一些整理、補充或刪節，或許已經和原來的文字有所不同。

我還必須在這裡表示我對朋友和同事的謝意。在寫作這本書的過程中，我的想法直接得到了很多學界師友的啟發，這裡不僅有余英時先生、林毓生先生、張灝先生和已故的王元化先生等長輩，也有同輩學人北京大學的羅志田教授，復旦大學的周振鶴教授，台灣大學的古偉瀛和甘懷真教授，日本東京大學的渡邊浩、末木文美士、羽田正、尾崎文昭教授，京都大學的夫馬進、平田昌司、杉山正明教授，香港城市大學的張隆溪、鄭培凱教授，台灣中研院的王汎森、邢義田、李孝悌教授，美國普林斯頓大學的艾爾曼(Benjamin A.Elman)教授。這幾年也得到了很多年輕朋友的幫助，他們是孫衛國、楊俊峰、林韻柔、十屋太祐等，特別是復旦大學的張佳，本書的一些工作如編制引用書目等，就是他代勞的。

我還要感謝戴燕，幾乎每一個想法的形成和落實，都曾出現在和她每天的交談中，作爲同學和同行，她的評論和意見對我至關重要，而且總能給我信心。

葛兆光

2010年4月

於美國普林斯頓大學

宅茲中國：重建有關「中國」的歷史論述

2011年3月初版　　　　　　　　　　　　　　　　定價：新臺幣390元
2019年3月初版第四刷
有著作權‧翻印必究
Printed in Taiwan.

著　　　著	葛	兆	光
叢書主編	沙	淑	芬
校　　　對	王	中	奇
封面設計	李	東	記

出　版　者	聯經出版事業股份有限公司	總 編 輯	胡　金　倫
地　　　址	新北市汐止區大同路一段369號1樓	總 經 理	陳　芝　宇
編輯部地址	新北市汐止區大同路一段369號1樓	社　　長	羅　國　俊
叢書主編電話	(0 2) 8 6 9 2 5 5 8 8 轉 5 3 1 0		
台北聯經書房	台 北 市 新 生 南 路 三 段 9 4 號		
電　話	(0 2) 2 3 6 2 0 3 0 8		
台中分公司	台 中 市 北 區 崇 德 路 一 段 1 9 8 號		
暨門市電話	(0 4) 2 2 3 1 2 0 2 3		
郵 政 劃 撥 帳 戶 第 0 1 0 0 5 5 9 - 3 號			
郵 撥 電 話	(0 2) 2 3 6 2 0 3 0 8		
印　刷　者	世 和 印 製 企 業 有 限 公 司		
總　經　銷	聯 合 發 行 股 份 有 限 公 司		
發　行　所	新北市新店區寶橋路235巷6弄6號2F		
電　話	(0 2) 2 9 1 7 8 0 2 2		

行政院新聞局出版事業登記證局版臺業字第0130號

本書中文繁體字版由中華書局授權出版

國家圖書館出版品預行編目資料

宅茲中國：重建有關「中國」的歷史
論述/葛兆光著 . 初版 . 新北市 . 聯經 . 2011
年3月（民100年）. 352面 . 17×23公分
ISBN　978-957-08-3778-0（平裝）
[2019年3月初版第四刷]

1.史學　2.文集

607　　　　　　　　　　　　100002825